Le texte argumentatif

TOUTES SÉRIES

Henri DJIAN

Jean-François ROUSSEAU

HACHETTE
Éducation

FAIRE LE POINT

SOMMAIRE

AVANT - PROPOS

L'étude d'un texte argumentatif constitue dorénavant (*B.O.* spécial, numéro 10 du 28.7.1994), à côté du **commentaire littéraire** et de **la dissertation sur un sujet littéraire**, un des trois exercices écrits, **au choix**, de l'épreuve anticipée de français au baccalauréat.
Bien entendu, cet exercice doit être préparé en classe, dès l'année de seconde.
C'est pourquoi **un ouvrage de méthode** comme celui-ci était nécessaire : il expose **les principes**, et montre comment on peut les **mettre en pratique**.

Le chapitre I rappelle et commente les Instructions officielles : il définit **un texte argumentatif**, c'est-à-dire **un texte d'idées**, et précise **l'esprit de la nouvelle épreuve**, sa présentation, la façon dont il convient de l'aborder, ses exigences et les qualités qu'elle met en œuvre.

Le chapitre II correspond à la première partie de ladite épreuve, consistant dans une série de **trois ou quatre questions**, diverses, judicieusement choisies, et permettant une **observation méthodique du texte**, la compréhension des éléments qui le composent et de l'ensemble qu'il constitue.

Le chapitre III est consacré aux travaux d'écriture constituant la deuxième partie de cette épreuve (notée aussi sur 10, comme la précédente). Ces travaux, également variés, et dans le prolongement direct des questions sur le texte, demandent **une compréhension globale, plus profonde et plus large**, de celui-ci, une aptitude à « *entrer dans le débat fixé* », à faire preuve, à son tour, de « *stratégie argumentative* ». Mais ils requièrent, par la même occasion, **l'utilisation des lectures et de l'expérience**, l'engagement personnel de chacun et la mise en œuvre, éventuellement, **de qualités d'imagination, de fantaisie ou d'originalité de l'écriture**, dont on ne saurait négliger la valeur.

Ainsi, cet ouvrage, comme les autres de la même collection, prétend contribuer à la fois à la préparation en vue du succès à l'examen et au développement de la culture littéraire, tout en offrant à la personnalité l'occasion de s'exprimer.

Les auteurs

I

DÉFINITIONS ET PRINCIPES

LES INSTRUCTIONS OFFICIELLES

Nous retiendrons, des Instructions officielles, deux extraits majeurs concernant les textes argumentatifs (pour une étude tant orale qu'écrite). Ce qui est dit dans le Supplément au *B.O.* n° 22 du 9.6.1988 : « *La lecture méthodique d'un texte argumentatif, pour prendre un dernier exemple, met en œuvre les catégories linguistiques (situation de discours, énonciation, thème/propos), rhétoriques, logiques et dialectiques appropriées. Elle ne reproduit pas des énoncés, mais elle analyse l'organisation syntaxique du texte, les modalisations du discours, les moyens rhétoriques d'un art de persuader. Elle n'hésite pas, le cas échéant, à démonter sophismes et paralogismes.* »

Et, surtout, le texte du *B.O.* spécial n° 10 du 28.7.1994, définissant les nouvelles épreuves écrites du baccalauréat : « *Premier sujet : étude d'un texte argumentatif. L'épreuve s'organise autour d'un texte argumentatif (éventuellement de deux textes), d'une longueur n'excédant pas 800 mots, et avec toute la variété de choix que cette qualification autorise : passage d'un essai ou d'un ouvrage théorique, texte polémique ou pamphlet, article de presse, préface d'un ouvrage littéraire, poème à contenu argumentatif, etc.*

On veille, dans le choix du ou des textes proposé(s), à la qualité de la langue et à la cohérence de la pensée.
Les coupures, que l'on s'efforce autant que possible d'éviter, sont signalées, conformément aux conventions typographiques en usage, par des points de suspension entre des crochets droits [...].
L'épreuve comprend deux parties, notées chacune sur dix points.

1 – Trois ou quatre questions précises et progressives, liées à ce type de texte et guidant vers sa compréhension globale. Ces questions peuvent par exemple porter sur le système énonciatif (pronoms personnels, procédés de modalisation, modes de citation...), l'organisation lexicale, la structure logique et rhétorique, le maniement de l'implicite, les buts et modalités de l'argumentation... Les réponses à ces questions doivent être entièrement rédigées.

2 – Un travail, ou des travaux d'écriture visant, à partir de consignes précises, à évaluer la capacité du candidat d'entrer dans le débat fixé par le ou les texte(s) fourni(s), d'en peser les choix argumentatifs, de discuter, réfuter, étayer, reformuler, résumer, tout ou partie de l'argumentation ou des argumentations en présence. »

FAISONS LE POINT

Avant d'énoncer les principes qui découlent de ces Instructions officielles, pour l'étude d'un texte argumentatif, il serait bon d'en formuler une définition.

• Définition

Un texte argumentatif a pour but d'exprimer une opinion à défendre, celle de l'argumentateur, en tenant compte d'un destinataire choisi.
Une telle entreprise engendre des situations de communication fort variées :
– **un échange,** souvent **dialectique** (thèse, antithèse), voire **polémique,** peut s'instaurer entre le locuteur et le ou les interlocuteur(s) ;
– **une information** progressive ou **une démonstration** est proposée, parfois imposée, au lecteur, sans réel échange de thèses contradictoires ;
– **une thèse** (dialectique, informative, démonstrative) est toujours proposée, mais de façon **fragmentée** et non plus progressive, ordonnée.
Ce sont donc des « combinaisons » argumentatives qui serrent ce genre littéraire au plus près.

Mais si l'on considère, plus globalement, que tout texte présentant des arguments est un texte argumentatif, il faut élargir ce type :
– au texte **explicatif,** qui, par sa fonction **didactique,** apporte, lui aussi, une information sous forme d'un schéma argumentatif ;
– au texte **injonctif** dont le ton péremptoire, véhément, rejoint souvent, sinon appelle, le système polémique[1].
Ainsi, l'éventail des textes proposés permettrait une pédagogie plus différenciée, moins figée et formaliste.
Dans ce cadre, l'on pourrait appeler, par esprit de clarté et d'ouverture, les textes argumentatifs, **textes d'idées**, afin, en outre, d'éviter toute querelle typologique.

• Les principes

Pour suivre les modalités de l'épreuve telles qu'elles sont proposées dans le *B.O.* du 28.07.1994, nous les scinderons en deux parties :

OBSERVATION MÉTHODIQUE D'UN TEXTE ARGUMENTATIF

À nouveau, les Instructions officielles nous proposent de nombreuses pistes pour étudier un texte argumentatif, nous en tirerons nos principes[2], en précisant ce qu'il faut faire et ce qu'il ne faut pas faire.

CE QU'IL FAUT FAIRE

Situer le texte et l'identifier permet une **première approche**.
Étudier le système énonciatif, l'organisation lexicale, la structure logique et rhétorique, c'est aborder le stade de l'investigation, de la recherche. Analyser les modalités et les buts de l'argumentation, c'est, enfin, aboutir à la découverte des arguments et de la stratégie argumentative.
Reprenons ces différentes étapes, en les explicitant.

1. Si les textes explicatifs et injonctifs n'appartiennent pas *stricto sensu* aux textes argumentatifs, ils ont, néanmoins, l'avantage de provoquer (pour la IIe partie de l'épreuve) des discussions (réfutation ou approbation) fructueuses, car ils incitent, directement, à prendre parti.

2. Nous nous servirons, principalement, des notions de *« système énonciatif »*, d' *« organisation lexicale »*, de *« structure logique et rhétorique »*, de *« buts et modalités de l'argumentation »* (*B.O.* n° 10 du 28.7.1994).

• Situation

Situez, progressivement, le passage :
– évoquez l'auteur, l'œuvre d'où est tirée la page ; replacez, si possible, le texte à l'intérieur de l'œuvre ; indiquez le titre ;
– sachez lire, comprendre et exploiter les références données en fin de texte, elles vous aideront à le situer.
Exemples : Molière (*Dom Juan*, I, 2) = *Dom Juan*, acte I, scène 2. La Fontaine (*Fables*, VIII, 19) = 19e fable du livre VIII. Victor Hugo (*Les Châtiments*, III, 4) = 4e poème tiré de la section III des *Châtiments*.

• Identification

Replacez le texte dans ces catégories typologiques :
– à l'intérieur du type argumentatif, précisez s'il appartient à la catégorie dialectique, informative, démonstrative, explicative, injonctive... (*cf.* ce qui a été dit plus haut dans la définition) ;
– pour une classification approfondie, consultez, plus particulièrement, aux pages 40 à 42, l'ouvrage d'Alain Boissinot, *Les Textes argumentatifs,* éd. Bertrand-Lacoste/C.R.D.P. Toulouse, 1992 : ouvrage à lire en entier, avec intérêt.
Après ces préambules, nous pouvons entrer dans **le stade de l'investigation et de la recherche**.

• Le système énonciatif

Par commodité, retenons que **l'énonciation** répond aux questions : **qui parle ? à qui ?**
Ce système met en communication des **pôles énonciatifs** constitués par **un locuteur, un interlocuteur** et, le cas échéant, **un ou des intervenants**.
Matérialisent ce principe : les marques énonciatives, les procédés de modalisation, les modes de citation.

– Les marques énonciatives sont :
• les pronoms personnels ;
• les possessifs ;
• l'indéfini « on » (qui joue, souvent, un rôle capital dans le procédé argumentatif) ;
• le système des temps et des modes (pensez au présent de vérité générale, au conditionnel hypothétique qui provoque l'ironie...) ;
• les nuances temporelles (surtout *hic et nunc*).

– Les procédés de modalisation
C'est tout ce qui marque le degré de certitude, d'adhésion (plus ou moins forte), de conviction que l'argumentateur donne à son texte, au fond, son « ton » personnel, sa « marque » argumentative.

Ces indicateurs peuvent être :
• les verbes d'opinion et d'affirmation, et les expressions équivalentes ;
• les adverbes et locutions adverbiales ;
• tous les termes qui appartiennent au domaine de l'émotivité, de l'affectivité, qui relèvent du subjectif, pour apprécier ou déprécier une cause.

– Les modes de citation
Ils sont marqués :
• par une typographie particulière : guillemets, parenthèses, tirets, italiques ;
• par un choix de style : style direct, indirect, semi-direct (ou indirect libre).
Ce qui permet au narrateur de s'impliquer directement ou bien de se tenir en retrait, par distanciation. L'on déboucherait ainsi sur **le principe de focalisation**, utile, dans certains textes, pour saisir « les points de vue » de l'argumentateur.
Durant cette recherche du système énonciatif, il faut veiller, à la fois, à la **distribution** des indices (leur fréquence, leur place) et à leur **évolution** (changement de nature, voire, de genre, de nombre).

• L'organisation lexicale

Un texte argumentatif « pur » mettant souvent en présence une thèse proposée et une thèse à réfuter, produit, dans cet « affrontement », des échanges opposés, d'où la recherche :
– de champs lexicaux antithétiques (débouchant généralement sur des oppositions à valeur universelle : Bien/Mal ; Beau/Laid ; Juste/Injuste ; Présent/ Passé...) ;
– de valorisants/dévalorisants (en corollaire).
Il est bon, aussi, d'insister sur les **récurrences** lexicales.

• La structure logique et rhétorique

Par cette appellation, l'on peut désigner ce qui caractérise le plan et la trame rationnelle d'un texte argumentatif.
Ils dépendent :
– de l'aire scripto-visuelle, c'est-à-dire de l'espace qu'occupe le texte sur la page blanche, de sa présentation typographique (ponctuation comprise) ;
– des connecteurs argumentatifs (ou logiques) : conjonctions de coordination, de subordination, mots de liaison en général, qui posent des jalons, des indicateurs objectifs pour construire l'argumentation ;
– des principes de rhétorique :
• au niveau de la composition du texte (par exemple, selon la disposition antique en exorde, argumentation et péroraison) ;
• au niveau des figures de rhétorique, qui regroupées par « types », donnent au texte des structures différentes.

Citons, plus particulièrement : les figures d'addition (anaphore, gradation en *crescendo* ou *decrescendo*, hyperbole, parallélisme, périphrase) ; les figures de suppression ou d'atténuation (allégorie, anacoluthe, euphémisme, périphrase à valeur atténuative, litote) ; les figures de ressemblance (comparaison, métaphore, métaphore filée) ; les figures d'opposition (antithèse, chiasme, oxymore).
Autant de procédés de rhétorique qui infléchissent l'argumentation : accumuler, insister, supprimer, atténuer, comparer, opposer... voilà des techniques argumentatives délibérées.
Si ces figures de style sont utiles pour la structure du texte, elles le sont aussi (car aucune « entrée » dans la lecture méthodique d'un texte argumentatif n'est figée, codifiée chronologiquement) pour les modalités de l'argumentation, en général.
Il est temps, d'ailleurs, de passer à un **nouveau stade** de notre étude méthodique, celui de la **découverte des arguments**.

• Les modalités et les buts de l'argumentation

Cette étape ultime nous conduit, après le « *tête à texte* » (P. Kuentz) au « cœur du texte ».

1. Les modalités de l'argumentation

Elles résultent des **thèses exprimées** et de l'**organisation des arguments**.
Posons-nous quelques questions.

– Les thèses exprimées

• Où sont-elles ? Que représentent-elles ? Combien sont-elles ? Distinguez la thèse proposée, la thèse réfutée.
• Comment sont-elles formulées ? Explicitement, implicitement ?
• Dans ce dernier cas, souvenez-vous que, très souvent, *« le maniement de l'implicite »* débouche sur l'ironie et crée pour certains lecteurs une ambiguïté d'interprétation (*cf.* texte n° 6, Montesquieu, *De l'esclavage des nègres* et texte n° 7, Voltaire, *De l'horrible danger de la lecture*).

– L'organisation des arguments

• Comment sont-ils distribués (fréquence et place) par rapport aux thèses en présence ?
• N'obéissent-ils pas à certains schémas argumentatifs ?
Nous vous en suggérons quelques-uns :
• argumentation à thème constant (le même thème sert de base et on y adjoint chaque fois un argument différent) ;
• argumentation à thème linéaire (l'argument d'une phrase devient le thème de la phrase suivante, thème qui déclenche à nouveau un argument et ainsi de suite) ;
• argumentation à thème divisé (un thème premier éclate en sous-thèmes sur lesquels se greffe, chaque fois, un argument) ;

• argumentation par induction (l'on va du particulier au général) ;
• argumentation par déduction (l'on va du général au particulier) ;
• argumentation par analogie (l'on instaure un parallèle entre la thèse argumentée proposée et une thèse argumentée servant de référence) ;
• argumentation dialectique (thèse, antithèse, synthèse) ;
• argumentation progressive (décrire, prescrire, proscrire)...

Ces différents schémas argumentatifs étant, d'ailleurs, très fréquemment, combinés entre eux.

2. Les buts de l'argumentation

Le but premier d'un texte argumentatif est de faire adhérer le lecteur à la thèse proposée.

Ce lecteur est souvent placé en position d'arbitre, il s'agit donc de le faire passer de l'indécision, voire de la désapprobation, à l'adhésion.

Pour ce faire, l'argumentateur jouera sur **l'art de convaincre** et **l'art de persuader**. Distinguons les moyens employés pour l'un et l'autre.

– L'art de convaincre

C'est avant tout l'art de vaincre par la **raison**.

Dans ce cas, le système énonciatif où le JE devient NOUS ou ON (pour instaurer la complicité), l'organisation lexicale avec ses dichotomies, ses parallélismes, ses récurrences progressives (pour satisfaire la rationalité), la structure logique et rhétorique avec ses connecteurs argumentatifs et sa disposition cartésienne (pour susciter l'unanimité), seront de rigueur.

Certains argumentateurs allant jusqu'à manier la raison péremptoire où citations et références à des noms faisant autorité provoquent une adhésion forcée.

– L'art de persuader

Il s'adresse au **cœur**, à la **sensibilité**, à l'**imagination**.

Ici, tout procédé est bon pour émouvoir, affecter, séduire : les injonctions impératives, les interrogations familières ou oratoires, les figures de style enjôleuses, le vocabulaire choisi, le ton lyrique et émotif (*cf.* texte n° 3, Molière, *Dom Juan*, I, 2).

Dans cette optique, l'argumentation peut se faire fallacieuse. Seront ainsi utilisés des arguments concessifs (où l'on fait semblant d'accorder), des arguments de mauvaise foi (où l'on se cache à peine pour tromper), des arguments *ad hominem* (où l'on provoque pour ridiculiser).

• Conclusion

À l'issue d'une étude d'un texte argumentatif, il est logique de formuler un **bilan** sur la portée de la **stratégie argumentative**.

Le but de l'argumentateur est-il atteint ou bien a-t-il échoué ? L'adhésion est-elle partielle ? Les arguments sont-ils toujours d'actualité ou bien ont-ils vieilli ?

Quel est le public visé ? Ce public à convaincre a-t-il changé ou bien est-il le même ?...
Autant de questions, autant de pistes futures pour la seconde partie de l'épreuve : le travail ou les travaux d'écriture où le lecteur se fera à son tour argumentateur.

CE QU'IL NE FAUT PAS FAIRE

EN GÉNÉRAL

– **Entreprendre une lecture méthodique complète** du texte argumentatif proposé, alors que seules importent, dans l'esprit de l'examen, les réponses aux *« trois ou quatre questions précises et progressives »* posées.

– **Donner à son devoir une allure télégraphique** ou de simple plan détaillé.
Les Instructions officielles précisent que *« les réponses à ces questions doivent être entièrement rédigées »*.

– **Se contenter de réponses analytiques**, qui ne concluent pas. Une conclusion partielle, à la fin de chaque analyse, donnera forme à vos réponses.

– **Juxtaposer sèchement vos réponses entre elles.** Donnez à cette première partie du devoir une allure composée, avec des introductions, des divisions, des subdivisions, des transitions, des conclusions.

> *N.B. :* Dans le cadre de cet ouvrage, nous traiterons, par souci pédagogique, les différents stades qu'aborde l'étude méthodique d'un texte argumentatif, sans nous limiter, comme lors de l'examen, à des questions imposées.

POUR CHAQUE ÉTAPE

Reprenons les sept étapes d'une étude argumentative, telles qu'elles ont été définies plus haut, et voyons ce qu'il ne faut pas faire.

1. Faire une situation-fleuve.
Il n'est pas nécessaire de :
– raconter toute la vie de l'auteur pour introduire le texte (pas de biographie gratuite) ;
– d'énumérer toutes ses œuvres pour aboutir à un passage d'une trentaine de lignes.

2. Présenter de mauvaises caractéristiques.
Identifier le texte de façon banale, anodine, floue, fera, rapidement, s'enliser votre étude.
Fournir de fausses caractéristiques dénaturera le passage, d'emblée.

3. Pratiquer des relevés, sans en tirer les conséquences.
La recherche des marques énonciatives, des modalisateurs ne constitue pas une fin en soi, mais doit déboucher sur une exploitation, une interprétation.

4. Recenser tous les champs lexicaux du texte, sans pratiquer une sélection.
Il ne faut conserver que ceux qui illustrent des entités contradictoires.

5. Vouloir trouver, à tout prix, des procédés logiques et rhétoriques.
Tous les textes n'en présentent pas. Ainsi des passages lyriques ne se prêtent guère à ce type d'analyse. Il ne faut pas penser que toute « entrée » soit productrice de sens.

6. Se contenter d'un simple schéma argumentatif, sans commentaire.
Une disposition tabulaire n'exclut pas les explications. Éviter, par ailleurs, de commettre des contresens sur les textes à argumentation implicite, l'ironie est, parfois, trompeuse.

7. Omettre ou dénaturer, dans la conclusion, le bilan de la stratégie argumentative.

TRAVAUX D'ÉCRITURE SUR UN TEXTE ARGUMENTATIF

Cette partie, moins fractionnée que la première, qui obéissait à un système de questions-réponses, demande un esprit de synthèse et de méthode plus marqué.

CE QU'IL FAUT FAIRE

Prendre conscience du type de travail d'écriture proposé et appliquer à ce type les principes correspondants.
Les Instructions officielles mentionnent : *« Un travail, ou des travaux... »*.
Nous entendons donc qu'il peut y avoir un travail d'écriture unique, dans ce cas, d'une certaine importance (par exemple, une discussion) ou des travaux, eux, moins longs à effectuer et engendrant diverses activités créatrices.
Le but commun de tous ces exercices étant *« d'entrer dans le débat fixé »*, de faire preuve, à son tour, de *« stratégie argumentative »*.

• Nous retiendrons comme types de travaux :

– **Le résumé**, faisant ressortir le lien entre les arguments, autour d'une idée centrale (textes 1, 5, 8, 12).

– **La discussion et l'élargissement de la discussion** (textes 1, 2, 3, 4, 5, 6, 7, 8, 9, 10, 11, 12, 13).

– **L'amplification de l'argumentation** (textes 4, 6, 9, 10, 12).

– **L'analyse, l'illustration, la discussion, voire la réfutation des arguments** (textes 2, 3, 5, 7, 8, 11, 13).

– **Le parallélisme** entre deux textes : analogies et différences (texte 8).

– **L'imitation de la manière d'argumenter, la reformulation de l'argumentation** (textes 6, 7).

– **Un scénario pour le cinéma et la télévision** (texte 10).

Nous avons favorisé les travaux qui engendrent la **créativité**. Ils seront, bien entendu, menés sur les textes proposés au chapitre II, puisqu'ils en sont, selon les Instructions officielles, le prolongement direct.

• Principes correspondant à ces types de travaux

Nous mettrons d'un côté la technique du résumé, de l'autre celle de tout sujet relevant d'une argumentation construite.

1. Technique du résumé

Si le résumé n'a plus la prépondérance qu'il avait précédemment, il figure, cependant, comme exercice suggéré, aussi est-il bon d'en rappeler les principes essentiels.
Quel que soit le type de résumé proposé, il faut :
– **respecter la réduction imposée** (ou un quart du nombre de mots prescrit) ;
– **ne rien ajouter,** expliquer ou changer ;
– **suivre l'ordre,** l'enchaînement des éléments du texte ;
– **rendre le ton et l'originalité** de la page (en ne modifiant pas, par exemple, le système d'énonciation).

2. Technique des sujets relevant d'une argumentation construite

Nous y incluons, naturellement, outre la discussion, les travaux d'écriture portant sur l'amplification, la réfutation, l'approbation, la confrontation.
Ici, de même, des règles générales sont à suivre :
– **lire attentivement le libellé** qui comportera des *« consignes précises »* et en dégager le problème à traiter : stade capital pour éviter le hors-sujet ;

– **organiser un plan** à la disposition rationnelle :
• une introduction claire, allant du général au particulier, annonçant le sujet et suggérant habilement l'organisation du devoir ;
• un développement équilibré et ordonné, avec mini-introductions, divisions, subdivisions, conclusions partielles, transitions ;
• une conclusion reprenant les conclusions partielles, présentant un avis définitif, suggérant une ouverture sur un autre sujet.
– **argumenter de façon cohérente :**
• en suivant une progression (dialectique, à thème constant, linéaire...) ;
• en adoptant, à l'intérieur de chaque partie, une démarche simple et efficace : thème(s) → aspects du thème ou des thèmes → exemples ;
– **accorder une grande importance à la rédaction.**
Le savoir écrire (correction de la langue, clarté et précision, soin et recherche de la qualité) est un facteur indispensable pour ce genre de travaux.

CE QU'IL NE FAUT PAS FAIRE

Essentiellement, et ce, pour tout type d'exercice, trois erreurs majeures sont à éviter :

1. Se tromper d'objectif, tant au niveau du type des travaux proposés (les différencier) que de la particularité du travail en lui-même (quel problème pose-t-il ?).

2. Mal répartir son temps.
Puisque l'étude d'un texte argumentatif comporte deux parties, notées chacune sur 10 points, il convient d'accorder à cette seconde partie un temps équivalent à la première, voire supérieur, dans la mesure où un travail de synthèse (surtout s'il s'agit d'une discussion) est plus long à mener que des réponses analytiques à des questions posées (1re partie).

3. Négliger la langue, ce qui est la négation même de tout travail d'écriture.
N.B. : Pour approfondir ces pratiques, reportez-vous à la partie « Écrit », chapitres 1.2.3. du livre *Tout le français au lycée*, collection « Faire le point », Hachette, 1993.

2

OBSERVATION MÉTHODIQUE D'UN TEXTE ARGUMENTATIF ET QUESTIONS SUR LE TEXTE

PRÉSENTATION DU CHAPITRE

Nous avons sélectionné nos textes pour qu'ils :
– couvrent **toutes les époques littéraires** du XVIe au XXe siècles et **les courants prédominants ;**
– appartiennent aux **différents genres :** essai, roman, poésie, théâtre ;
– soient **variés** par **la tonalité** et **les thèmes** traités ;
– présentent « *une qualité de langue et une cohérence de pensée.* »
Ces textes peuvent être groupés autour des **thématiques** suivantes : les différentes facettes du MOI (textes 1 à 3), les *Préfaces* littéraires (textes 4 et 5), la condition humaine (textes 6 et 7), les problèmes de société, de morale et de politique (textes 8 à 13) ; (l'ordre chronologique y étant respecté, en grande partie).

Ils seront exploités d'un double point de vue, selon l'optique de l'épreuve du premier sujet du baccalauréat :
– dans une première partie, seront menées **des observations méthodiques** sur les textes argumentatifs choisis (chapitre II) ;
– dans une seconde partie, seront proposés et traités **des travaux d'écriture** qui, sur ces mêmes textes, en sont le prolongement logique et direct.
Il nous a semblé bon, par ailleurs, dans cette première partie, à la suite de chaque observation sur le texte, ne se voulant pas exhaustive, mais générale, de suggérer **des questions-types pour l'examen,** étant bien entendu que l'on ne demandera pas à l'élève de mener une étude complète de la page, dans le cadre du temps imposé par le baccalauréat.

Nous avons donc retenu ces deux perspectives, car **un texte argumentatif** peut, à la fois, faire l'objet d'**une lecture méthodique** orale, conduite en classe, et d'**une épreuve écrite** sous forme de **questions-réponses** lors de l'examen.

• Liste des textes argumentatifs

Texte n° 1 : Montaigne, « La peinture du moi » (*Essais*, livre III, chapitre 2 « Du repentir », 1588) ;
Texte n° 2 : Molière, « La sincérité et le mensonge » (*Le Misanthrope*, I.l, v. l à 250, extrait, 1666) ;
Texte n° 3 : Molière, « Tirade du donjuanisme » (*Dom Juan*, I.2, extrait, 1665) ;
Texte n° 4 : Molière, « *Préface* du *Tartuffe* » (*Le Tartuffe*, extraits, 1669) ;
Texte n° 5 : Racine, « Deux *Préfaces* » (*Andromaque*, extraits, 1667, *Bérénice*, extraits, 1670) ;
Texte n° 6 : Montesquieu, « De l'esclavage des nègres » (*De l'esprit des lois*, XV, 5, 1748) ;
Texte n° 7 : Voltaire, « De l'horrible danger de la lecture » (*De l'horrible danger de la lecture*, libelle, 1765) ;
Texte n° 8 : Rousseau/Voltaire, « L'état de nature et la société civilisée » (*Discours sur l'origine et les fondements de l'inégalité parmi les hommes*, 1755 et *Réponse de Voltaire*, 1755) ;
Texte n° 9 : Chateaubriand, « Les paroles du père Souël » (*René*, 1802) ;
Texte n° 10 : V. Hugo, « Il a volé un pain ! » (*Choses vues*, 1846) ;
Texte n° 11 : V. Hugo, *« Ils ont voté ! »* (*Les Châtiments*, III.4, extrait, 1853) ;
Texte n° 12 : A. Camus, *« Cette tête doit tomber ! »* (*La Peste*, IVe partie, extraits, 1947) ;
Texte n° 13 : J. Anouilh, « La cigale » (*Fables*, 1962).

TEXTE N° 1 La peinture du moi

Les autres[1] forment l'homme ; je le récite[2] et en représente un particulier, bien mal formé, et lequel, si j'avais à façonner de nouveau, je ferais vraiment bien autre qu'il n'est. Meshui[3] c'est fait. Or, les traits de ma peinture ne se fourvoient point, quoiqu'ils se changent et diversifient : le monde n'est qu'une branloire pérenne[4] ; toutes choses y branlent sans cesse, la terre, les rochers du Caucase, les pyramides d'Égypte, et du branle public et du leur[5] ; la constance même n'est autre chose qu'un branle plus languissant. Je ne puis assurer mon objet[6] ; il va trouble et chancelant, d'une ivresse naturelle ; je le prends en ce point, comme il est à l'instant que je m'amuse à lui[7] ; je ne peins pas l'être, je peins le passage ; non le passage d'âge en un autre, ou, comme dit le peuple, de sept en sept ans[8], mais de jour en jour, de minute en minute ; [...] C'est un contrerôle[9] de divers et muables accidents et d'imaginations irrésolues, et, quand il y échet[10], contraires ; soit que je sois autre moi-même, soit que je saisisse les sujets par autres circonstances et considérations : tant y a que[11] je me contredis bien à l'aventure[12], mais la vérité, [...] je ne la contredis point. Si mon âme pouvait prendre pied, je ne m'essaierais pas[13], je me résoudrais ; elle est toujours en apprentissage et épreuve[14].

Je propose[15] une vie basse et sans lustre, c'est tout un[16] : on attache aussi bien toute la philosophie morale à une vie populaire et privée, qu'à une vie de plus riche étoffe : chaque homme porte la forme entière de l'humaine condition. Les auteurs se communiquent au peuple par quelque marque spéciale et étrangère ; moi le premier par mon être universel, comme Michel de Montaigne, non comme grammairien, ou poète ou jurisconsulte. Si le monde se plaint de quoi[17] je parle trop de moi, je me plains de quoi il ne pense seulement pas à soi. Mais est-ce raison que[18], si particulier en usage[19], je prétende me rendre public, en connaissance ? Est-il aussi raison que je produise[20] au monde, où la façon et l'art ont tant de crédit et de commandement[21], des effets de nature crus et simples ? [...]. Au moins j'ai ceci selon la discipline[22], que jamais homme ne traita sujet qu'il entendît ne[23] connût mieux que je fais[24] celui que j'ai entrepris ; qu'en celui-là je suis le plus savant homme qui vive ; secondement, que jamais aucun ne pénétra en sa matière plus avant, ni en éplucha plus distinctement les membres et les suites[25], et n'arriva plus exactement et pleinement à la fin qu'il s'était proposée à sa besogne. Pour la parfaire, je n'ai besoin d'y apporter que la fidélité[26] : celle-là y est la plus sincère et pure qui se trouve. Je dis vrai, non pas tout mon soûl, mais autant que je l'ose dire ; et l'ose un peu plus en vieillissant. [...] Ici, nous allons conformément et tout d'un train, mon livre et moi. Ailleurs, on peut recommander et accuser l'ouvrage à part de l'ouvrier : ici, non ; qui touche l'un, touche l'autre.

Montaigne, *Essais,* livre III, chapitre 2, *« Du repentir »*, 1588.

1. *Les autres :* les autres auteurs, les moralistes, prétendent former ou réformer l'homme. 2. *je le récite :* moi, je le décris tel qu'il est. 3. *Meshui :* désormais, dorénavant. 4. *une branloire pérenne :* une machine, un ensemble, en branle, c'est-à-dire en mouvement, en changement perpétuel. 5. *du branle public et du leur :* parce que tout change dans le monde autour d'eux, et parce qu'ils changent eux-mêmes (érosion, vieillissement, transformation des paysages). 6. *Je ne puis assurer mon objet :* je ne peux pas fixer l'objet de mon étude (c'est-à-dire moi-même), afin de l'étudier. 7. *je m'amuse à lui :* au moment où je m'occupe de lui, je lui consacre mon attention. 8. *de sept en sept ans :* on croyait que le corps humain était totalement renouvelé au bout de 7 ans ; et la tradition judéo-chrétienne attache au nombre 7 une valeur symbolique (la 7e année, la 49e année). 9. *un contrerôle :* pour contrôle, au sens de relevé écrit permettant de vérifier (le rôle, ou rolle, étant le rouleau de parchemin où l'on écrit). 10. *quand il y échet :* quand cela arrive par hasard (échoir). 11. *tant y a que :* locution conjonctive = tant et si bien que (+ subordonnée de conséquence). 12. *à l'aventure :* quelquefois, sans l'avoir voulu. 13. et 14. *lignes 16 et 17 :* je ne me mettrais pas à l'essai (titre du livre), à l'épreuve, afin d'apprendre à me connaître. 15. *Je propose :* je mets en avant, j'expose : même sens que « produire » (ligne 27). 16. *c'est tout un :* c'est sans importance. 17. *de quoi :* du fait que, de ce que. 18. *est-ce raison que… ? :* est-il bien raisonnable que… ? 19. *si particulier en usage :* si réservé dans la vie courante, si peu expansif. 20. *que je produise : cf.* note 15. 21. *ligne 28 :* on en fait si grand cas et on les recommande tant. 22. *selon la discipline :* en accord avec ce que l'on enseigne et que l'on admet généralement. 23. *ne :* ni (+ ne). 24. *je fais :* remplace les deux verbes (mieux que je connais et que j'entends). 25. *les membres et les suites :* les éléments et les conséquences. 26. *fidélité :* bonne foi (sens de *fides* en latin).

TEXTE N° 2 — La sincérité et le mensonge

[…]

ALCESTE

Je veux qu'on soit sincère, et qu'en homme d'honneur
On ne lâche aucun mot qui ne parte du cœur.
[…]

PHILINTE

Il est bien des endroits où la pleine franchise
Deviendrait ridicule et serait peu permise ;
Et parfois, n'en déplaise à votre austère humeur,
Il est bon de cacher ce qu'on a dans le cœur.
Serait-il à propos et de la bienséance
De dire à mille gens tout ce que d'eux l'on pense ?
Et quand on a quelqu'un qu'on hait ou qui déplaît,
Lui doit-on déclarer la chose comme elle est ?

ALCESTE

Oui.

PHILINTE

Quoi ! vous iriez dire à la vieille Émilie
Qu'à son âge il sied mal de faire la jolie,
Et que le blanc[1] qu'elle a scandalise chacun ?

ALCESTE

Sans doute.

PHILINTE

À Dorilas, qu'il est trop importun,
Et qu'il n'est à la cour oreille qu'il ne lasse
À conter sa bravoure et l'éclat de sa race ?

ALCESTE

Fort bien.

PHILINTE

Vous vous moquez.

ALCESTE

Je ne me moque point.

[…]
J'entre en une humeur noire et un chagrin profond,
Quand je vois vivre entre eux les hommes comme ils font.
Je ne trouve partout que lâche flatterie,
Qu'injustice, intérêt, trahison, fourberie.
Je n'y puis plus tenir, j'enrage, et mon dessein
Est de rompre en visière[2] à tout le genre humain.

PHILINTE

Vous voulez un grand mal à la nature humaine.

ALCESTE

Oui, j'ai conçu pour elle une effroyable haine.

PHILINTE

Tous les pauvres mortels, sans nulle exception,
Seront enveloppés dans cette aversion ?
Encor en est-il bien, dans le siècle où nous sommes...

ALCESTE

Non, elle est générale, et je hais tous les hommes,
Les uns parce qu'ils sont méchants et malfaisants,
Et les autres pour être aux méchants complaisants
Et n'avoir pas pour eux ces haines vigoureuses,
Que doit donner le vice aux âmes vertueuses.
De cette complaisance on voit l'injuste excès
Pour le franc[3] scélérat avec qui j'ai procès ;

Au travers de son masque on voit à plein le traître,
Partout il est connu pour tout ce qu'il peut être,
[…]
Nommez-le fourbe, infâme et scélérat maudit,
Tout le monde en convient et nul n'y contredit.
Cependant sa grimace est partout bien venue ;
On l'accueille, on lui rit, partout il s'insinue,
[…]
Têtebleu ! ce me sont de mortelles blessures
De voir qu'avec le vice on garde des mesures,
Et parfois il me prend des mouvements soudains
De fuir dans un désert l'approche des humains.

PHILINTE

Mon Dieu, des mœurs du temps mettons-nous moins en peine
Et faisons un peu grâce à la nature humaine ;
Ne l'examinons point dans la grande rigueur,
Et voyons ses défauts avec quelque douceur.
Il faut, parmi le monde, une vertu traitable[4] ;
À force de sagesse, on peut être blâmable ;
La parfaite raison fuit toute extrémité
Et veut que l'on soit sage avec sobriété.
Cette grande raideur des vertus des vieux âges
Heurte trop notre siècle et les communs usages ;
Elle veut aux mortels trop de perfection :
Il faut fléchir au temps[5] sans obstination,
Et c'est une folie à nulle autre seconde
De vouloir se mêler de corriger le monde.
J'observe, comme vous, cent choses tous les jours,
Qui pourraient mieux aller, prenant un autre cours ;
Mais quoi qu'à chaque pas je puisse voir paraître,
En courroux, comme vous, on ne me voit point être.
Je prends tout doucement les hommes comme ils sont,
J'accoutume mon âme à souffrir[6] ce qu'ils font,
Et je crois qu'à la cour, de même qu'à la ville,
Mon flegme[7] est philosophe autant que votre bile.
[…]

Molière, *Le Misanthrope*, acte I, scène 1 (vers 1 à 250), extrait, 1666.

1. *le blanc :* le fard, la crème de maquillage. 2. *rompre en visière :* attaquer de front (langage des tournois). 3. *franc :* sur lequel on ne peut pas se tromper. 4. *traitable :* avec laquelle on peut s'entendre, capable de faire certaines concessions (antonyme : intraitable). 5. *fléchir au temps :* se plier à ses usages. 6. *souffrir :* supporter, admettre. 7. *flegme :* l'une des quatres humeurs (avec le sang, la bile, l'atrabile) de l'organisme, selon l'ancienne médecine ; sens ordinaire : le calme, le sang-froid ; voir le sous-titre de la pièce : *L'Atrabilaire amoureux.*

TEXTE N° 3 — Tirade du donjuanisme

SGANARELLE — En ce cas, Monsieur, je vous dirai franchement que je n'approuve point votre méthode, et que je trouve fort vilain d'aimer de tous côtés comme vous faites.

[DON JUAN — Quoi ? tu veux qu'on se lie à demeurer au premier objet qui nous prend, qu'on renonce au monde pour lui, et qu'on n'ait plus d'yeux pour personne ? La belle chose de vouloir se piquer d'un faux honneur d'être fidèle, de s'ensevelir pour toujours dans une passion, et d'être mort dès sa jeunesse à toutes les autres beautés qui nous peuvent frapper les yeux ! Non, non : la constance n'est bonne que pour des ridicules, toutes les belles ont droit de nous charmer, et l'avantage d'être rencontrée la première ne doit point dérober aux autres les justes prétentions qu'elles ont toutes sur nos cœurs. Pour moi, la beauté me ravit partout où je la trouve, et je cède facilement à cette douce violence dont elle nous entraîne. J'ai beau être engagé[1], l'amour que j'ai pour une belle n'engage point[1] mon âme à faire injustice aux autres ; je conserve des yeux pour voir le mérite de toutes, et rends à chacune les hommages et les tributs où la nature nous oblige. Quoi qu'il en soit, je ne puis refuser mon cœur à tout ce que je vois d'aimable ; et dès qu'un beau visage me le demande, si j'en avais dix mille, je les donnerais tous. Les inclinations naissantes, après tout, ont des charmes inexplicables, et tout le plaisir de l'amour est dans le changement. On goûte une douceur extrême à réduire, par cent hommages, le cœur d'une jeune beauté, à voir de jour en jour les petits progrès qu'on y fait, à combattre par des transports, par des larmes et des soupirs, l'innocente pudeur d'une âme qui a peine à rendre les armes, à forcer pied à pied toutes les petites résistances qu'elle nous oppose, à vaincre les scrupules dont elle se fait un honneur et la mener doucement où nous avons envie de la faire venir. Mais lorsqu'on en est maître une fois, il n'y a plus rien à dire ni rien à souhaiter ; tout le beau de la passion est fini, et nous nous endormons dans la tranquillité d'un tel amour, si quelque objet nouveau ne vient réveiller nos désirs, et présenter à notre cœur les charmes attrayants d'une conquête à faire. Enfin il n'est rien de si doux que de triompher de la résistance d'une belle personne, et j'ai sur ce sujet l'ambition des conquérants, qui volent perpétuellement de victoire en victoire, et ne peuvent se résoudre à borner leurs souhaits. Il n'est rien qui puisse arrêter l'impétuosité de mes désirs : je me sens un cœur à aimer toute la terre ; et comme Alexandre, je souhaiterais qu'il y eût d'autres mondes, pour y pouvoir étendre mes conquêtes amoureuses.]

SGANARELLE — Vertu de ma vie, comme vous débitez ! Il semble que vous ayez appris cela par cœur, et vous parlez tout comme un livre.

Molière, *Dom Juan*, acte I, scène 2, extrait, 1665.

1. *engagé :* deux emplois de ce verbe ; *engagé :* obligé par un lien sentimental ; *n'engage point :* ne force pas, n'oblige pas.

TEXTE N° 4 *Préface* du *Tartuffe* (1669)

Voici une comédie dont on a fait beaucoup de bruit, qui a été longtemps persécutée[1] ; et les gens qu'elle joue ont bien fait voir qu'ils étaient plus puissants en France que tous ceux que j'ai joués jusqu'ici. Les marquis, les précieuses, les cocus et les médecins ont souffert[2] doucement qu'on les ait représentés, et ils ont fait semblant de se divertir, avec tout le monde, des peintures que l'on a faites d'eux ; mais les hypocrites n'ont point entendu raillerie[3] ; ils se sont effarouchés d'abord[4] et ont trouvé étrange que j'eusse la hardiesse de jouer leurs grimaces, et de vouloir décrier un métier dont tant d'honnête gens[5] se mêlent. C'est un crime qu'ils ne sauraient me pardonner ; [...]. Suivant leur louable coutume, ils ont couvert leurs intérêts de la cause de Dieu ; et le *Tartuffe*, dans leur bouche, est une pièce qui offense la piété. Elle est, d'un bout à l'autre pleine d'abominations, et l'on n'y trouve rien qui ne mérite le feu[6]. [...]

[...] Si l'on prend la peine d'examiner de bonne foi ma comédie, on y verra, sans doute, que mes intentions y sont partout innocentes, et qu'elle ne tend nullement à jouer les choses que l'on doit révérer [...] ; et que j'ai mis tout l'art et tous les soins qu'il m'a été possible pour bien distinguer le personnage de l'hypocrite d'avec celui du vrai dévot [...] ; et d'un bout à l'autre, il ne dit pas un seul mot, il ne fait pas une action, qui ne peigne aux spectateurs le caractère d'un méchant homme et ne fasse éclater celui du véritable homme de bien que je lui oppose.

Je sais bien que, pour réponse, ces messieurs tachent d'insinuer que ce n'est pas au théâtre à parler de ces matières mais je leur demande, avec leur permission, sur quoi ils fondent cette belle maxime. [...]

Si l'emploi de la comédie est de corriger les vices des hommes, je ne vois pas pour quelle raison il y en aurait de privilégiés. Celui-ci est, dans l'État, d'une conséquence bien plus dangereuse que tous les autres ; et nous avons vu que le théâtre a une grande vertu[7] pour la correction. Les plus beaux traits d'une sérieuse morale sont moins puissants, le plus souvent, que ceux de la satire ; et rien ne reprend[8] mieux la plupart des hommes que la peinture de leurs défauts. C'est une grande atteinte aux vices que de les exposer à la risée de tout le monde. On souffre aisément des répréhensions ; mais on ne souffre point la raillerie. On veut bien être méchant ; mais on ne veut point être ridicule.

[...] J'avoue qu'il y a des lieux qu'il vaut mieux fréquenter que le théâtre ; et, si l'on veut blâmer toutes les choses qui ne regardent pas directement Dieu et notre salut, il est certain que la comédie en doit être, et je ne trouve point mauvais qu'elle soit condamnée avec le reste ; mais, supposé, comme il est vrai, que les exercices de la piété souffrent des intervalles, et que les hommes aient besoin de divertissement, je soutiens qu'on ne leur en peut trouver un qui soit plus innocent que la comédie. [...]

Molière, *Préface* du *Tartuffe*, extraits, 1669.

1. *longtemps persécutée :* en 1664, la pièce est interdite, après sa première représentation à Versailles ; en 1667, une nouvelle version (*Panulfe, ou l'Imposteur*) est encore interdite ; en 1669, Molière reçoit enfin l'autorisation de jouer la pièce, qui obtient un grand succès ; l'édition accompagnée de cette *Préface* date de la même année. 2. *souffert :* permis, supporté. 3. *n'ont point entendu raillerie :* n'ont pas accepté d'être raillés, *cf.* jouer : railler. 4. *d'abord :* immédiatement. 5. *honnêtes gens :* gens du monde (sens du XVIIe siècle). 6. *on n'y trouve rien qui ne mérite le feu :* tout ce qu'on y trouve mérite le bûcher (deux négations = une affirmation renforcée). 7. *vertu :* force, efficacité. 8. *reprend :* sanctionne et corrige (*répréhensions*, dans la phrase suivante, est le nom dérivé de ce verbe).

TEXTE N° 5 — Deux *Préfaces* de Racine

[...] ... le public m'a été trop favorable pour m'embarrasser du chagrin particulier de deux ou trois personnes qui voudraient qu'on réformât tous les héros de l'antiquité pour en faire des héros parfaits. Je trouve leur intention fort bonne de vouloir qu'on ne mette sur la scène que des hommes impeccables. Mais je les prie de se souvenir que ce n'est pas à moi de changer les règles du théâtre [...]. Et Aristote[1], bien éloigné de nous demander des héros parfaits, veut au contraire que les personnages tragiques, c'est-à-dire ceux dont le malheur fait la catastrophe[2] de la tragédie, ne soient ni tout à fait bons, ni tout à fait méchants. Il ne veut pas qu'ils soient extrêmement bons, parce que la punition d'un homme de bien exciterait plutôt l'indignation que la pitié du spectateur ; ni qu'ils soient méchants avec excès, parce qu'on n'a point pitié d'un scélérat. Il faut donc qu'ils aient une bonté médiocre[3], c'est-à-dire une vertu capable de faiblesse, et qu'ils tombent dans le malheur par quelque faute qui les fasse plaindre sans les faire détester.

1re *Préface d'Andromaque*, extraits, 1667.

[...] Il y avait longtemps que je voulais essayer si je pouvais faire une tragédie avec cette simplicité d'action qui a été si fort du goût des anciens. Car c'est un des premiers préceptes qu'ils nous ont laissés : *Que ce que vous ferez,* dit Horace[4], *soit toujours simple et ne soit qu'un.* [...]

Et il ne faut pas croire que cette règle ne soit fondée que sur la fantaisie de ceux qui l'ont faite : il n'y a que le vraisemblable qui touche dans la tragédie, et quelle vraisemblance y a-t-il qu'il arrive en un jour une multitude de choses qui pourraient à peine arriver en plusieurs semaines ? Il y en a qui pensent que la simplicité est une marque de peu d'invention. Ils ne songent pas qu'au contraire toute l'invention consiste à faire quelque chose de rien, et que le grand nombre d'incidents a toujours été le refuge des poètes qui ne sentaient dans leur génie ni assez d'abondance ni assez de force pour attacher durant cinq actes leurs spectateurs par une action simple, soutenue de la violence des passions, de la beauté des sentiments et de l'élégance de l'expression. [...]

Ce n'est pas que quelques personnes ne m'aient reproché cette même simplicité que j'avais recherchée avec tant de soin. […] Je m'informai s'ils se plaignaient qu'elle les eût ennuyés. On me dit qu'ils avouaient tous qu'elle n'ennuyait point, qu'elle les touchait même en plusieurs endroits, et qu'ils la verraient encore avec plaisir. Que veulent-ils davantage ? Je les conjure d'avoir assez bonne opinion d'eux-mêmes pour ne pas croire qu'une pièce qui les touche et qui leur donne du plaisir puisse être absolument contre les règles. La principale règle est de plaire et de toucher : toutes les autres règles ne sont faites que pour parvenir à cette première […].

Préface de *Bérénice*, extraits, 1670.

1. *Aristote :* philosophe grec (322 - 382 av. J.-C.) ; l'autorité à laquelle se réfèrent tous les Classiques ; les règles fondamentales de la tragédie sont formulées dans sa *Poétique*. 2. *catastrophe :* au sens grec (la préposition *cata* = de haut en bas), le dénouement, l'aboutissement d'un drame. 3. *médiocre :* moyenne. 4. *Horace :* le poète latin (65 - 8 av. J. -C.) ; son *Épître aux Pisons* ou *Art poétique* est l'autre grande référence des Classiques ; Boileau notamment s'en inspire beaucoup.

TEXTE N° 6 De l'esclavage des nègres

Si j'avais à soutenir le droit que nous avons eu de rendre les nègres esclaves, voici ce que je dirais :

Les peuples d'Europe ayant exterminé ceux de l'Amérique, ils ont dû mettre en esclavage ceux de l'Afrique, pour s'en servir à défricher tant de terres.

Le sucre serait trop cher, si l'on ne faisait travailler la plante qui le produit par des esclaves.

Ceux dont il s'agit sont noirs depuis les pieds jusqu'à la tête ; et ils ont le nez si écrasé qu'il est presque impossible de les plaindre.

On ne peut se mettre dans l'esprit que Dieu, qui est un être très sage, ait mis une âme, surtout bonne, dans un corps tout noir.

Il est si naturel de penser que c'est la couleur qui constitue l'essence de l'humanité, que les peuples d'Asie, qui font les eunuques, privent toujours les noirs du rapport qu'ils ont avec nous d'une façon plus marquée.

On peut juger de la couleur de la peau par celle des cheveux, qui, chez les Égyptiens, les meilleurs philosophes du monde, étaient d'une si grande conséquence, qu'ils faisaient mourir tous les hommes roux qui leur tombaient entre les mains.

Une preuve que les nègres n'ont pas le sens commun, c'est qu'ils font plus de cas d'un collier de verre que de l'or, qui, chez les nations policées, est d'une si grande conséquence.

Il est impossible que nous supposions que ces gens-là soient des hommes ; parce que, si nous les supposions des hommes, on commencerait à croire que nous ne sommes pas nous-mêmes chrétiens.

De petits esprits exagèrent trop l'injustice que l'on fait aux Africains. Car, si elle était telle qu'ils le disent, ne serait-il pas venu dans la tête des princes d'Europe, qui font entre eux tant de conventions inutiles, d'en faire une générale en faveur de la miséricorde et de la pitié ?

Montesquieu, *De l'esprit des lois*, XV, 5, 1748.

Texte n° 7 De l'horrible danger de la lecture

Nous, Joussouf-Chéribi[1], par la grâce de Dieu mouphti[2] du Saint-Empire ottoman, lumière des lumières, élu entre les élus, à tous les fidèles qui ces présentes verront, sottise et bénédiction[3].

Comme ainsi soit que[4] Said-Effendi[5], ci-devant ambassadeur de la Sublime-Porte[6] vers un petit État nommé Frankrom[7], situé entre l'Espagne et l'Italie, a rapporté parmi nous le pernicieux usage de l'imprimerie, ayant consulté sur cette nouveauté nos vénérables frères les cadis et imans[8] de la ville impériale de Stamboul, et surtout les fakirs[9] connus par leur zèle contre l'esprit, il a semblé bon à Mahomet et à nous de condamner, proscrire, anathémiser ladite infernale invention de l'imprimerie, pour les causes ci-dessous énoncées :

1°/ Cette facilité de communiquer ses pensées tend évidemment à dissiper l'ignorance, qui est la gardienne et la sauvegarde des États bien policés.

2°/ Il est à craindre que, parmi les livres apportés d'Occident, il ne s'en trouve quelques-uns sur l'agriculture et sur les moyens de perfectionner les arts mécaniques, lesquels ouvrages pourraient à la longue, ce qu'à Dieu ne plaise, réveiller le génie[10] de nos cultivateurs, exciter leur industrie[11], augmenter leurs richesses et leur inspirer un jour quelque élévation d'âme, quelque amour du bien public, sentiments absolument opposés à la sainte doctrine.

3°/ Il arriverait à la fin que nous aurions des livres d'histoire dégagés du merveilleux qui entretient la nation dans une heureuse stupidité. On aurait dans ces livres l'imprudence de rendre justice aux bonnes et aux mauvaises actions et de recommander l'équité et l'amour de la patrie, ce qui est visiblement contraire aux droits de notre place[12].

4°/ Il se pourrait, dans la suite des temps, que de misérables philosophes, sous le prétexte spécieux[13], mais punissable, d'éclairer les hommes et de les rendre meilleurs, viendraient[14] nous enseigner des vertus dangereuses dont le peuple ne doit jamais avoir de connaissance.

5°/ Ils pourraient, en augmentant le respect qu'ils ont pour Dieu, et en imprimant scandaleusement qu'il remplit tout de sa présence, diminuer le nombre des pélerins de La Mecque, au grand détriment du salut des âmes.

6°/ Il arriverait sans doute qu'à force de lire les auteurs occidentaux qui ont traité des maladies contagieuses[15] et de la manière de les prévenir, nous serions assez malheureux pour nous garantir de la peste[16], ce qui serait un attentat énorme contre les ordres de la Providence[17].

À ces causes et autres, pour l'édification des fidèles et pour le bien de leurs âmes, nous leur défendons de jamais lire aucun livre[18] sous peine de damnation éternelle. Et, de peur que la tentation diabolique ne leur prenne de s'instruire nous défendons aux pères et aux mères d'enseigner à lire à leurs enfants. [...]

Donné dans notre palais de la stupidité, le 7 de la lune de Muharem, l'an 1143 de l'hégire[19].

Voltaire, *De l'horrible danger de la lecture* (libelle écrit en 1765).

1. *Joussouf-Chéribi :* Joussouf (ou Jousouf ou Jousef) = Joseph (le fils de Jacob), l'image de la perfection divine pour les musulmans ; Chéribi, pour Chérif (ou Sharif) veut dire « noble » ; Voltaire s'amuse souvent à déformer ou à fabriquer des noms pour se moquer des gens (voir *Candide*). 2. *mouphti :* ou muphti (ou mufti) = celui qui est chargé de veiller au respect de la loi religieuse. 3. *sottise et bénédiction :* je souhaite que vous soyez bien sots, et Allah vous bénira parce que vous l'êtes. 4. *comme ainsi soit que :* puisqu'il se trouve que (*cum* + le subjonctif, en latin). 5. *Said-Effendi :* Saïd = chanceux, bienheureux ; effendi ou éfendi = titre des fonctionnaires civils, des ministres de la religion et des savants. 6. *la Sublime-Porte :* appellation noble du gouvernement de l'Empire turc (comme « le Saint-Siège » désigne celui du Pape). 7. *Frankrom :* pour rappeler à cette nation orgueilleuse qu'elle fut sous la domination des Francs et des Romains. 8. *cadis et imans :* juges et prêtres musulmans. 9. *fakirs :* les « mages » avec qui Zadig (1747) a eu maille à partir dans sa lutte contre le fanatisme et les superstitions. 10. *le génie :* les qualités naturelles de l'esprit (sens du mot latin *ingenium*). 11. *industrie :* le savoir-faire, l'esprit d'invention tourné vers les applications pratiques. 12. *droits de notre place :* prérogatives que nous donne notre fonction (commettre des abus sans avoir à rendre des comptes). 13. *spécieux :* qui n'a que l'apparence de la vérité. 14. *viendraient :* on attendait plutôt le subjonctif (Il se pourrait… que… viennent). 15. *maladies contagieuses :* comme la petite vérole (voir *Candide*) ; le principe de l'inoculation pour éviter ces maladies commence à se répandre (voir la lettre 11 des *Lettres philosophiques* - 1734). 16. *peste :* les plus récentes en Europe sont celles de Londres (1665) et de Marseille (1720) ; en Orient, Bonaparte découvrira, en 1799, à Jaffa, cette terrible épidémie (tableau de Gros, en 1804). 17. *la Providence :* l'un des grands sujets de réflexion de Voltaire ; voir notamment *Zadig ou la Destinée* (1747) et *Candide ou l'Optimisme* (1759). 18. *de jamais lire aucun livre :* une pierre (de plus) dans le jardin de J.-J. Rousseau, dont le roman pédagogique l'*Émile, "De l'Éducation"* a été publié en 1762. 19. *l'hégire :* les musulmans datent les faits à partir de 622, année de la fuite de Mahomet de la Mecque à Médine (en arabe, *hégire* = fuite) ; la date est donc : 622 + 1 143 = 1 765.

TEXTE N° 8 L'état de nature et la société civilisée

Texte A : La thèse de Rousseau

[…] En dépouillant cet être, ainsi constitué de tous les dons surnaturels[1] qu'il a pu recevoir, et de toutes les facultés artificielles qu'il n'a pu acquérir que par de longs progrès, en le considérant, en un mot, tel qu'il a dû sortir des mains de la nature, je vois un animal moins fort que les uns, moins agile que les autres, mais, à tout prendre, organisé le plus avantageusement de tous. Je le vois se rassasiant sous un chêne, se désaltérant au premier ruisseau, trouvant son lit au pied du même arbre qui lui a fourni son repas, et voilà ses besoins satisfaits, *(page 162)** […]. Ses désirs ne passent[2] pas ses besoins physiques ; les seuls biens qu'il connaisse dans l'univers sont la nourriture, une femelle et le repos ; les seuls maux qu'il craigne sont la douleur et la faim ; je dis la douleur et non la mort ; car jamais l'animal ne saura ce que c'est que mourir, et la connaissance de la mort et de ses terreurs est une des premières acquisitions que l'homme ait faites, en s'éloignant de la condition animale. […] Son âme, que rien n'agite, se livre au seul sentiment de son existence actuelle, sans aucune idée de l'avenir, quelque prochain qu'il puisse être, ses projets, bornés comme ses vues, s'étendent à peine jusqu'à la fin de la journée. *(pages 182 – 183)**

[…] Je sais qu'on nous répète sans cesse que rien n'eût été si misérable que l'homme dans cet état ; […] Mais, si j'entends[3] bien ce terme de « misérable », c'est un mot qui n'a aucun sens, ou qui ne signifie qu'une privation douloureuse et la souffrance du corps ou de l'âme. Or je voudrais bien qu'on m'expliquât quel peut être le genre de misère d'un être libre dont le cœur est en paix et le corps en santé. Je demande laquelle, de la vie civile ou naturelle, est la plus sujette à devenir insupportable à ceux qui en jouissent ? Nous ne voyons presque autour de nous que des gens qui se plaignent de leur existence, plusieurs même qui s'en privent autant qu'il est en eux[4] […] Je demande si jamais on a ouï dire qu'un sauvage en liberté ait seulement songé à se plaindre de la vie et à se donner la mort ? Qu'on juge donc avec moins d'orgueil de quel côté est la véritable misère. *(page 194)**

[…] Plus on y réfléchit, plus on trouve que cet état était le moins sujet aux révolutions[5], le meilleur à l'homme, et qu'il n'en a dû sortir que par quelque funeste hasard, qui pour l'utilité commune eût dû ne jamais arriver. L'exemple des sauvages qu'on a presque trouvés à ce point[6] semble confirmer que le genre humain était fait pour y rester toujours, que cet état est la véritable jeunesse du monde, et que tous les progrès ultérieurs ont été en apparence autant de pas vers la perfection de l'individu, et en effet[7] vers la décrépitude de l'espèce. […] *(pages 211 et 213)**

Jean-Jacques Rousseau, *Discours sur l'origine et les fondements de l'inégalité parmi les hommes*, 1755.

Texte B :

L'antithèse de Voltaire

Aux *Délices* près de Genève,
le 30 août 1755.

J'ai reçu, monsieur, votre nouveau livre[8] contre le genre humain ; je vous en remercie. Vous plairez aux hommes, à qui vous dites leurs vérités, mais vous ne les corrigerez pas. On ne peut peindre avec des couleurs plus fortes les horreurs de la société humaine, dont notre ignorance et notre faiblesse se promettent tant de consolations. On n'a jamais employé tant d'esprit à vouloir nous rendre bêtes[9] ; il prend envie de marcher à quatre pattes, quand on lit votre ouvrage. Cependant, comme il y a plus de soixante ans[10] que j'en ai perdu l'habitude, je sens malheureusement qu'il m'est impossible de la reprendre, et je laisse cette allure naturelle[11] à ceux qui en sont plus dignes que vous et moi. Je ne peux non plus m'embarquer pour aller trouver les sauvages du Canada[12] : premièrement, parce que les maladies dont je suis accablé me retiennent auprès du plus grand médecin d'Europe[13], et que je ne trouverais pas les mêmes secours chez les Missouris ; secondement, parce que la guerre est portée dans ces pays-là, et que les exemples de nos nations ont rendu les sauvages presque aussi méchants que nous. Je me borne à être un sauvage paisible dans la solitude que j'ai choisie auprès de votre patrie où vous devriez être. Je conviens avec vous que les belles-lettres et les sciences ont causé quelquefois beaucoup de mal. [...]

Avouez en effet, monsieur, que ce sont là de petits malheurs particuliers dont à peine la société s'aperçoit. Qu'importe au genre humain que quelques frelons pillent le miel de quelques abeilles ? Les gens de lettres font grand bruit de toutes ces petites querelles, le reste du monde ou les ignore, ou en rit. De toutes les amertumes répandues sur la vie humaine, ce sont là les moins funestes. Les épines attachées à la littérature et à un peu de réputation ne sont que des fleurs en comparaison des autres maux qui, de tout temps, ont inondé la terre. [...]

Si quelqu'un doit se plaindre des lettres, c'est moi, puisque dans tous les temps et dans tous les lieux, elles ont servi à me persécuter ; mais il faut les aimer malgré l'abus qu'on en fait, comme il faut aimer la société dont tant d'hommes méchants corrompent les douceurs ; comme il faut aimer sa patrie, quelques injustices[14] qu'on y essuie ; comme il faut aimer et servir l'Être suprême, malgré les superstitions et le fanatisme qui déshonorent si souvent son culte.

M. Chappuis[15] m'apprend que votre santé est bien mauvaise ; il faudrait la venir rétablir dans l'air natal, jouir de la liberté, boire avec moi du lait de nos vaches, et brouter nos herbes.

Je suis très philosophiquement et avec la plus tendre estime, Monsieur, votre très humble et très obéissant serviteur. *(pages 237 à 240)**

1. *surnaturels :* ajoutés à ceux que la nature lui a attribués. 2. *passent :* dépassent. 3. *j'entends :* je comprends. 4. *autant qu'il est en eux :* s'ils en ont la possibilité, l'occasion ou la force de le faire. 5. *révolutions :* bouleversements, troubles. 6. *à ce point :* presque dans cet état originel. 7. *en effet :* en réalité (s'oppose à « en apparence »). 8. *nouveau :* double sens = qui vient de paraître (voir la date) et le deuxième du même genre (après le *Discours sur les sciences et les arts* de 1750, qui était déjà une diatribe contre la société et la civilisation corruptrices). 9. *nous rendre bêtes :* nous ramener à la condition animale, ce qui n'était nullement, pour Rousseau, une déchéance. 10. *plus de soixante ans :* Voltaire a 61 ans en 1755 ; Rousseau en a 43. 11. *cette allure naturelle :* cette façon d'aller (à quatre pattes), naturelle aux bêtes (cette fois au double sens du mot), qui convient aux imbéciles.12. *les sauvages du Canada :* notamment les Indiens Iroquois et Hurons (comme le personnage du conte de Voltaire (*L'Ingénu*, 1767), un Huron venu du Canada, et qui choisit la civilisation,

* Ces indications figurant dans les textes des pages 28, 29 et 30 renvoient à l'édition Garnier-Flammarion des deux *Discours* de Rousseau.

malgré tous ses malheurs.13. *le plus grand médecin de l'Europe :* Tronchin, le fameux médecin genevois. 14. *injustices :* celles que Voltaire comme Rousseau ont eu et auront à subir, forcés l'un et l'autre de s'exiler, le premier hors de France, le second chassé de sa patrie, la Suisse. 15. *M. Chappuis :* le receveur des sels (l'impôt sur le sel, la gabelle, que Voltaire fera abolir un peu plus tard, à Ferney) du canton du Valais, où Voltaire s'est installé au début de l'année et où il séjournera jusqu'en 1760, près de Genève, dans une propriété qu'il nomme *Les Délices* (avant de se fixer à Ferney, en France, à proximité de la frontière).

TEXTE N° 9 Les paroles du père Souël

René vient de raconter sa malheureuse « histoire », (son insatisfaction permanente due au « vague des passions », son amour ambigu pour sa sœur Amélie, sa tentation de suicide...) au Sachem Chactas, « son père adoptif », et au père Souël, missionnaire au fort Rosalie, chez les Natchez, Indiens de la Louisiane. Le premier compatit et pleure, le second plus austère, désire tirer une leçon morale de ce comportement. C'est ainsi qu'il prend la parole ; ce sont les dernières pages du récit.

« Rien, dit-il au frère d'Amélie[1], rien ne mérite, dans cette histoire, la pitié qu'on vous montre ici. Je vois un jeune homme entêté de chimères, à qui tout déplaît et qui s'est soustrait aux charges de la société pour se livrer à d'inutiles rêveries. On n'est point, monsieur, un homme supérieur parce qu'on aperçoit le monde sous un jour odieux. On ne hait les hommes et la vie, que faute de voir assez loin. Étendez un peu plus votre regard, et vous serez bientôt convaincu que tous ces maux dont vous vous plaignez sont de purs néants. Mais quelle honte de ne pouvoir songer au seul malheur réel de votre vie, sans être forcé de rougir ! Toute la pureté, toute la vertu, toute la religion, toutes les couronnes d'une sainte rendent à peine tolérable la seule idée de vos chagrins. Votre sœur a expié sa faute[2] ; mais, s'il faut dire ici ma pensée, je crains que, par une épouvantable justice, un aveu sorti du sein de la tombe n'ait troublé votre âme à son tour. Que faites-vous seul au fond des forêts où vous consumez vos jours, négligeant tous vos devoirs ? Des saints, me direz-vous, se sont ensevelis dans les déserts ? Ils y étaient avec leurs larmes et employaient à éteindre leurs passions le temps que vous perdez peut-être à allumer les vôtres. Jeune présomptueux qui avez cru que l'homme se peut suffire à lui-même ! La solitude est mauvaise à celui qui n'y vit pas avec Dieu ; elle redouble les puissances de l'âme, en même temps qu'elle leur ôte tout sujet pour s'exercer. Quiconque a reçu des forces, doit les consacrer au service de ses semblables ; s'il les laisse inutiles, il en est d'abord puni par une secrète misère, et tôt ou tard le ciel lui envoie un châtiment effroyable ».

Troublé par ces paroles, René releva du sein de Chactas sa tête humiliée. Le Sachem aveugle se prit à sourire ; et ce sourire de la bouche, qui ne se mariait plus à celui des yeux, avait quelque chose de mystérieux et de céleste. « Mon fils, dit le vieil amant d'Atala[3], il nous parle sévèrement ; il corrige et le vieillard et le jeune homme, et il a raison. Oui, il faut que tu renonces à cette vie extraordinaire qui n'est pleine que de soucis : il n'y a de bonheur que dans les voies communes. »

Chateaubriand, *René*, 1802.

1. *frère d'Amélie :* René avait, pour sa sœur Amélie, le même attachement trouble que Chateaubriand pour la sienne, Lucile (voir *Mémoires d'outre-tombe*, livre I). 2. *a expié sa faute :* Amélie, pour fuir cette « *affection* » partagée, entra au couvent et y mourut en « *soignant ses compagnes attaquées d'une maladie contagieuse* ». 3. *le vieil amant d'Atala :* Chactas, dans sa jeunesse, aima une jeune Indienne, Atala, qui, s'étant promise à la religion, s'empoisonna pour ne pas succomber à sa passion.

TEXTE N° 10 — Il a volé un pain !

Hier, 22 février 1846[1], j'allais à la Chambre[2], il faisait froid, malgré le soleil et midi. Je vis venir rue de Tournon[3] un homme que deux soldats emmenaient. Cet homme était blond, pâle, maigre, hagard ; trente ans à peu près, un pantalon de grosse toile, les pieds nus et écorchés dans des sabots avec des linges sanglants roulés autour des chevilles pour tenir lieu de bas ; une blouse courte, souillée de boue derrière le dos, ce qui indiquait qu'il couchait habituellement sur le pavé ; la tête nue et hérissée. Il avait sous le bras un pain. Le peuple disait autour de lui qu'il avait volé ce pain et que c'était à cause de cela qu'on l'emmenait. En passant devant la caserne de gendarmerie, un des soldats y entra et l'homme resta à la porte, gardé par l'autre soldat.

Une voiture était arrêtée devant la porte de la caserne. C'était une berline armoriée[4] portant aux lanternes une couronne ducale, attelée de deux chevaux gris, deux laquais en guêtres derrière. Les glaces étaient levées, mais on distinguait l'intérieur tapissé de damas[5] bouton d'or. Le regard de l'homme fixé sur cette voiture attira le mien. Il y avait dans la voiture une femme en chapeau rose, en robe de velours noir, fraîche, blanche, belle, éblouissante, qui riait et jouait avec un charmant petit enfant de seize mois enfoui sous les rubans, les dentelles et les fourrures.

Cette femme ne voyait pas l'homme terrible qui la regardait.

Je demeurai pensif.

Cet homme n'était plus pour moi un homme, c'était le spectre de la misère, c'était l'apparition, difforme, lugubre, en plein jour, en plein soleil, d'une révolution encore plongée dans les ténèbres, mais qui vient. Autrefois le pauvre coudoyait le riche, ce spectre rencontrait cette gloire ; mais on ne se regardait pas. On passait. Cela pouvait durer ainsi longtemps. Du moment où cet homme s'aperçoit que cette femme existe, tandis que cette femme ne s'apercoit pas que cet homme est là, la catastrophe est inévitable.

Victor Hugo, *Choses vues*, 1846.

1. *la date :* jour pour jour, deux ans avant, celle des journées d'émeute de 1848 (les 22, 23 et 24 février), qui entraîneront l'abdication du dernier roi, Louis-Philippe. 2. *la Chambre :* la Chambre des Pairs (dont Victor Hugo était membre). 3. *rue de Tournon :* le nom n'a pas changé ; près de l'Odéon et du palais du Luxembourg. 4. *une berline armoriée :* voiture à chevaux, sur laquelle sont peintes les armes (les armoiries) d'une famille noble. 5. *damas :* riche tissu orné de dessins.

TEXTE N° 11 — *« Ils ont voté ! »*

Ils ont voté[1] ! Troupeau que la peur mène paître
Entre le sacristain et le garde champêtre,
Vous qui, pleins de terreur, voyez, pour vous manger,
Pour manger vos maisons, vos bois, votre verger,
Vos meules de luzerne et vos pommes à cidre[2],
S'ouvrir tous les matins les mâchoires d'une hydre ;
Braves gens, qui croyez en vos foins, et mettez
De la religion dans vos propriétés ;
Âmes que l'argent touche et que l'or fait dévotes[3] ;
Maires narquois, traînant vos paysans aux votes ;
Marguilliers[4] aux regards vitreux ; curés camus[5]
Hurlant à vos lutrins : *Doemonem laudamus*[6] ;
Sots, qui vous courroucez comme flambe une bûche ;
Marchands dont la balance incorrecte trébuche ; [...]
Invalides, lions transformés en toutous[7] ;
Niais, pour qui cet homme[8] est un sauveur ; vous tous
Qui vous ébahissez, bestiaux de Panurge,
Aux miracles que fait Cartouche[9] thaumaturge[10] ;
Noircisseurs de papier timbré, planteurs de choux,
Est-ce que vous croyez que la France, c'est vous,
Que vous êtes le peuple, et que jamais vous eûtes
Le droit de nous donner un maître, ô tas de brutes ?

Ce droit, sachez-le bien, chiens du berger Maupas[11],
Et la France et le peuple eux-mêmes ne l'ont pas.
L'altière Vérité jamais ne tombe en cendre.
La Liberté n'est pas une guenille à vendre,
Jetée au tas, pendue au clou chez un fripier.
Quand un peuple se laisse au piège estropier,
Le droit sacré, toujours à soi-même fidèle,
Dans chaque citoyen trouve une citadelle ;
On s'illustre en bravant un lâche conquérant,
Et le moindre du peuple en devient le plus grand.
Donc, trouvez du bonheur, ô plates créatures,
À vivre dans la fange et dans les pourritures,
Adorez ce fumier sous ce dais de brocart,

L'honnête homme recule et s'accoude à l'écart.
Dans la chute d'autrui je ne veux pas descendre.
L'honneur n'abdique point. Nul n'a droit de me prendre
Ma liberté, mon bien, mon ciel bleu, mon amour.
Tout l'univers aveugle est sans droit sur le jour.
Fût-on cent millions d'esclaves, je suis libre.
Ainsi parle Caton[12]. Sur la Seine ou le Tibre,
Personne n'est tombé tant qu'un seul est debout.
Le vieux sang des aïeux qui s'indigne et qui bout,
La vertu, la fierté, la justice, l'histoire,
Toute une nation avec toute sa gloire
Vit dans le dernier front qui ne veut pas plier.
Pour soutenir le temple, il suffit d'un pilier ;
Un Français, c'est la France ; un Romain contient Rome,
Et ce qui brise un peuple avorte aux pieds d'un homme.

Victor Hugo, *Les Châtiments*, III, 4, extrait, 1853.

1. *Ils ont voté ! :* le plébiscite du 20 décembre 1851 devait aboutir à la naissance du second Empire. 2. *Vos meules de luzerne et vos pommes à cidre :* les paysans furent les premiers à se rallier à Louis-Napoléon Bonaparte, par peur d'une jacquerie. 3. *Âmes... dévotes :* allusion aux bourgeois. 4. *Marguilliers :* membres chargés d'administrer les biens d'une paroisse. 5. *camus :* pour un nez : aplati et court. Ici, bornés, obtus. Le démon est souvent représenté avec un visage camus. 6. Daemonem laudamus : « *Nous louons le démon* », parodie du « *Te Deum laudamus* ». 7. *Invalides ... toutous :* Sauboul, qui avait été un des chefs de la guerre des rues en décembre 51, fut nommé au commandement des Invalides. 8. *cet homme :* Napoléon III, surnommé, par l'auteur, « Napoléon le petit ». 9. *Cartouche :* célèbre voleur et criminel du début du XVIIIe siècle. Un des surnoms, aussi, qu'Hugo attribue à Napoléon III. 10. *thaumaturge :* faiseur de miracles. 11. *Maupas :* préfet de police en 1851 qui a participé au coup d'État du 2 décembre 1851. 12. *Caton :* Caton d'Utique, figure illustre de la résistance contre César ; après la mort de Pompée, il essaya de continuer la guerre en Afrique, alors que les siens l'abandonnaient. Hugo songe, ici, au personnage évoqué dans *La Pharsale* de Lucain.

TEXTE N° 12 *« Cette tête doit tomber ! »*

[...] Quand j'ai eu dix-sept ans, en effet, mon père[1] m'a invité à aller l'écouter. Il s'agissait d'une affaire importante, en Cour d'Assises[2], et, certainement, il avait pensé qu'il apparaîtrait sous son meilleur jour. Je crois aussi qu'il comptait sur cette cérémonie, propre à frapper les jeunes imaginations, pour me pousser à entrer dans la carrière que lui-même avait choisie. J'avais accepté, parce que cela faisait plaisir à mon père et parce que, aussi bien, j'étais curieux de le voir et de l'entendre dans un autre rôle que celui qu'il jouait parmi nous. Je ne pensais à rien de plus. Ce qui se passait dans un tribunal m'avait toujours paru aussi naturel et inévitable qu'une revue de 14 juillet ou une distribution de prix. J'en avais une idée fort abstraite[3] et qui ne me gênait pas.

Je n'ai pourtant gardé de cette journée qu'une seule image, celle du coupable. Je crois qu'il était coupable en effet, il importe peu de quoi. Mais ce petit homme au poil roux et pauvre, d'une trentaine d'années, paraissait si décidé à tout reconnaître, si sincèrement effrayé par ce qu'il avait fait et ce qu'on allait lui faire, qu'au bout de quelques minutes, je n'eus plus d'yeux que pour lui[4]. Il avait l'air d'un hibou effarouché par une lumière trop vive. Le nœud de sa cravate ne s'ajustait pas exactement à l'angle du col. Il se rongeait les ongles d'une seule main, la droite [...]. Bref, je n'insiste pas, vous avez compris qu'il était vivant.

Mais moi, je m'en apercevais brusquement, alors que, jusqu'ici, je n'avais pensé à lui qu'à travers la catégorie commode d' « inculpé ». Je ne puis dire que j'oubliais alors mon père, mais quelque chose me serrait le ventre, qui m'enlevait toute autre attention que celle que je portais au prévenu. Je n'écoutais presque rien, je sentais qu'on voulait tuer cet homme vivant et un instinct formidable comme une vague me portait à ses côtés avec une sorte d'aveuglement entêté. Je ne me réveillai vraiment qu'avec le réquisitoire[5] de mon père.

Transformé par sa robe rouge, ni bonhomme ni affectueux, sa bouche grouillait de phrases immenses, qui, sans arrêt, sortaient comme des serpents. Et je compris qu'il demandait la mort de cet homme au nom de la société et qu'il demandait même qu'on lui coupât le cou. Il disait seulement : « Cette tête doit tomber ! » Mais, à la fin, la différence n'était pas grande[6]. Et cela revint au même, en effet, puisqu'il obtint cette tête. Simplement, ce n'est pas lui qui fit alors le travail. Et moi qui suivis l'affaire ensuite jusqu'à sa conclusion, exclusivement, j'eus avec ce malheureux une intimité bien plus vertigineuse que ne l'eut jamais mon père. Celui-ci devait pourtant, selon la coutume, assister à ce qu'on appelait poliment les derniers moments et qu'il faut bien nommer le plus abject des assassinats. [...]

Vous attendez sans doute que je vous dise que je suis parti aussitôt. Non, je suis resté plusieurs mois, presque une année. Mais j'avais le cœur malade. Un soir, mon père demanda son réveil parce qu'il devait se lever tôt[7]. Je ne dormis pas de la nuit. Le lendemain, quand il revint, j'étais parti. Disons tout de suite que mon père me fit rechercher, que j'allai le voir, que, sans rien expliquer, je lui dis calmement que je me tuerais s'il me forçait à revenir. Il finit par accepter, car il était de naturel plutôt doux...

Par la suite, assez longtemps après cependant, je revins régulièrement voir ma mère et je le rencontrai alors. Ces rapports lui suffirent, je crois. Pour moi, je n'avais pas d'animosité contre lui, seulement un peu de tristesse au cœur. Quand il mourut, je pris ma mère avec moi et elle y serait encore si elle n'était morte à son tour.

J'ai longtemps insisté sur ce début parce qu'il fut en effet au début de tout. [...] J'ai fait mille métiers[8] pour gagner ma vie. Ça ne m'a pas trop mal réussi. Mais ce qui m'intéressait c'était la condamnation à mort. Je voulais régler un compte avec le hibou roux. [...] Je ne voulais pas être un pestiféré, voilà tout. J'ai cru que la société où je vivais était celle de la condamnation à mort et qu'en la combattant, je combattais l'assassinat. [...]

Albert Camus, *La Peste*, IVe partie, Gallimard, coll. Folio, pages 223 à 226, 1947.

1. *mon père :* c'est Tarrou, le meilleur ami du docteur Rieux qui parle ; il été l'un des premiers volontaires, dans la lutte contre la peste. 2. *Cour d'Assises :* la juridiction chargée de juger les causes criminelles ; allusion possible aux *Souvenirs de la Cour d'Assises* d'André Gide (1914). 3. *abstraite :* même mot et même idée (à expliquer), page 195 : « *Ils se scandalisaient abstraitement* », à propos de l'agonie d'un innocent, dont Tarrou et le père Paneloux sont témoins à l'hôpital. 4. *je n'eus plus d'yeux que pour lui :* de même, dans *L'Étranger*, le journaliste ne cesse de regarder l'accusé (Meursault) avec sympathie. 5. *le réquisitoire :* la plaidoirie de l'avocat général qui *requiert*, qui demande qu'une peine soit prononcée par le juge et les jurés. 6. *la différence n'était pas grande :* néanmoins, elle existe, dans l'esprit de Camus ; expliquez-la ; même observation dans *L'Étranger*, comme dans *L'Envers et l'Endroit*. 7. *il devait se lever tôt :* pour assister, à l'aube, comme c'est l'usage, à l'exécution du condamné. 8. *mille métiers :* comme Camus lui-même ; voir sa biographie.

TEXTE N° 13 — La cigale

La cigale ayant chanté
Tout l'été,
Dans maints casinos, maintes boîtes
Se trouva fort bien pourvue[1]
Quand la bise fut venue.
Elle en avait à gauche[2], elle en avait à droite,
Dans plusieurs établissements[3].
Restait à assurer un fécond placement.

Elle alla trouver un renard,
Spécialisé dans les prêts hypothécaires[4]
Qui, la voyant entrer l'œil noyé sous le fard,
Tout enfantine et minaudière,
Crut qu'il tenait la bonne affaire.
« Madame, lui dit-il, j'ai le plus grand respect
Pour votre art et pour les artistes.
L'argent, hélas ! n'est qu'un aspect
Bien trivial, je dirais bien triste,

Si nous n'en avions tous besoin,
De la condition humaine.
L'argent réclame des soins.
Il ne doit pourtant pas devenir une gêne.
À d'autres qui n'ont pas vos dons de poésie
Vous qui planez, laissez, laissez le rôle ingrat
De gérer vos économies,
À de trop bas calculs votre art s'étiolera.
Vous perdriez votre génie.

Signez donc ce petit blanc-seing[5]
Et ne vous occupez de rien. »
Souriant avec bonhomie,
« Croyez, Madame, ajouta-t-il, je voudrais, moi,
Pouvoir, tout comme vous, ne sacrifier[6] qu'aux muses ! »

Il tendait son papier. « Je crois que l'on s'amuse[7] »,
Lui dit la cigale, l'œil froid.
Le renard, tout sucre et tout miel,
Vit un regard d'acier briller sous le rimmel[8].
« Si j'ai frappé à votre porte,
Sachant le taux exorbitant que vous prenez,
C'est que j'entends que la chose rapporte.
Je sais votre taux d'intérêt.
C'est le mien. Vous l'augmenterez
Légèrement, pour trouver votre bénéfice.
J'entends que[9] mon tas d'or grossisse.
J'ai un serpent pour avocat.
Il passera demain discuter du contrat. »
L'œil perdu, ayant vérifié son fard,
Drapée avec élégance
Dans une cape de renard
(Que le renard feignit de ne pas avoir vue),
Elle précisa en sortant :
« Je veux que vous prêtiez aux pauvres[10] seulement... »
(Ce dernier trait rendit au renard l'espérance.)
« Oui, conclut la cigale au sourire charmant,
On dit qu'en cas de non-paiement
D'une ou l'autre des échéances,
C'est eux dont on vend tout le plus facilement. »

Maître Renard qui se croyait cynique
S'inclina. Mais depuis, il apprend la musique.

Jean Anouilh, *Fables*, 1962.

1. *bien pourvue :* l'opposé de dépourvue, dans la fable de La Fontaine, c'est-à-dire en possession de beaucoup d'argent. 2. *à gauche :* songez à l'expression « mettre de l'argent à gauche », c'est-à-dire faire des économies. 3. *établissements :* banques, caisses d'épargne, etc. 4. *prêts hypothécaires :* prêts garantis par une hypothèque, c'est-à-dire un bien dont le créancier peut disposer, si le débiteur ne peut pas s'acquitter de sa dette, dans le délai fixé. 5. *blanc-seing :* signature (*seing* vient du latin *signum* = signe) au bas d'une feuille blanche, donnant à une personne tout pouvoir d'agir à la place d'une autre en remplissant à son gré ladite feuille. 6. *sacrifier :* à la fois honorer par un sacrifice (à un dieu), et surtout consacrer son temps et ses soins à. 7. *l'on s'amuse :* ce n'est pas sérieux ! 8. *le rimmel :* le fard (*cf.* vers 11) qui est le propre de la coquette sans cervelle, du moins à ce que croit le renard. 9. *J'entends que :* j'exige que. 10. *vous prêtiez aux pauvres :* à l'opposé du dicton « on ne prête qu'aux riches », la cigale aurait-elle un cœur généreux ?

OBSERVATION MÉTHODIQUE DE CHAQUE TEXTE ET QUESTIONS D'EXAMEN

TEXTE N° 1 **« La peinture du moi »**

APPROCHE DU TEXTE

• Situation

Le chapitre 2 (il y en a 13), intitulé « Du repentir », est l'un des plus importants de ce livre III, paru seulement à partir de l'édition de 1588, la dernière du vivant de l'auteur. Ce livre, conçu et écrit après le long voyage en Europe (1580 – 1581) et la retraite (relative) de Montaigne, après 1585, complète les deux précédents commencés dès 1572. 0n y retrouve, à côté de quelques thèmes nouveaux, **l'affirmation du même projet et l'utilisation de la même méthode**, qui est toujours le brassage de ces trois éléments : les **données des livres**, celles **de la vie** et celles **du moi**. Pas plus que dans les livres I (57 chapitres) et II (37 chapitres), on n'observe de plan rigoureux et préétabli. Montaigne a souvent répété qu'il préférait suivre ses « rêveries » plutôt que les guider. Mais cette **liberté de construction** n'est pas synonyme d'anarchie et de confusion. Les grands sujets reviennent, la préoccupation centrale est toujours présente et s'il y a des redites ou des contradictions dans ces trois livres, elles peuvent toujours s'expliquer : on n'est jamais ni tout à fait le même, ni tout à fait un autre tout au long de sa vie. Ce qui demeure constant c'est la certitude pour l'auteur de l'importance de l'entreprise et du **caractère unique de l'œuvre** : ce passage, près de la fin, si on le rapproche de nombreux autres, et notamment de « l'Avis au lecteur » de la première édition (1580), montre bien que Montaigne, fidèle à son projet initial, a pris conscience, peu à peu, d'une portée bien plus vaste des *Essais*.

• Identification

Il s'agit d'un texte **argumentatif**, tiré d'une œuvre qu'on ne saurait considérer, ni comme une simple autobiographie, ni comme un discours philosophique ou un traité de morale, bien qu'il participe de l'une et de l'autre. Montaigne, encore une fois, cherche à **persuader** et **se persuader** de l'originalité et de l'utilité de son livre, où il s'est peint lui-même, avec exactitude et sincérité. Comme dans tout **raisonnement dialectique**, les points de vue opposés sont examinés, avec la même attention (thèse/antithèse), jusqu'au moment où une idée nouvelle et importante permet de les concilier (synthèse).

RECHERCHE

• Le système énonciatif

– Les marques énonciatives

Qui parle ? À qui ? La réponse à ces deux questions est claire : Montaigne est à la fois l'auteur et le personnage central du livre, et la 1re personne est utilisée pour les désigner aussi bien l'un que l'autre. Toutefois, il arrive que l'on constate un hiatus (indiqué par Montaigne lui-même) entre le sujet et l'objet (JE et ME ou MOI ou MON), notamment quand on considère les formes pronominales de certains verbes : *« je me contredis »* ; *« je ne m'essaierais pas, je me résoudrais »* ; *« je prétende me rendre public »*. C'est une des raisons (il y en a une autre) pour lesquelles l'auteur se désigne lui-même, en qualité d'objet, à la troisième personne : *« Je ne puis assurer mon objet ; il va... je le prends... comme il est à l'instant que je m'amuse à lui »*.

À qui l'auteur s'adresse-t-il ? Au lecteur évidemment, même s'il n'utilise pas ici, comme dans d'autres passages, la deuxième personne, ni le NOUS qui s'associe à ce lecteur. C'est lui qu'il faut persuader. C'est lui aussi qui est supposé, *a priori*, prendre à son compte les principaux arguments de la thèse à laquelle Montaigne s'oppose. Mais c'est également à Montaigne lui-même que Montaigne s'adresse, dans ce passage qui est, comme le livre tout entier, **un dialogue entre JE et MOI**.

– Les procédés de modalisation

Montaigne imprime sa marque à sa démonstration par des verbes d'opinion et d'affirmation qui se veulent parfois concessifs (*« Si le monde se plaint de quoi je parle trop »*, *« Au moins j'ai ceci selon la discipline, que »*), mais qui sont souvent catégoriques (*« Je propose »*, au sens de je mets en avant, *« je dis vrai »*).

D'ailleurs adverbes et locutions adverbiales appuient la certitude de son entreprise, par leur ton assuré : *« vraiment/jamais/mieux que/plus avant/plus distinctement/exactement et pleinement »*.

Ainsi, tout le texte est ponctué de termes justifiant, sans ambiguïté, la justesse de son propos ; retenons : *« ne se fourvoient point »*, *« jamais aucun ne pénétra en sa matière plus avant »*.

– Les modes de citation

Peu de particularités à relever, sinon qu'il arrive à l'auteur, pour créer un dialogue hypothétique avec son lecteur, d'employer le système de questions oratoires : « *Mais est-ce raison que... ?* », « *Est-il aussi raison que... ?* ».

Conclusion partielle

Le système énonciatif nous prouve que Montaigne, en se mettant au centre du débat, cherche, certes, à prendre le lecteur comme l'interlocuteur supposé d'une thèse à réfuter, mais surtout qu'il engage une discussion argumentative entre LUI et LUI (entre JE et MOI). Cet « essai » d'auto-analyse se voulant, surtout, **juste** et **véridique**.

• L'organisation lexicale

De ce double affrontement, de soi-même à soi-même, de l'auteur au lecteur, naissent des **champs lexicaux antithétiques**.
Pratiquons un relevé linéaire :

LES AUTRES	MONTAIGNE
« *Les autres* »	« *je* »
« *branle* »	« *inconstance* »
« *l'être* »	« *le passage* »
« *une vie basse et sans lustre* »	« *une vie de plus riche étoffe* »
« *particulier* »	« *public* »
« *Les auteurs* »	« *moi* »
« *marque spéciale et étrangère* »	« *mon être universel* »
« *le monde* »	« *je* »
« *Ailleurs* »	« *ici* »

Il est clair que tous ces champs lexicaux n'ont qu'un but : mettre en opposition l'auteur et les autres, au niveau de l'identité, du mouvement, du comportement.

Conclusion partielle

S'instaure à ce stade, déjà, une forte structure dichotomique.

• La structure logique et rhétorique

– L'aire scripto-visuelle

Deux paragraphes massifs, voire touffus, s'imposent d'emblée au lecteur. De nombreuses périodes renforcent cette idée de « poids argumentatif ». Les subordonnées, souvent incises, relatives ou conjonctives, circonstancielles surtout, font que les phrases sont longues, même si la ponctuation (notamment les points virgules et les deux points) indique clairement la façon dont elles sont construites (lignes 1 à 7, 12 à 17, 28 à 35).

– Les connecteurs argumentatifs et les principes de rhétorique
Cette page repose sur une forte **cohérence du raisonnement**, par :
• les mots qui indiquent les **enchaînements**, les **articulations** entre les parties de discours : *« meshui »* et *« or »* (ligne 3), *« tant y a que »* (lignes 14 et 15), *« mais »* (ligne 25), *« au moins »* (ligne 28) ;
• les mots, les membres de phrase ou les phrases entières **en parallèle ou en opposition**, dans chaque partie du discours, soit par simple juxtaposition (dans la première phrase et dans la dernière), soit par des locutions servant à dissocier, comme : *« non… mais »*, *« soit que… soit que… »*, *« aussi bien… que »*, *« que… ; et que… ; secondement que… »*, *« non pas… mais autant que… ; et… un peu plus »* ;
• les **« mots-thèmes »** ou les **« formules à retenir »**, qui résument, sur quelques points essentiels, la pensée de Montaigne : *« Les autres forment l'homme ; je le récite »* (ligne l), *« Le monde n'est qu'une branloire pérenne »* (lignes 4 et 5), *« je ne peins pas l'être, je peins le passage »* (lignes 9 et 10), *« chaque homme porte la forme entière de l'humaine condition »* (ligne 20), ainsi que *« fidélité »*, *« sincère et pure »*, *« je dis vrai »* (ligne 35).

Conclusion partielle

> La stratégie argumentative de Montaigne se dessine d'étape en étape, il s'agit de convaincre rationnellement le lecteur. L'analyse des thèses et des arguments confirmera-t-elle ce point de vue ?

DÉCOUVERTE

• Les modalités et les buts de l'argumentation

1. Les modalités de l'argumentation

– Les thèses exprimées
Elles le sont explicitement :
• Thèse du lecteur-interlocuteur : se peindre soi-même est difficile et présente peu d'intérêt.
• Thèse de l'auteur-locuteur : se peindre soi-même est un exercice possible (qui est une antithèse) et profitable, avec une juste expérience.

– L'organisation des arguments
On peut distinguer assez facilement une **introduction**, un **corpus** en trois parties, et une **conclusion.**
• introduction : rappel du projet original de Montaigne : lignes 1 à 3 ;

• première partie du débat : thèse (il est très difficile de se peindre soi-même)/ antithèse (je peins le passage et je ne contredis jamais la vérité) : lignes 3 à 17 ;
• deuxième partie : thèse (le projet est sans intérêt pour les autres)/antithèse (au contraire, il intéresse chacun ; l'idée nouvelle) : lignes 18 à 28 ;
• troisième partie : thèse (ce que l'on sous-entend par « la discipline »)/antithèse (je connais parfaitement mon sujet et je suis sincère) : lignes 28 à 37 ;
• conclusion : ce livre et MOI ne faisons qu'un : lignes 37 à 39.

Approfondissons les **étapes de l'argumentation**.
La marche de la pensée est **dialectique**, c'est-à-dire qu'elle reconnaît au préalable le caractère inséparable des contradictoires (thèse/antithèse) ; pour amener quelqu'un à penser comme soi, il faut d'abord penser comme lui, et prouver qu'il a tort, ou que l'on peut penser autrement. C'est ce que fait constamment Montaigne.

THÈSE	ANTITHÈSE
(ce que l'on peut faire)	(ce que répond Montaigne)
• peinture de soi = orgueil • peinture de soi impossible (on change à tout instant) • votre vie est commune • Votre peinture peut-elle intéresser le lecteur ? • Il faut des qualités pour faire un ouvrage. • Et si votre livre ne plaît pas ?	• Si je devais me refaire… • Je peins le passage et ne contredis jamais la vérité. • Une morale s'attache aussi bien à une vie sans lustre. • *« chaque homme porte la forme entière de l'humaine condition »* • Je connais bien mon sujet et je suis aussi fidèle que possible. • C'est qu'on n'aura pas aimé l'ouvrier.

Il faut remarquer que sur ce point cependant thèse et antithèse se rejoignent (lignes 28 à 34) ; il n'y a d'ailleurs pas d'opposition à proprement parler, les qualités requises (compétence, esprit d'analyse, souci de perfection) étant les mêmes, qu'il s'agisse d'un ouvrage ordinaire ou du livre en question. L'argument décisif, au centre du passage (ligne 20) conduit à la synthèse, qui est un dépassement de l'opposition développée, de sorte que l'ensemble du raisonnement peut se résumer sous la forme du **syllogisme** suivant :
• prémisses : *« chaque homme porte la forme entière de l'humaine condition »* (majeure) or, je suis un homme (mineure) ;
• conclusion : donc, en me peignant, je peins un peu chaque homme.
On peut contester la première et la dernière de ces affirmations, mais leur enchaînement est d'une logique rigoureuse, même si elle paraît quelque peu étroite et simpliste.

2. Les buts de l'argumentation

– **L'art de convaincre** n'est plus à démontrer, la dialectique rationnelle du texte est apparue à chaque étape.
– **L'art de persuader** tient à l'utilisation judicieuse de moyens propres à fixer l'attention du lecteur, à l'intéresser, à le surprendre parfois, bref à lui permettre de suivre sans trop d'effort et avec plaisir un raisonnement (convaincre et agréer, dira Pascal). À l'école des philosophes et des poètes latins surtout, Montaigne a acquis le goût des phrases bien construites, souvent longues et soigneusement articulées, des enchaînements clairs, mais également des raccourcis, des antithèses, des métaphores et des formules qui ressemblent à des maximes. Il était, en outre, naturellement attaché *« à un parler simple et naïf tel sur le papier qu'à la bouche ; succulent et nerveux, court et sec et non... délicat et peigné »*. C'est ainsi qu'aux remarques déjà faites au cours de l'explication, il convient d'ajouter ces quelques observations :
– **un néologisme :** « *une branloire* » (l. 5), repris par « *branlent* » et « *un branle* » dans la suite de la phrase ;
– **le même effet d'insistance obtenu par les répétitions :** « *je ne peins pas... je peins* », « *autre... autres* », « *je me contredis... je ne contredis point* », « *une vie* » (3 fois), « *homme... humaine* », « *se plaint de quoi... je me plains de quoi* », « *est-ce raison... ? est-il aussi raison... ?* », « *ouvrage... ouvrier* », « *touche* » (2 fois) ;
– **l'alliance surprenante de :** « *constance* » et « *branle* » (1. 7), qu'on appelle un oxymore ;
– **les images ou métaphores expressives** des lignes 5 et 6 (pour représenter ce qui paraît immuable), 8 (la démarche d'un homme ivre), 37/38 (la progression dans un livre comme le pas d'un marcheur ou d'un cavalier) ;
– **la gradation ascendante** des lignes 10 et 11 ;
– **la saillie émotive :** dans les phrases 2 et 3 du deuxième paragraphe, l'auteur ne résiste pas à un bref mouvement de tendresse, humilité et charité mêlées, quand il se regarde tel qu'en lui-même, « *comme Michel de Montaigne, non comme ...* », et ne cache pas une certaine impatience, voire une contrariété mal contenue, quand il s'adresse à ceux qui pourraient lui reprocher de parler trop de soi.

Pour beaucoup de grands écrivains, comme Montesquieu par exemple, Montaigne n'est pas seulement un maître à penser, mais aussi un poète, dont le style pourrait servir de modèle.

Conclusion partielle

Un texte argumentatif parfait, puisque, si l'auteur veut s'adresser avant tout à la raison, il n'en oublie pas pour autant le cœur.

• Conclusion

Nous sommes maintenant à même de dire que la **stratégie argumentative** de Montaigne a porté ses fruits. Les humanistes, habitués à la rhétorique antique, savourerons ses procédés traditionnels, un interlocuteur plus émotionnel rentrera dans le jeu de la complicité. Tout lecteur soucieux de s'enrichir appréciera **l'importance du passage**.

Situé dans le livre III, il donne une idée des **dernières réflexions de l'auteur** à propos de ce qui est l'entreprise de toute une vie. Il permet de mesurer le chemin parcouru depuis le commencement : Montaigne parlait alors de laisser, à ses parents et amis, un livre qui les aide à le retrouver tel qu'il fut (*« Avis au lecteur »* de la première édition de 1580, repris dans les suivantes). Mais il a pris conscience, au cours des années, que **cette peinture de SOI** parfaitement sincère, cette analyse profonde de toutes ses expériences réelles et livresques, pouvaient **aider les autres à mieux se connaître**, et à trouver, comme lui-même, la sagesse nécessaire au bonheur.

SUGGESTIONS DE QUESTIONS POUR L'EXAMEN

1. Qui parle ? À qui ? Tirez-en les conclusions.
2. Étudiez l'organisation dialectique de l'argumentation, en prenant en compte le principe : thèse/antithèse.
3. Quels sont, à votre avis, les buts de cette argumentation ?

TEXTE N° 2 « La sincérité et le mensonge »

APPROCHE DU TEXTE

• Situation

C'est le début de la pièce (en 5 actes) ; Alceste est furieux contre son ami Philinte : il vient de lui reprocher sévèrement d'avoir prodigué des marques d'affection et d'estime à un homme qu'il connaissait à peine. Philinte tente, en vain, de se justifier en soutenant que les usages du monde imposent qu'on ait de bonnes manières, et même qu'on cache parfois ce que l'on pense.

• Identification

Dans cette scène d'exposition (scène la plus longue de toute la pièce : 250 vers), sont présentés les caractères de deux protagonistes importants, et, justifiés, de ce fait, le titre (*Le Misanthrope*) et le sous-titre (*L'Atrabilaire amoureux*).

S'instaure, dans cette optique, **un dialogue polémique** sur la nature humaine. Alceste, illustrant son nom (le boudeur), se lance dans un violent **réquisitoire** contre le genre humain, Philinte (le gentil garçon) adoucit, tempère son propos. Cette entrevue est, en quelque sorte, l'illustration du principe du **discours sceptique**, chacun d'eux défendant sa thèse : celle de la sincérité absolue, celle du mensonge accommodant. Nous avons donc à faire à une **dispute argumentative**.

RECHERCHE

• Le système énonciatif

– Les marques énonciatives

Alceste se met en avant avec dix JE et un possessif, MON ; Philinte, certes, emploie aussi le JE (6 occurrences) et le MON (2 occurrences) mais, en « honnête homme » qu'il est, il s'efface derrière les expressions impersonnelles du type : *« il est bon de... »*, *« il est bien de... »*, *« il faut... »* (6 occurrences). Le IL équilibre, voire, gomme le JE.

Alceste ne voit que son cas particulier, Philinte n'impose pas sa personnalité, se conforme à l'opinion générale.

De même, par politesse, Philinte s'adresse souvent à son interlocuteur, en tenant compte de sa présence (8 occurrences de VOUS/VOTRE). Alceste s'enferme dans son discours, monologue plus qu'il ne dialogue, puisque, s'il répond bien aux questions de Philinte, il ne s'adresse à lui qu'une fois (v. 38).

Enfin, le jeu des NOUS et des ON illustre aussi les prises de position adoptées par chacun des personnages.

En utilisant NOUS et ON, Philinte pense à tout le genre humain, aux gens de bon sens, et va, dans le NOUS, jusqu'à inclure, par courtoisie argumentative, son adversaire, Alceste.

Ce dernier place dans le ON, parfois son JE, comme dans le vers révélateur (*« Je veux qu'on soit sincère... »*), mais le plus souvent ses ennemis, les menteurs (v. 34, 36, 41, 43).

La place des pronoms est souvent significative : *« ... ce ME sont de mortelles blessures/De voir qu'avec le vice ON garde des mesures »* ; deux clans irréductibles se forment ; de par l'autorité d'Alceste, ils seront irréconciliables.

– Les procédés de modalisation renvoient les deux protagonistes sur le même terrain.

L'un, avec des présents d'évidence définitive, impose sa volonté (*« Je veux que... »* ; *« j'ai conçu... »*) et ne souffre aucune exception (*« aucun mot qui »*, *« partout »* répété quatre fois, *« tout le genre humain »*, *« tout le monde »*, *« nul »*).

L'autre, édulcore son propos (sans pour autant capituler) par de nombreux conditionnels et un futur atténuatifs (v. 4, 7, 11, 27) et fait montre de mesure, par des termes qui nuancent (*« parfois »*, *« Encore est-il bien... »*, *« un peu »*, *« quelque »*, *« tout doucement »*.

Conclusion partielle

Le principe d'énonciation met particulièrement bien en évidence le caractère de ces deux hommes, en laissant présager leur système d'argumentation futur. Un JE s'impose et se coupe d'autrui, un IL se veut modérateur et altruiste.

• L'organisation lexicale

Elle se fait autour de **champs lexicaux** très tranchés qui débouchent sur des **oppositions** morales, générales et universelles : Vice/Vertu ; Mensonge/Sincérité.

Faisons les relevés de cette dichotomie et tirons-en les conséquences, tout d'abord, dans le dialogue (v. 1 à 45), puis, dans la tirade de Philinte (v. 46 à 67) :

– Dans le dialogue :

VICE	VERTU
« cacher ce qu'on a sur le cœur » *« lâche flatterie, injustice, intérêt, trahison, fourberie »* *« méchants et malfaisants »* *« vice* (x 2), *fourbe, infâme et scélérat maudit »*	*« qu'on sait sincère »* *« homme d'honneur »* *« âmes vertueuses »*

– Dans la tirade de Philinte :

VICE	VERTU
« défauts avec quelque douceur »	*« vertu traitable »* *« sage avec sobriété »* *« cette grande raideur des vertus »* *« trop de perfection »*

Conclusion partielle

La disposition tabulaire montre, nettement, que pour Alceste il y a plus de vices que de vertus et pour Philinte plus de vertus (du moins tempérées) que de vices ; Vice et Vertu s'opposent irrémédiablement pour Alceste, mais devraient s'accommoder plus facilement pour Philinte.

• La structure logique et rhétorique

La structure de cette scène obéit à l'art classique, où le principe d'harmonie prime :

– Harmonie dans l'ensemble de la scène
À une première partie dialoguée, proche de la stychomythie (v. 1 à 28), fait pendant une seconde partie, presque monologuée, de longueur approchante (v. 29 à 67), où deux tirades se répondent. Donc variété dans la symétrie.

– Harmonie dans les tirades
Chacune d'elle est bâtie selon une disposition traditionnelle : exorde, argumentation, péroraison.
Cette disposition bien ordonnée tient lieu de **connecteurs argumentatifs**.
– Les figures de rhétorique sont, elles, fort dissemblables, selon la nature des argumentateurs.
Figures d'addition, d'insistance pour Alceste, le péremptoire : les *« Je »* en anaphore (5 occurrences), les nombreuses hyperboles (v. 22, 23, 25, 32, 35, 38, 42, 45), l'accumulation d'adjectifs dévalorisants (v. 20, 30, 38), l'emploi d'intensifs (v. 2, 18, 20, 22, 29, 37, 39, 40, 41).
Figures de suppression ou d'atténuation pour Philinte, le modéré : des périphrases proches de l'euphémisme (v. 3, 5, 50, 54, 60, 61), des modérateurs (v. 4, 47, 49, 64), des interrogations oratoires (v. 8, 10, 13, 16, 27).

Conclusion partielle

Une structure harmonieuse satisfaisante pour un esprit du siècle classique, où se rejoignent, fait rare, les deux disputeurs, mais une rhétorique qui les dissocient fortement.

DÉCOUVERTE

• Les modalités et les buts de l'argumentation

1. Les modalités de l'argumentation
– Les thèses exprimées le sont de façon explicite, par des argumentateurs précis.
• Thèse d'Alceste : la sincérité absolue, *« Je veux qu'on soit sincère, et qu'en homme d'honneur/On ne lâche aucun mot qui ne parte du cœur ».*
• Thèse de Philinte : le mensonge accommodant, *« Il est bon de cacher ce qu'on a dans le cœur ».*
Une confrontation très nette peut s'engager, après ces deux thèses affirmées en préambule.
Est-ce avec la même netteté que sont **organisés les arguments** ?
Ils sont d'abord **distribués** selon un **jeu de questions-réponses**.

• Thèse de Philinte
Argument 1 : Doit-on dire aux gens ce que l'on pense ?
Exemple 1 : Dire à la vieille Émilie qu'il ne faut pas jouer la coquette ?
Exemple 2 : Dire à Dorilas que c'est un vantard ?
• Réponse d'Alceste : Oui.

• Thèse d'Alceste
Argument 1 : Le monde entier n'est que flagornerie et tromperie. Il faut lui déclarer la guerre.
• Réponse de Philinte : Ne faut-il pas faire des exceptions ?

Les arguments sont, alors, classés en **deux tirades parallèles :**
• Arguments d'Alceste :
Argument 1 : La haine contre le genre humain doit être générale,
→ contre les vrais hypocrites (« *les uns* ») ;
→ contre ceux qui les approuvent (« *les autres* »).
Exemple « ad hominem » : l'homme avec lequel il est en procès.
Argument 2 : Il faudra en arriver à fuir les hommes.
• Arguments de Philinte :
Argument 1 : Soyons indulgent envers la nature humaine ;
Argument 2 : Cherchons une vertu modérée ;
Argument 3 : N'essayons pas de « *corriger le monde* » ;
Argument 4 : Calme et sang-froid sont plus de mise que haine et colère.

Donc, un schéma argumentatif **progressif et rigoureux**.
• **Progressif,** puisque nous avons à faire, non seulement, à une argumentation à thème constant (où les répliques s'amplifient en fonction de la force des arguments), mais aussi, à une argumentation déductive (à une idée générale correspondent un ou des exemples particuliers).
• **Rigoureux,** car l'espace de parole est également réparti et suit le même schéma (dialogue stychomythique, tirades antagonistes).
En outre, les oppositions des deux théories sont mises en relief, aux endroits clés :
• au début : « *Je veux qu'on soit sincère* » ≠ « *Il est bon de cacher* » ;
• au milieu : « *Que doit donner le vice aux âmes vertueuses* » ;
• à la fin : « *Mon flegme est philosophe autant que votre bile* ».

2. Les buts de l'argumentation
Cette discussion conduit le lecteur/spectateur à une réflexion morale : qui semble avoir raison ?
Alceste, emporté et excessif, provoque, peut-être, l'indignation et le rejet de sa thèse.
Mais n'aura-t-il pas le mérite en « homme d'honneur » de suivre sa théorie jusqu'au bout, en cherchant « *sur la terre un endroit écarté* » ? Les idées qu'il défend ne sont-elles, sinon honorables, du moins respectables ? S'il blâme violemment, n'est-ce pas pour le bien de l'humanité ?

Philinte, le temporisateur, ne nous attire-t-il pas aisément vers une morale à dimension humaine ? Si Alceste cherche à **convaincre**, voire à contraindre, Philinte ne cherche-t-il pas à **persuader** ?
Mais ne fait-il pas partie, aussi, *« de ces gens »*, comme l'affirme J.-J. Rousseau, dans sa *Lettre à d'Alembert sur les spectacles*, *« si doux, si modérés, qui trouvent toujours que tout va bien parce qu'ils ont intérêt que rien n'aille mieux ; qui sont contents de tout le monde parce qu'ils ne se soucient de personne »* ?

Molière pourrait nous répondre. Or sa position est des plus ambiguës. Il vitupère contre l'hypocrisie, *« vice à la mode »*, dans le *Tartuffe* et *Dom Juan*, mais répète que l'on ne peut pas corriger les hommes.

• Conclusion

Si ce texte suscite autant de questions, c'est que la **stratégie argumentative** a porté ses fruits en incitant à prendre parti.
Gardons, cependant, une certaine distanciation. Reconnaissons que des questions sérieuses sont débattues, mais ceux qui les formulent sont des personnages de comédie, dont le but reste d'amuser, avant tout.

SUGGESTIONS DE QUESTIONS POUR L'EXAMEN

1. Étudiez les marques énonciatives (n'oubliez pas de rechercher les différentes valeurs de ON).

2. Autour des notions de VICE / MENSONGE et de VERTU / SINCÉRITÉ, organisez des recherches lexicales. Qu'en déduisez-vous ?

3. Explicitez, clairement, quelle est la thèse d'Alceste, quelle est celle de Philinte. Pour chacune de ces thèses, quels sont les arguments et les exemples qui s'y rapportent ?

4. Quels sont les buts de ce débat théâtral ?

TEXTE N° 3 « Tirade du donjuanisme »

Remarque préliminaire : nous ne ferons porter notre étude que sur la tirade de Don Juan (mise entre crochets), les répliques de Sganarelle l'encadrant, n'ont qu'une valeur référentielle.

APPROCHE DU TEXTE

• Situation

Don Juan vient de faire sa première apparition sur scène et apprend à son valet, Sganarelle, qu'il s'est déjà épris d'un autre *« objet »* qu'Elvire. Ce dernier, indigné, n'approuve pas cette *« méthode »* qui consiste *« d'aimer de tous côtés »*. Don Juan lui répond.

• Identification

Dans une tirade purement **argumentative**, le héros va justifier sa « *méthode* » par la **démonstration** et **l'explication**.
En cartésien averti, il fait, en quelque sorte, **dialectiquement**, son propre « *discours de la méthode* » : sa théorie du donjuanisme.

RECHERCHE

• Le système énonciatif

– Les marques énonciatives
Les pronoms :
• Au niveau dramaturgique.
Don Juan *« JE »* parle à Sganarelle *« TU »* : *« Quoi ? tu veux qu'on se lie… »*.
Les NOUS créent une complicité avec Sganarelle.
• Au niveau plus général.
Passé la première phrase, Sganarelle est oublié et les JE remplacent les NOUS, Don Juan devient omniprésent.
Mais, il généralise très rapidement ses arguments, les NOUS (= MOI + Sganarelle + tout le monde) et les ON s'adressent à tous les spectateurs. La complicité avec le monde entier, préparée progressivement, s'impose.
S'instaurent un faux dialogue, un monologue à valeur universelle, un discours argumentatif général ; ainsi, l'immoralité va devenir morale.

– Les procédés de modalisation
Un verbe de volonté montre, dès l'*incipit*, (*« Quoi ? tu veux que… »*), que l'on va attaquer la thèse opposée.
Ainsi, les modalisateurs ironisent contre la thèse à réfuter (*« Quoi ? »*, *« La belle chose de vouloir se piquer »*), la rejettent haut et fort (*« Non, non »*), jouent sur les concessions subtiles (*« Quoi qu'il en soit, je ne puis »*), étendent la thèse proposée, à l'infini (*« je souhaiterais qu'il y eût »*).

Conclusion partielle

Un JE omniprésent, au début, (une sorte d'hypertrophie du moi), changé en NOUS et en ON rend complices les lecteurs/spectateurs de la thèse défendue, mais avec subtilité.

• L'organisation lexicale

– Des champs lexicaux antithétiques marquent des oppositions qui correspondent aux thèses en conflit :

THÈSE PROPOSÉE	THÈSE RÉFUTÉE
La mobilité	**L'immobilité**
• La fin de la tirade : *« conquête à faire », « réveiller nos désirs », « volent perpétuellement de victoire en victoire », « impétuosité ».*	• Début de la tirade : *« lier », « demeurer », « renoncer au monde », « s'ensevelir », « être mort », (crescendo).*
L'ouverture	**La fermeture**
• La clôture : ouverture sur l'infini : *« d'autres mondes, pour y pouvoir étendre mes conquêtes amoureuses ».*	• L'*incipit :* *« renoncer au monde ».*
La pluricité	**L'unicité**
« toutes les autres », « toutes les belles », « partout », « le mérite de toutes », « à tout ce que je vois », « je les donnerais tous », « aux autres » (deux occurrences).	*« au premier objet », « une passion », « la première », « une belle ».*

Conclusion partielle n° 1

Les champs lexicaux opposés indiquent déjà les thèses en présence :
- La thèse à réfuter : un seul amour ;
- La thèse à défendre : plusieurs amours.
- Un seul amour = immobilité, mort ;
- Plusieurs amours = mobilité, transgression de l'espace-temps.
- Un seul amour = prison ;
- Plusieurs amours = liberté.

À la passion au singulier, Don Juan préfère l'amour au pluriel.
Il est l'anti-Tristan.

– Des séries lexicales par associations d'idées

Se dessinent des séries en voie de constitution :

• sur le langage juridique :

« ont le droit », *« ne doit point »*, *« les justes prétentions »*, *« j'ai, j'ai »* (c'est un droit), *« en rendant à chacune les hommages et les tributs où la nature nous oblige »* (c'est un devoir) ;

• sur le langage esthétique :

par la répétition de *« yeux »* et de *« voir »*, nous sommes près de la contemplation d'un objet, d'un bel *« objet »* (*« beautés »*, *« belles »*, *« beau »*), jusqu'à l'envoûtement (*« charmer »*, *« ravit »*, *« charmes »*) ;

• sur le le langage guerrier :

« réduire », *« combattre »*, *« rendre les armes »*, *« forcer pied à pied »*, *« résistances »*, *« opposé »*, *« vaincre »*, *« on en est maître »*, *« conquête »*, *« triompher »*, *« conquérants »*, *« de victoire en victoire »*, un long *crescendo*, proche de la métaphore filée.

Conclusion partielle n° 2

> Don Juan compare la conquête amoureuse à une conquête guerrière, agit en esthète, se réclame du droit pour faire accepter l'immoralité.

• La structure logique et rhétorique

– L'aire scripto-visuelle

Une longue tirade compacte, en un seul paragraphe de 35 lignes environ, donne une impression de massivité (beaucoup d'idées à exprimer) et de rapidité (tout dire et vite).

L'*incipit* et la clôture dénotent un discours bien construit : à une question posée, une réponse donnée.

Au niveau de la ponctuation, deux exclamations, une interrogation traduisent la vivacité, l'énergie de l'argumentation.

– Les connecteurs argumentatifs

Ils sont :

• ou bien très marqués : *« Mais »*, une opposition, *« Enfin »*, une conclusion ;

• ou bien absents, mais remplacés par des asyndètes plus fortes : *« Non, non »*, une réfutation totale, *« Pour moi/J'ai beau/On goûte »*, une mise en relief de l'opinion.

Conclusion partielle

> Une argumentation parfaitement organisée. Don Juan, en bon dialecticien, fait, donc, son « *discours de la méthode* ».

• Les modalités et les buts de l'argumentation

1. Les modalités de l'argumentation et l'organisation des arguments

• Une thèse antérieure à réfuter :
« Quoi ? tu veux qu'on se lie... qui nous peuvent frapper les yeux » : une critique vigoureuse de la fidélité.
• Une argumentation qui la réfute :
« Non, non... le plaisir de l'amour est dans le changement » : un éloge de l'inconstance, avec justification (le charme irrésistible de la beauté) et réfutation.
• Une conclusion sur ces argumentations qui crée une thèse nouvelle :
« On goûte... mes conquêtes amoureuses » : pratiquons l'amour avec la stratégie du guerrier.
Donc, une argumentation très dialectique, en trois points.
Cette même logique peut se retrouver à l'intérieur d'un seul point. Prenons en exemple, l'éloge de l'inconstance (l. 8 à 20).
Cet éloge est structuré comme une mini-thèse :
• Une revendication introductive : *« Non, non »* (l. 8-12) ;
• *Argument 1 :* l'aspiration à la beauté (l. 12-13) ;
• *Argument 2 :* l'inconstance est un droit et un devoir dictés par la nature (l. 13-19) ;
• Conclusion logique qui rejoint l'introduction : nécessité du changement (l. 19-20).
N.B. : Pour une utilisation de l'analyse des arguments dans les travaux d'écriture, *cf.* page 122.

2. Les buts de l'argumentation

Se fait jour, dans cette tirade, une double volonté :
• volonté de convaincre par la raison (preuves, exemples) ;
• volonté de persuader par les sentiments (procédés stylistiques).

– L'art de convaincre

Il réside, surtout, dans la disposition du discours (en trois partie) et dans les procédés oratoires traditionnels, tels que nous les avons étudiés ci-dessus.

– L'art de persuader

Il faut faire appel aux sentiments par des procédés de style enjôleurs :
• la prose d'art, avec ses vers blancs, son rythme incantatoire, « endort » la conscience critique. Ainsi, dans les lignes 4 à 8, se succèdent octosyllabes, décasyllabes, hexasyllabes ;
• l'emploi d'un vocabulaire choisi, proche de la préciosité à la mode, à l'époque : *« objet », « tributs », « inclinations naissantes »* ;
• les figures de style abondantes : une métaphore filée sur la guerre, des hyperboles (*« s'ensevelir pour toujours », « être mort dès sa jeunesse », « si j'en avais*

dix mille », *« un cœur à aimer toute la terre »*, *« d'autres mondes »*, des oxymores (*« douce violence »*, *« faux honneur d'être fidèle »*).
Surtout des figures d'excès, d'addition, Don Juan est l'homme du plus, du toujours plus.

Conclusion partielle

Ceux qui croient en *« deux et deux sont quatre »* sont comblés par le sens dialectique de Don Juan, ceux qui accordent plus d'importance à l'émotivité sont séduits par son langage. Toute catégorie d'hommes est ainsi convaincue ou persuadée.

• Conclusion

La stratégie argumentative est parfaite puisqu'elle s'adresse aussi bien au cœur qu'à la raison. En outre, en transformant le particulier en général, elle fait passer le Bien pour le Mal, et finit par provoquer l'adhésion des détracteurs.
Cet éloge du donjuanisme est aussi l'éloge du libertinage. Si Don Juan ne nous a pas totalement convaincus, il nous a, du moins, inquiétés. Il a su allumer la flamme d'une passion qui se fera incendie : pensons, pour la fiction, à Valmont, pour la réalité, à Casanova et au *« divin marquis »*.

SUGGESTIONS DE QUESTIONS POUR L'EXAMEN

1. Quelles conclusions tirez-vous de l'étude du système d'énonciation ?
2. En quoi une étude des champs lexicaux opposés est-elle révélatrice des thèses en présence ?
3. Quelle est la stratégie argumentative de Don Juan ? Est-elle efficace ?

TEXTE N° 4 « *Préface* du *Tartuffe* » (1669)

APPROCHE DU TEXTE

• Situation

Durant la création des *« trois* Tartuffe », Molière fut constamment en butte aux critiques véhémentes des *« dévots »*, regroupés, en majeure partie, dans la Compagnie du Saint-Sacrement et comptant, dans ses rangs, d'éminents personnages comme la reine mère, l'archevêque de Paris et le premier président du parlement, Lamoignon.

Allant d'interdiction en interdiction, l'auteur se défendit à chaque fois par des placets. « Le premier placet au roi » (en août 1664) défend la première version, *Tartuffe, ou l'Hypocrite* ; le second (en août 1667), la seconde version, *Panulphe, ou l'Imposteur.* Le troisième, présenté au roi, le 5 février 1669, crie victoire et remercie pour, enfin, l'autorisation de la représentation du *Tartuffe, ou l'Imposteur.*
Dans la *Préface* de 1669, Molière reprend des arguments, avec amplification et beaucoup plus de brio, déjà développés dans les placets.

• Identification

Dans cette *Préface* (dont nous avons ici des extraits), il réplique aux attaques violentes de la Cabale des dévots ; comme un avocat, il organise sa **défense**. Il se **justifie** d'abord sur sa pièce en particulier, puis élargit son **plaidoyer** en faisant l'éloge de la comédie en général.
Nous avons bien à faire à un **texte argumentatif** puisque Molière expose les arguments de ses adversaires et les détruit progressivement pour faire valoir les siens.

RECHERCHE

• Le système énonciatif

– Les marques énonciatives
Molière semble équilibrer, avec une prudence tout oratoire, sa présence directe avec 13 occurrences (de pronoms personnels à la première personne et de possessifs) et celle d'autrui avec 13 occurrences du pronom indéfini ON. Il ne dédaigne donc pas de s'investir dans l'argumentation, mais laisse une place aussi importante à un interlocuteur, protéiforme, un ON aux valeurs multiples et ingénieuses. C'est d'abord le ON méprisant et ironique, celui qui représente *« ces messieurs »* les dévots (l. 1, 12), puis le ON qui englobe tout le monde, VOUS les lecteurs + MOI, y compris les détracteurs (l. 14, 16, 32, 33, 35), une partie de ces ON généralisants, rejoignent le NOUS et le NOTRE des lignes 27 et 36, enfin, le ON qui n'est autre qu'un JE déguisé (l. 4, 6, 39).
Avec adresse, Molière a, ainsi, déplacé le problème, il n'y a plus un face à face entre lui seul et les dévots, mais une confrontation entre le groupe des adversaires (quelques ON) et le clan, fort nombreux, des tenants de la comédie (les JE, les ON généralisants, et les ON-JE).
Ces différents glissements sémantiques du ON gomment progressivement les partisans de la thèse à réfuter pour grossir ceux de la thèse proposée.

– L'emploi des temps dominants est aussi révélateur.
L'auteur utilise le passé composé, principalement, lorsqu'il fait allusion aux avis des détracteurs, comme pour montrer qu'ils sont dépassés, révolus et définitivement bannis ; mais, pour faire l'éloge de la comédie, c'est le présent panchronique qui prend le relais, prouvant que ces vérités (qui sont siennes) ont été, sont et seront justes et immuables.

– Les procédés de modalisation
Molière a face à lui des *« gens »* intransigeants dont il souligne la détermination : *« C'est un crime qu'ils ne sauraient me pardonner. »*
Devant une telle attitude, il pourrait, haut et fort, clamer son opinion (il le fait, d'ailleurs, en partie : *« sans doute »* (= sans aucun doute), *« je soutiens que... »*) ; il pourrait, aussi, jouer les conciliants, affecter d'entrer provisoirement dans leur raisonnement, pour mieux appuyer le sien.
Le système des conditions concessives et des *« mais »* d'opposition illustrent ce second choix stratégique : *« Si l'on prend la peine d'examiner de bonne foi... »*, *« je sais bien que... mais »*, *« Si l'emploi de la comédie est de... »*, *« J'avoue qu'... et si l'on veut blâmer... il est certain que... et je ne trouve pas mauvais... mais »*.

Conclusion partielle

Le système énonciatif, tant par ses marques énonciatives que par ses modalisateurs, met déjà en place une stratégie argumentative subtile : l'adversaire est affaibli en douceur, presque courtoisement (*cf.* le *« avec leur permission »* des lignes 23-24), mais, ne nous y trompons pas, ridiculisé aussi, ironiquement.

• L'organisation lexicale

– La première partie du texte (les trois premiers paragraphes) repose sur des **oppositions** (Molière, lui-même, le signale, implicitement, à la ligne 21) autour de deux notions, chères au dramaturge (*cf.* texte n° 2) : le mensonge et la vérité ; dressons-en un relevé linéaire :

MENSONGE	VÉRITÉ
« ont fait semblant de... » *« les hypocrites »* *« ils ont couvert leurs intérêts de... »* *« le personnage de l'hypocrite »* *« un méchant homme »* *« tâchent d'insinuer »*	*« la hardiesse de jouer leurs grimaces »* *« d'examiner de bonne foi »* *« intentions... innocentes »* *« celui du vrai dévot »* *« véritable homme de bien »*

Est posé, ainsi, lexicalement, tout le problème du *Tartuffe* : la distinction entre les vrais et les faux dévots.

– **La seconde partie** (§§ 4 et 5), qui constitue un éloge de la comédie, ne repose plus sur un système antithétique (le moment de l'argumentation méthodique est passé) mais sur des **récurrences** soulignant la « *vertu* » (c'est-à-dire la force, l'efficacité) de ce genre théâtral :
• « *corriger* », « *correction* » ;
• « *reprend* » (= sanctionne, corrige), « *répréhension* » ;
• « *vices* » (2 fois), « *défauts* ».

Conclusion partielle

Champs lexicaux antithétiques pour le temps de la controverse, répétitions triomphantes pour le temps de la victoire.
Molière modifie son organisation lexicale selon les étapes de son argumentation.

• La structure logique et rhétorique

Elle s'est déjà esquissée dans les étapes précédentes, précisons-là.
– **Les connecteurs argumentatifs**, peu nombreux, ont, du moins, tous un point commun : l'opposition. Cinq MAIS jalonnent le texte et introduisent les arguments majeurs de l'auteur.

– **Les principes de rhétorique**
Ils revêtent, dans la page, plus d'importance. Ils sont là ou bien pour anoblir l'argumentation par une stylistique soutenue, ou bien pour entretenir la polémique par l'ironie.

• Anoblir l'argumentation
Par des périodes bien scandées, aux clausules révélatrices :
« *Si l'on prend... on y verra... que... , et qu'elle... ; et que... ; et... qui ne peigne... et ne fasse... que je lui oppose.* » ; « *J'avoue qu'il y a... ; et, si... il est certain que... et je ne trouve point... ; mais, supposé... que, et que... je soutiens qu'... plus innocent que la comédie* ».
Par des parallélismes catégoriques :
« *On souffre aisément des répréhensions ; mais on ne souffre point la raillerie. On veut bien être méchant ; mais on ne veut point être ridicule* ».

• Entretenir la polémique
Tous les procédés de l'ironie y concourent :
Les antiphrases humoristiques, « *honnêtes gens* » pour faux dévots et censeurs, « *leur louable coutume* » pour l'hypocrisie, « *cette belle maxime* » pour des propos erronés.

Les hyperboles qui ridiculisent par l'exagération, *« persécutés »*, *« crime »*, *« abominations »*, *« mérite le feu »*.
La distorsion entre les faits évoqués et la façon de les évoquer, ainsi le faux semblant, la délation et la censure deviennent *« un métier »*, de même l'auteur demande *« leur permission »* à des spécialistes du *« veto »*.

Conclusion partielle

> Molière bâtit son plaidoyer argumentatif en « classique », mais ne dédaigne pas, aussi, l'emploi de l'ironie pour polémiquer plus fortement.

DÉCOUVERTE

• Les modalités et les buts de l'argumentation

1. Les modalités de l'argumentation

– Les thèses exprimées

• 1re thèse (§§ 1 à 3) : Réponse aux critiques des dévots : le *Tartuffe* doit n'offenser que les faux dévots.

• 2e thèse (§§ 4 et 5) : Éloge de la comédie.

– Organisation des arguments

• **1re thèse** (§§ 1 à 3). Réponse aux critiques des dévots.

§1. *Argument 1 :* Pour avoir fait interdire aussi longtemps le *Tartuffe*, les dévots dénotent leur puissance politique.
Argument 2 : Les autres hommes (marquis, précieux, cocus, médecins) ont accepté, bon gré, mal gré, d'être raillés, les hypocrites, point.
Argument 3 : D'où leur hargne contre l'auteur.
Argument 4 : Sous couvert de piété, ils condamnent cette pièce diabolique.

§2. *Argument 1 :* Si l'on examine *« de bonne foi »* la pièce, l'on verra que l'auteur a pris soin de « distinguer » l'hypocrite du vrai dévot, Tartuffe, de Cléante.

§3. *Argument 1 :* Paragraphe de transition. Ce n'est pas le rôle du théâtre de traiter de ce sujet, prétendent-ils.

• **2e thèse** (§§4 et 5). Éloge de la comédie.

§4. *Argument 1 :* La comédie a pour rôle de corriger tous les vices des hommes, y compris l'hypocrisie.
Argument 2 : La satire est un excellent moyen de *« correction »*.

§5. *Argument 1 :* Certes le théâtre et la comédie sont blâmables d'un point de vue strictement religieux.
Argument 2 : Mais, si l'homme a besoin de religion, il a besoin aussi de divertissement : la comédie en est un, bien *« innocent »*.

Dans la première thèse, Molière argumente point par point, en répondant aux critiques des dévots, il utilise, en quelque sorte, une argumentation à thème constant, mais dépendante de l'adversaire.
Dans la seconde, il impose ses arguments, ne cherche plus à se défendre, élargit le débat du *Tartuffe* à la comédie en général (raisonnement par induction).

2. Les buts de l'argumentation
Ils sont clairs : **se justifier** et **convaincre.**

– Se justifier
Il défend sa pièce en attaquant ses adversaires.
Ce sont des gens excessifs dans leurs propos (« *l'on n'y trouve rien qui ne mérite le feu* »), dangereux, politiquement (« *plus puissants en France* ») et hypocrites.
Il les ridiculise ainsi, en polémiquant ironiquement.

– Convaincre
Avant tout, du rôle important de la comédie.
Elle possède une double fonction : une fonction psychologique et morale (corriger les vices des hommes) et une fonction sociale (les divertir).

Conclusion partielle

> L'auteur use d'une argumentation traditionnelle, il n'a pas oublié ses humanités et ses études juridiques.

• Conclusion

Sa **stratégie argumentative** est essentiellement classique : se défendre, point par point, en employant tous les procédés de la rhétorique « à l'ancienne ».
Mais, elle n'est pas dénuée, pour autant, d'originalité, car l'auteur est attaqué personnellement et sait répliquer avec les armes de l'ironie.
Il sait, aussi, élever le débat et faire de son cas individuel un problème général : celui du théâtre et de la comédie face à la censure. En cette matière, ses arguments seront toujours d'actualité.

SUGGESTIONS DE QUESTIONS POUR L'EXAMEN

1. Étudiez les différentes valeurs (les différents sens) que prend le ON, dans le système énonciatif. Qu'en concluez-vous ?
2. Faites l'étude de la valeur des temps.
3. En quoi ce texte repose-t-il sur la logique et la rhétorique ? N'utilise t-il pas aussi des procédés ironiques ?
4. Quels sont les buts (particuliers et généraux) de cette *Préface* du *Tartuffe* ?

APPROCHE DU TEXTE

• Situation

Le jeune Racine, en concurrence, dès le départ, avec un Corneille expérimenté, mais vieilli, dut toujours expliquer et justifier sa dramaturgie nouvelle.
Il le fit, systématiquement, dans ses *Préfaces*.
Nous avons, ici, un extrait de la 1re préface d'*Andromaque* (1667), son premier chef-d'œuvre, et, celle de *Bérénice*, écrit trois ans plus tard, alors qu'il est encore dans une période de gloire ; l'échec de *Phèdre* n'ayant lieu qu'en 1677.

• Identification

Ces deux *Préfaces* sont, pour le ton, **triomphantes**. *Andromaque* et *Bérénice* furent accueillis avec éclat, surtout à la Cour. Elles ont aussi, en commun, d'être **expositives**. Racine y **explique** son système dramatique, et **polémique**. Il doit lutter contre les auteurs jaloux et, particulièrement, Corneille et ses partisans.

RECHERCHE

Ce n'est **pas en confrontant** les deux textes (*cf.* texte n° 8), mais en utilisant **leur complémentarité** que nous mènerons chaque étape de notre étude.

• Le système énonciatif

– Les marques énonciatives
Que Racine s'implique, entièrement, dans son propos, par 12 occurrences (6 JE, 3 M' et ME et 3 MOI), distribuées dans toute la page, cela obéit à la logique de son discours explicatif et justificatif. Le locuteur est aussi présent, indirectement, par les NOUS et les ON. Les NOUS impliquent les auteurs dramatiques en général, les ON des lignes 2 et 4 sont, de même, des JE déguisés.
L'auteur, omniprésent, n'en oublie pas, pour autant, son public (à qui il doit son succès), les ON des lignes 12 et 32 le mettent en scène et le font participer ou, plus exactement, adhérer à son propos.
L'interlocuteur, autre pôle obligatoire du dialogue argumentatif, est cité (presque au sens judiciaire du mot), certes courtoisement et implicitement, *« deux ou trois personnes »*, *« Il y en a qui... »*, *« quelques personnes »*, mais, pour les lecteurs

de l'époque, nommément, il s'agit, en ce qui concerne la *Préface* d'*Andromaque*, des auteurs jaloux, comme Subligny, Gilles Boileau, du Prince de Condé qui trouvait Pyrrhus trop brutal, de Pierre Corneille, principalement dans la *Préface* de *Bérénice* puisqu'il fut son rival malheureux en (re)présentant *Tite et Bérénice*. Plus globalement, ce sont surtout Corneille et ses partisans qui constituent la cible privilégiée des attaques raciniennes.
Un autre interlocuteur, celui-ci nullement vilipendé mais éminemment respecté, sert de caution et ordonne : *« Que ce que vous ferez,* dit Horace, *soit toujours simple et ne soit qu'un ».*

– Les procédés de modalisation
Ils font preuve, en majorité, d'une grande *« bienséance »*, Racine attaque, mais avec *« douceur »* :
- par l'emploi du système concession/opposition : *« Je trouve leur intention fort bonne... Mais je les prie de... »* ;
- par la condition hypothétique : *« Il y avait longtemps que je voulais essayer si je pouvais... »* ;
- par des atténuateurs : *« Et il ne faut pas croire que »* (pour *« il faut nier »*), *« Ils ne songent pas... »* (pour *« ils se trompent »*) ;
- par des modérateurs rationnels : *« Je m'informais s'ils... »* ;
- par des affirmations prudentes : *« On me dit que... »* ;
- par des prières : *« Je les conjure... ».*

Conclusion partielle

Le système énonciatif fait part égale au domaine explicatif (l'auteur se justifie, avec courtoisie) et au domaine polémique (l'auteur attaque et se défend), sous la haute bienveillance d'un arbitre de choix : Horace.

• L'organisation lexicale

Elle est bâtie autour de **deux pôles antithétiques** : ce que désirent les adversaires de Racine, et ce qu'il fait, lui.
– Dans la 1re *Préface* d'*Andromaque*, la controverse s'établit sur la nature excessive des héros tragiques, que prônent les critiques, et celle de modération que défend l'auteur.

PERFECTION EXCESSIVE	MODÉRATION
« héros parfaits » *« hommes impeccables »* *« extrêmement bons »* *« méchants avec excès »*	*« ni tout à fait bons,* *ni tout à fait méchants »* *« une bonté médiocre »* *« une vertu capable de faiblesse »*

– Dans la *Préface* de *Bérénice*, la controverse porte sur l'action tragique : doit-elle être simple (c'est l'avis de Racine) ou complexe (c'est celui des détracteurs) ?

COMPLEXITÉ	SIMPLICITÉ
« une multitude de choses » *« le grand nombre d'incidents »*	*« simplicité d'action »* *« soit toujours simple et ne soit qu'un »* *« simplicité »* (2 fois) *« une action simple »*

Conclusion partielle

Un échange lexical contradictoire, assez équilibré, qui montre le côté excessif des adversaires de Racine et la dramaturgie modérée de ce dernier.
À la notion grecque, antique, d'*ubris* (la démesure) correspond celle du *méden agan* (rien de trop).

• La structure logique et rhétorique

– Les connecteurs argumentatifs

Ils sont peu nombreux, mais interviennent aux moments logiques, décisifs, pour marquer, en toute clarté : l'opposition (*« Mais »*, *« au contraire »*, 2 occurrences), la cause (*« car »*), la conséquence (*« donc »*), l'explication (*« c'est-à-dire »*, 2 occurrences), (*cf.* le § : « L'organisation des arguments », p. 63).

– Les figures de rhétorique

Certaines vont toujours dans le sens de la clarté et de la simplicité démonstratives :

• les parallélismes : *« ni tout à fait bons, ni tout à fait méchants »*, *« ni assez d'abondance ni assez de force »* ;

• les groupes ternaires : *« soutenue de la violence des passions, de la beauté des sentiments et de l'élégance de l'expression »* ;

• les répétitions des subordonnées : *« parce que… parce que »*, *« qui… qui »*.

D'autres tendent vers l'atténuation ou la suppression (*cf.* le § : « Les procédés de modalisation », p. 61) :

• la litote : *« il ne faut pas croire que »* (= il faut nier) ;

• les périphrases : *« deux ou trois personnes »*, *« Il y en a qui… »*, *« quelques personnes »*, pour désigner principalement Corneille (qui n'est jamais cité dans les deux *Préfaces*).

Conclusion partielle

La trame logique du texte semble obéir aux lois que l'auteur aime se fixer pour sa dramaturgie : modération, simplicité, bienséance.

• Les modalités et les buts de l'argumentation

1. Les modalités de l'argumentation
– Les thèses exprimées

– Dans la *Préface* d'*Andromaque*.
- Thèse à réfuter : la tragédie exige *« des héros parfaits »*.
- Thèse proposée : il faut, au contraire, des personnages « *médiocres* ».

– Dans la *Préface* de *Bérénice*.
- Thèse à réfuter : il faut, en dramaturgie, une action complexe.
- Thèse proposée : simplicité et vraisemblance sont les seules façons de plaire et de toucher.

Thèses à réfuter ou thèses proposées le sont explicitement ; toujours, chez Racine, ce besoin de clarté.

– L'organisation des arguments

– Dans la *Préface* d'*Andromaque* :
- Thèse à réfuter : *« Les héros de l'antiquité »* devraient être *« des héros parfaits »*.
Argument 1 (argument d'autorité) : L'intention est louable, mais Aristote prescrit des personnages *« ni tout à fait bons, ni tout à fait méchants »*.
Argument 2 (argument d'autorité) : Selon Aristote, toujours, l'homme *« extrêmement bon »*, puni, *« exciterait ... l'indignation »*, et le méchant *« avec excès »* ne susciterait pas la *« pitié »* ;
- Thèse proposée : *« Il faut donc qu'ils aient une bonté médiocre »*.

– Dans la *Préface* de *Bérénice* :
- Thèse proposée : Une tragédie demande une *« simplicité d'action »*.

Argument 1 (argument d'autorité) *:* <u>car</u> Horace nous le prescrit dans l'*Art poétique* ;
Argument 2 : La simplicité d'action, <u>en outre</u>, est fondée sur *« le vraisemblable »* ;
Argument 3 (contestation) *:* La simplicité ne demande pas d'« *invention* » ;
Argument 4 (réplique) *:* <u>Au contraire</u>, *« l'invention consiste à faire quelque chose de rien »* ;
Argument 5 (contestation) *: « quelques personnes »* reprochent à l'auteur cette simplicité voulue ;
Argument 6 (réplique) *:* <u>Or</u>, elles prennent cependant plaisir à l'action ainsi menée ;
Argument 7 : <u>Donc</u> n'accordons pas trop d'importance aux règles ;
Argument 8 : « La principale règle est de plaire et de toucher ».

Remarquons que, dans ce cas, les arguments 3 et 5 constituent la thèse à réfuter.

Tous ces arguments sont agencés avec une logique parfaite, ils s'appellent les uns les autres. Dans la première *Préface*, l'on peut penser à une argumentation à thème constant, dans la seconde, le système est plus proche d'une argumentation à thème linéaire.

2. Les buts de l'argumentation

Évidemment : exposer les thèses de Racine en matière de dramaturgie.
Mais, sous cette argumentation se cache un personnage, un caractère qui se dévoile.

– Les thèses dramaturgiques de Racine

D'abord, respecter les préceptes des Anciens (ici d'Aristote et d'Horace), puis, pratiquer le principe de *« vraisemblance »* qui commande de mettre en scène des héros à la vertu moyenne (*« médiocre »*) évoluant dans une simplicité d'action (Andromaque épousera-t-elle Pyrrhus ? Titus épousera-t-il Bérénice ?). Seul un enchaînement de réactions psychologiques entretiendra l'action (dans *Bérénice* qui est pourtant une tragédie, personne ne meurt !). Enfin, si le respect des règles établies par les auteurs anciens est de rigueur, la règle des règles est *« de plaire et de toucher »*.
En instituant sa théorie théâtrale, Racine, démolit, *a contrario*, celle de Corneille (mais tout en allusions !).
Qui trahit *« le vraisemblable »* par des personnages hors du commun ? Qui cultive *« le grand nombre d'incidents »* de façon à ce qu' *« il arrive en un jour une multitude de choses qui pourraient à peine arriver en plusieurs semaines »* ? La réponse va de soi. Voilà des critiques précises des tragédies de la vieillesse de Corneille.

– Un caractère révélé

Ces deux *Préfaces* dévoilent deux aspects du caractère de Racine, écrivain. Celui de l'auteur satisfait (*« le public m'a été trop favorable »*, *« ils la verraient encore avec plaisir »*) et fort de son succès ; Madame, duchesse d'Orléans et le roi, lui-même, n'y sont pas étrangers.
Celui d'un homme prudent : il attaque, mais avec ménagement, Corneille et ses partisans étant soutenus d'Angleterre par Saint-Evremond. Ses ennemis auront raison de lui, lors de la représentation de *Phèdre*, en 1677.

Conclusion partielle

Racine argumente point par point et avec une logique efficace. En démolissant la théorie dramaturgique de Corneille, il construit la sienne.

• Conclusion

TEXTE N° 6 **« De l'esclavage des nègres »**

APPROCHE DU TEXTE

• Situation

Une des théories de Montesquieu, dans *De l'esprit des lois*, est de prouver que se créent des rapports entre le climat et les lois. Il en arrive, ainsi, à démontrer que le climat peut engendrer l'esclavage. C'est alors, pour lui, l'occasion de « se laisser aller » (comportement rare chez ce légiste) à une prise de position très marquée sur le problème de l'esclavage qui passionnait l'opinion publique, au siècle des Lumières.

• Identification

Ce texte est une mini-argumentation à l'intérieur d'un gros ouvrage argumentatif. Mais qui a l'originalité d'être incisive, **polémique**.

L'auteur part en guerre contre des idées reçues et acceptées par la société bien pensante de son époque, en se faisant **le procureur ironique** d'une cause, sinon perdue, du moins difficile à défendre dans le contexte économique et social du XVIIIe siècle.

• Le système énonciatif

– Les marques énonciatives

Montesquieu ne se montre que deux fois (deux occurrences de JE), au début. Les ON et les NOUS forment dix occurrences (4 NOUS, 6 ON), distribuées dans tout le texte.

Pourquoi ?

L'auteur semble vouloir s'effacer derrière les pluriels et les indéfinis, et en même temps faire adhérer tout le monde à sa thèse. C'est un des procédés classiques de la stratégie argumentative : créer la complicité.

Aucune trace d'interlocuteur à la seconde personne, car cela s'adresse à tous. Une exception, à la ligne 25, celle des *« petits esprits »* ; les opposants sont-ils déjà catalogués ? Ou faut-il y voir un clin d'œil malicieux ?

– Le système des temps

L'*incipit* place tout le texte sous le signe de la supposition, de l'hypothèse, *« Si j'avais... je dirais »* ; la clôture reprend le même système, *« si elle était... ne serait-il pas »*. Ne nous y trompons pas, nous sommes dans le domaine de l'implicite, de l'ironie. D'ailleurs, ces deux fausses conditions encadrent des présents de généralité qui rendent les arguments universels.

– Les procédés de modalisation

Un relevé des **verbes d'opinion** (*« Si j'avais à soutenir... je dirais / on ne peut se mettre dans l'esprit que / Il est si naturel de penser que / On peut juger de / Il est impossible que nous supposions que / De petits esprits exagèrent trop l'injustice que »*), tous en anaphore, montre clairement que nous avons à faire à un texte fortement argumenté, mais indique, aussi, au premier degré, une adhésion juridique et sentimentale au maintien de l'esclavage.

N'oublions pas que, dès 1685, Colbert avait, dans le « Code Noir », réglementé les *« faux droits »* des esclaves.

Les termes subjectifs (*« ils ont dû mettre en esclavage / il est presque impossible de les plaindre / il est naturel / privent toujours / Une preuve que »*) sont, eux aussi, sans ambiguïté, l'esclavage est une nécessité prouvée, un droit naturel, irrémédiable, définitif. Ne nous laissons pas attendrir par l'hypocrite compassion du *« presque »*, il n'y a pas de remords à avoir.

À cette étape de notre investigation, il est bon de se montrer vigilant. En effet, nombreux sont les expressions et les adverbes qui interpellent le lecteur avec ironie : l'outrance de l'assimilation nègre-objet (*« s'en servir »*), l'absurdité du *« presque »*, l'excès des *« très »*, *« surtout »*, *« tout »*, le grotesque d'*« une si grande conséquence »*.

Conclusion partielle

Un texte qui incorpore, d'emblée, le lecteur au discours, qui lui présente des arguments très marqués et qui les justifie fortement. Des touches ironiques qui le font réagir. Donc des appels à la thèse, mais quelle thèse ?

• L'organisation lexicale

Comme une seule thèse explicite est exprimée, **les champs lexicaux** antithétiques n'abondent pas.
Cependant se dessinent des oppositions de termes, tournant autour de deux pôles : les nègres, les autres peuples. Se crée un jeu sur les dévalorisants et les valorisants.

DÉVALORISANTS/NÈGRES	VALORISANTS/LES AUTRES
« en esclavage ceux de l'Afrique »	*« Les peuples d'Europe »*
« dans un corps tout noir »	*« esprit de Dieu, qui est un homme très sage »*
« eunuques… les noirs »	*« Les peuples d'Asie »*
« mourir tous les hommes roux »	*« les Égyptiens, les meilleurs philosophes du monde »*
« les nègres n'ont pas le sens commun »	*« les nations policées »*
« Il est impossible… que ces gens-là soient des hommes »	*« si… des hommes »*
« Africains »	*« princes d'Europe »*

Conclusion partielle

Ce tableau nous montre que l'on essaie de marginaliser, de déclasser la race noire. Une coalition du monde entier se fait contre elle (Dieu, le créateur, l'Europe, l'Asie, l'Orient avec l'Égypte), au nom du fameux adage , *« La raison du plus fort est toujours la meilleure »*.
Mais, ici, aussi, dans quel sens faut-il interpréter ces conclusions ?

• La structure logique et rhétorique

– L'aire scripto-visuelle

Dix brefs paragraphes occupent l'espace typographique.
Une formule introductive présente la thèse, suivent les arguments.
Cela ressemble fort à un réquisitoire, un édit, une promulgation de lois (*De l'esprit des lois* oblige !) avec ces « attendus ».

– Les connecteurs argumentatifs

À proprement parler, il n'y a pas de conjonctions ou d'adverbes indiquant une relation logique, mais des verbes d'opinion, en tête de phrase, qui soulignent et annoncent chaque argument, formant, ainsi, une accumulation de preuves.

Nous trouvons, cependant, des connecteurs à l'intérieur des arguments pour mieux les structurer (par une logique de l'absurde, d'ailleurs !). Ainsi, aux paragraphes 9 et 10, *« parce que »*, *« car »* dénotent un rapport cause/conséquence.

– Les principes de rhétorique

Le **plan** du texte est celui d'un discours à l'antique, avec :
• un exorde qui pose le problème(paragraphe l) ;
• une argumentation (paragraphes 2 à 9) ;
• une fausse péroraison, sous forme de question oratoire (paragraphe 10).

Une **figure de style** globale, l'antiphrase, sert à développer toute la page.

Des **procédés stylistiques** sont proches, eux aussi, de l'éloquence gréco-latine :
• des unités de sens (chaque paragraphe n'est formé que d'une seule phrase) ;
• des périodes : paragraphe 9, *« Il est impossible que… que ; parce que, si… on commencerait à croire que… chrétien »* (clausule révélatrice) ;
• des parallélismes : *« Si j'avais… je dirais »* (paragraphe l), *« si elle était… ne serait-il pas »* (paragraphe 10) ;
• des groupes ternaires : *« Les peuples d'Europe… ceux de l'Amérique… ceux de l'Afrique »* (paragraphe 2, évoquant, de ce fait le commerce triangulaire), *« pieds… tête… nez »* (paragraphe 4).

Conclusion partielle

Une rhétorique classique pour convaincre. Mais convaincre de quoi ?
Le stade suivant nous le fera découvrir.

DÉCOUVERTE

• Les modalités et les buts de l'argumentation

1. Les modalités de l'argumentation

– Les thèses exprimées

Une thèse explicite : l'esclavage est légal et justifié ;

Une thèse implicite : abolissons l'esclavage. Montesquieu feint de prendre à son compte les arguments des pro-esclavagistes et, ainsi, les réfute. Il faut donc lire ce texte au second degré, principe même de l'ironie.

– L'organisation des arguments

Ils se rattachent tous à la même thèse, ce sont, en adoptant le système du plaidoyer, des preuves pour l'esclavage.

Mais ces arguments sont à double tranchant (raisonnement par l'absurde) et doivent, aux yeux du lecteur averti, susciter une réaction contraire.

Étudions leur nature et leur agencement :

Paragraphe 2, *argument 1 :*	nègres utiles pour l'agriculture de l'Amérique ;
Paragraphe 3, *argument 2 :*	main-d'œuvre aisée pour la production sucrière.

→ Deux arguments d'ordre économique.

Paragraphe 4, *argument 3 :*	noirs, nez écrasé, n'entraînent aucune sympathie ;
Paragraphe 5, *argument 4 :*	pas d'âme dans un corps tout noir ;
Paragraphe 6, *argument 5 :*	la couleur « *constitue l'essence de l'humanité* », donc, les peuples d'Asie font des noirs, des eunuques ;
Paragraphe 7, *argument 6 :*	la couleur des cheveux dénote celle de la peau, donc, les Égyptiens tuent les roux.

→ Quatre arguments d'ordre physique (avec comme preuve : la couleur).

Paragraphe 8, *argument 7 :*	les noirs « *n'ont pas le sens commun* », ils ne différencient pas le verre de l'or ;
Paragraphe 9, *argument 8 :*	ce ne sont pas des hommes, sinon nous ne sommes pas des chrétiens ;
Paragraphe 10, *argument 9 :*	les princes n'ont pas édicté de lois pour qu'on les plaigne.

→ Trois arguments d'ordre moral.

Une accumulation d'arguments très différents, par juxtaposition, force le lecteur à plier sous les preuves.
Les arguments d'ordre physique l'emportent, car ce sont les plus probants pour une pensée populaire, mais aussi, les plus piquants pour les savants et les intellectuels du XVIIIe siècle, intrigués par ce problème de couleur de peau.
Le schéma argumentatif est celui de la progression à thème constant (le même thème sert de base, on y adjoint, chaque fois, un argument différent).
Mais, il est, en partie aussi, à progression linéaire, puisque, parfois, un argument amène un nouveau thème : le « *tout noir* » du paragraphe 5 appartient bien au physique, mais « *l'âme* » et « *Dieu* » posent un problème religieux, repris dans le paragraphe 9 (« *chrétiens* »). De même, le quatrième paragraphe se termine par la clausule, « *de les plaindre* », la clausule du dixième forme écho avec « *de la miséricorde et de la pitié* ».

Donc, à l'intérieur d'une classe d'arguments, l'on peut découvrir des sous-arguments. Par exemple, les arguments d'ordre physique se divisent en argument esthétique (argument 3), en argument religieux (argument 4), en arguments ethnographiques (arguments 5 et 6). Les arguments d'ordre moral s'adressent à la sociologie (argument 7), à la religion (argument 8), à la politique (argument 9). En outre, au fil de ses propos, Montesquieu contient de moins en moins son émotion, son argumentation allant *crescendo*.

Enfin, tout ce système argumentatif repose sur l'ironie.
Ironie par l'absurde, celle du septième paragraphe, *« On peut juger de la couleur de la peau par celle des cheveux »*, celle du syllogisme implicite du paragraphe 9.
Ironie par la logique (mais la fausse logique) : les paragraphes 2 et 3 présentent, évidemment, des causes rationnelles, cependant, dans les deux cas, l'on peut trouver d'autres moyens que l'esclavage pour régler les problèmes économiques.
Au fond, c'est l'exploitation de l'antiphrase (figure type de l'ironie) poussée à l'extrême qui caractérise tout ce texte. L'illustration la plus symbolique en étant l'emploi de l'expression, *« Des petits esprits »*, pour les philosophes du siècle des Lumières !
Or, l'ironie débouche sur la satire. Nous touchons, ici, au pourquoi de l'argumentation.

2. Les buts de l'argumentation
– Art de convaincre ou art de persuader ?
Il est difficile de trancher.
Certes, l'auteur nous convainc, logiquement et ironiquement, en ridiculisant les arguments des esclavagistes, point par point ; il coupe court à toute réfutation possible.
S'y ajoute une virulente satire de la religion que les hommes déforment (paragraphes 5 et 6), du pouvoir (paragraphe 10), de la société de consommation (paragraphes 2, 3 et 8), de ses croyances et de ses traditions (paragraphes 6 et 7).
Mais faut-il encore que le lecteur ne soit pas en porte à faux, qu'il saisisse le décalage entre le vrai et le faux.
C'est pourquoi Montesquieu emploie, aussi, **la persuasion**. Une certaine émotivité, bien que contenue, parcourt son plaidoyer, particulièrement dans les arguments d'ordre physique et moral.

Conclusion partielle

Une argumentation originale pour un lecteur de *l'Esprit des lois*, habitué à plus de sécheresse dans le discours du juriste et une argumentation « de pointe », pour tous.

• Conclusion

La stratégie argumentative de ce texte est celle de **l'ironie**, en son principe essentiel : dire le contraire de ce que l'on pense. L'on pourrait, en quelque sorte, parler d'une grande **antiphrase filée**.
A-t-il eu une répercussion immédiate sur les esprits ?
L'esclavage sera aboli, vainement, sous la Révolution française, rétabli par Napoléon (1802), supprimé définitivement en 1848 seulement, par Victor Schœlcher, sous-secrétaire d'État à la Marine.

SUGGESTIONS DE QUESTIONS POUR L'EXAMEN

1. Analysez le système énonciatif (marques énonciatives, modalisateurs...). Qu'en concluez-vous ?
2. Faites une étude de la valeur des temps dans ce passage.
3. Étudiez la présence et le rôle de l'ironie dans ce texte argumentatif.
4. Après avoir répertorié linéairement les arguments, montrez comment ils sont organisés (faites apparaître diverses solutions).

TEXTE N° 7 « De l'horrible danger de la lecture »

APPROCHE DU TEXTE

• Situation

Ce texte fait partie du recueil des *Nouveaux mélanges* de 1765 (à la suite des *Mélanges* de 1764). *« Le patriarche de Ferney »* (il a 71 ans), installé depuis 1760 dans sa retraite sûre, tout près de la frontière suisse, continue à mener, plus activement que jamais, **son combat contre « *l'Infâme* »**. Les œuvres les plus marquantes de cette époque sont : le *Traité sur la tolérance* (1763), le *Dictionnaire philosophique portatif* (1764 + articles de 1770 à 1772, destinés à *l'Encyclopédie*) et les deux contes *Jeannot et Colin* (1764) et *L'Ingénu* (1767). Toutes s'inscrivent dans ce grand combat et se situent dans le prolongement des *Lettres philosophiques* (1734), de *Zadig* (1747) et de *Candide* (1759).
Mais l'arme favorite de Voltaire pour mener sa *« bataille philosophique »* est ce qu'il appelle ses *« fusées »*, petits textes courts, l'on dirait aujourd'hui « tracts », qui conviennent parfaitement à une diffusion large et facile de ses idées.
« De l'horrible danger de la lecture » est l'une de ces *« fusées »*.

• Identification

C'est un **pamphlet**, ou **libelle**. Il s'agit, par définition, d'un texte **bref** (le passage supprimé représente une vingtaine de lignes). L'intention est toujours **polémique** et, dans ce cas, le but est d'imposer un raisonnement conforme à la raison, à la place d'une théorie s'appuyant sur des arguments faux et (ou) stupides. Le texte est donc **argumentatif** et l'arme utilisée efficacement par Voltaire est **l'humour ou l'ironie**.

• Le système énonciatif

– Les marques énonciatives

Le NOUS (8 occurrences) est utilisé dans un double sens et la confusion ne manque pas d'intérêt :

• C'est « le pluriel de majesté » (le roi dit : *« nous voulons »*), le grand moupthi parlant au nom de Mahomet (lignes 1, 9, 37, 39).

• C'est l'expression du vrai pluriel (je + vous tous), car ce Joussouf-Chéribi représente en son auguste personne, le peuple entier ; il parle à sa place, lui déniant ainsi le droit et la capacité de dire lui-même ce qu'il pense (ligne 6 et les §§ 5, 6, 8). Par ailleurs, les fidèles, et parmi eux les cultivateurs, les pélerins de la Mecque, les pères et les mères sont désignés à la troisième personne (§§ 1, 4, 6, 7, 9). On peut donc remarquer l'absence de la 2e personne et interpréter cela comme le refus de reconnaître la personnalité de l'autre dans un dialogue, où les deux interlocuteurs auraient, en principe, le même droit à la parole. Mais derrière ce NOUS il faut aussi voir le sourire ironique de Voltaire qui s'amuse à jouer la comédie, comme il aimait à le faire sur la scène de son petit théâtre de Ferney : c'est l'acteur-auteur, dans un rôle de composition, qui fait du lecteur, c'est-à-dire de chacun d'entre nous, son complice (notamment dans les §§ 6 et 7, où il est question de ces *« misérables philosophes »*, annoncés déjà par le ON de la ligne 21).

– Le système modal et temporel met en valeur les conditionnels, en anaphore (3°/, 4°/, 5°/, 6°), comme atténuateurs hypocrites et ironiques, et les présents à valeur généralisante (1°/, 2°), et surtout dans les conclusions qui sont, ainsi, présentées comme des faits indiscutables).

– Les procédés de modalisation

Certains **verbes d'opinion** favorisent les atténuations (*« il a semblé bon »*, *« il est à craindre que »*), d'autres renforcent les affirmations (*« nous leur défendons »*, 2 occurrences).

Des **adverbes** forts appuient, tous, la réfutation : *« absolument »*, *« visiblement »*, *« jamais »*, *« scandaleusement »*.

Des **termes qui relèvent du subjectif**, en faveur de la thèse proposée, sont sans ambiguïté par leur ton péremptoire : *« condamner »*, *« proscrire »*, *« anathémiser »* (ton amplifié par le rythme binaire et le *crescendo*).

Conclusion partielle

Un principe d'énonciation qui indique parfaitement le système d'argumentation : pas de dialogue possible, Joussouf-Chéribi impose (même s'il feint d'atténuer). Les opposants, nommés fortement mais brièvement (*« misérables philosophes »*) sont, une fois pour toutes, écrasés.

• L'organisation lexicale

Pratiquons une disposition tabulaire des **notions contradictoires** :

LES DANGERS DE LA LECTURE (et de l'imprimerie)	LES BIENFAITS DE LA LECTURE
§2 *« pernicieux usage de l'imprimerie » « infernale invention »*	pas d'équivalent, de contrepartie
1°/ *« gardienne et sauvegarde des États bien policés »*	*« facilité de communiquer ses pensées… dissiper l'ignorance »*
2°/ *« sentiments absolument opposés à la sainte doctrine »*	*« perfectionner les arts… réveiller le génie… exciter leur industrie »*
3°/ *« heureuse stupidité » « contraire aux droits de notre place »*	*« dégagés du merveilleux » « de rendre justice aux bonnes et mauvaises actions, de recommander l'équité et l'amour de la patrie »*
4°/ *« prétexte spécieux mais punissable », « vertus dangereuses dont le peuple ne doit jamais avoir connaissance »*	*« éclairer les hommes et les rendre meilleurs »*
5°/*« diminuer le nombre des pélerins de La Mecque, au grand détriment du salut des âmes »*	*« respect… pour Dieu », « remplit tout de sa présence »*
6°/ *« attentat énorme contre les ordres de la Providence »*	*« des maladies contagieuses… prévenir », « garantir de la peste »*
§§ 9*« défendons de jamais lire aucun livre », « damnation éternelle », « tentation diabolique »*	pas de contrepartie

Plutôt que de champs lexicaux antithétiques, l'on peut parler d'organisations contradictoires autour des notions d'économie, de justice, de morale, de religion.
L'*incipit* et la clôture ne laissent aucune place à la contestation, des dépréciatifs, fort marqués, annoncent, sans ambiguïté, la position de l'auteur : *« pernicieux »*, *« infernale »*, *« misérable »*, *« dangereuses »*, *« scandaleusement »*, *« attentat énorme »*, *« tentation diabolique »*.
L'argumentation (1°/ à 6°/) joue sur l'explicite (les dangers de la lecture) et l'implicite (les bienfaits suggérés).

Conclusion partielle

En présentant l'imprimerie (et donc la lecture) comme une invention du diable, l'auteur persuade en intimidant, mais le lecteur averti a déjà su lire la contre-partie.

• La structure logique et rhétorique

– L'aire scripto-visuelle

La disposition sur la page ressemble à un édit, une promulgation avec :
- une introduction précisant qui promulgue et l'objet de la promulgation ;
- les articles numérotés de cette promulgation ;
- une conclusion-signature.

L'effet produit est immédiat : une stratégie argumentative autoritaire qui impose, légifère, musèle toute opposition.

– **Les connecteurs argumentatifs** sont :
- l. 4 *« Comme ainsi soit que »* (= puisqu'il se trouve que, en latin *« cum »* + subjonctif) ;
- l. 10 *« pour les causes ci-dessous énoncées »* ;
- la numérotation de 1°/ à 6°/ ;
- l. 36 *« À ces causes et autres »*.

Voilà des jalons très logiques, faisant du texte un arrêt juridique avec ses « attendus ».

– Les principes de rhétorique sont, ici, les éléments primordiaux du langage de l'argumentation.

Nous avons vu que la structure est celle du discours à l'antique : exorde, argumentation, péroraison.

De longues phrases, des périodes articulées renforcent cette impression :
- l. 4 à 10 *« Comme ainsi soit que… a rapporté… ayant consulté… et surtout… il a semblé bon… <u>ci-dessous énoncées</u> »* (clausule conclusive et introductive) ;
- l. 13 à 19 *« Il est à craindre que… lesquels ouvrages… <u>sainte doctrine</u> »* (clausule de poids).

D'ailleurs, l'art des clausules est, dans ce libelle, extrêmement travaillé :

1°/ *« États bien policés »*
2°/ *« sainte doctrine »*
3°/ *« droits de notre place »*
4°/ *« ne doit jamais avoir de connaissance »*
5°/ *« salut des âmes »*
6°/ *« ordres de la Providence »*

la politique
religion
le savoir

Des formules de style oratoire (mais lourdes et prétentieuses) cherchent à imposer l'autorité de celui qui édicte :

• *« comme ainsi soit que »* ;
• *« il a semblé bon à Mahomet et à nous »* ;
• *« lesquels ouvrages »* ;
• *« à ces causes et autres »*.

Joignons-y des oxymores cocasses : *« heureuse stupidité »*, *« misérables philosophes »*, *« vertus dangereuses »*.

Enfin, plus ce qui est écrit semble absurde, plus cela mérite d'être mis en relief, souvent par des incises ou des remarques finales ! (l. 5, 15, 23/24, 25/26, 31, 33/35).

Conclusion partielle

> Une rhétorique appuyée pour convaincre, mais peut-être trop pour vaincre ; l'on sent la dérision par exagération comique. Gardons-nous de confondre le narrateur (Joussouf-Chéribi) et l'auteur (Voltaire).

DÉCOUVERTE

• Les modalités et les buts de l'argumentation

1. Les modalités de l'argumentation

– Les thèses exprimées

• Une thèse formulée explicitement : la lecture est dangereuse (thèse de Joussouf-Chéribi) ;
• Une thèse formulée implicitement : la lecture apporte des bienfaits (thèse de Voltaire).

– L'organisation des arguments

Chaque paragraphe correspond à une **partie du tout** et forme un tout en soi ; il est possible de voir une gradation dans l'ordre de leur succession :

§1 : la présentation (l. 1 à 3) ;
§2 : condamnation de l'imprimerie, thèse proposée, (l. 4 à 10) ;
§3 : *« l'horrible danger »* des livres ; éloge de l'ignorance (l. 11 à 12) ;
§4 : *« l'horrible danger »* des ouvrages scientifiques et technologiques (l. 13 à 19) ;
§5 : *« l'horrible danger »* des livres d'histoire (1. 20 à 24) ;
§6 : *« l'horrible danger »* des ouvrages de philosophie (morale) (l. 25 à 28) ;
§7 : *« l'horrible danger »* des ouvrages de philosophie (religion) (l. 29 à 31) ;
§8 : *« l'horrible danger »* des livres de médecine (1. 32 à 35) ;
§9 : l'interdiction d'apprendre à lire aux enfants (1. 36 à 40) ;
Les deux dernières lignes : l'officialisation du décret (1. 41 à 42).

Dans le passage supprimé, juste avant la fin, il était annoncé qu'un médecin célèbre « *ayant déjà tué quatre personnes augustes de la famille ottomane* » était chargé « *de faire saisir toute idée qui se présenterait par écrit ou de bouche aux portes de la ville et de nous amener ladite idée pieds et poings liés, pour lui être infligé par nous tel châtiment qu'il nous plaira* ».

Il y a donc eu, avec l'utilisation d'un thème constant, une **gradation ascendante**, dans la présentation des arguments, de plus en plus choquants, et des commandements, de plus en plus radicaux : il s'agit d'abord de la prospérité, puis de la justice, ensuite de la morale, de la religion, et pour finir de la vie même. On interdit pour commencer les livres et l'imprimerie, puis l'enseignement de la lecture, enfin (dans le passage supprimé) la pensée et les idées.
N.B. : Pour **un travail d'écriture** sur l'analyse des arguments, *cf.* page 147.

2. Les buts de l'argumentation
Voltaire tient, avant tout, à persuader par l'ironie, mais aussi à viser, efficacement, des ennemis.

– Persuader par l'ironie
La force de l'argumentation tient à la qualité des arguments mais surtout à la façon dont ils sont représentés, dans cette démonstration par l'absurde, où ces arguments comme celui qui les énonce sont, d'un bout à l'autre, tournés en ridicule, sans qu'on puisse se tromper un seul instant. Aux remarques déjà faites, il convient d'ajouter ces quelques observations :
• Toutes les affirmations initiales sont fondées.
• Les conclusions qui en sont tirées sont présentées comme des faits indiscutables.
• Or ces conclusions sont chaque fois une offense à la raison, la reconnaissance d'un fait scandaleux : « *l'horrible danger de la lecture* » existe bien, mais du point de vue de ceux qui gouvernent en autocrates, et qui auraient en effet tout à craindre d'un réveil des consciences. Il est tellement plus facile d'avoir des sujets qui se soumettent sans réfléchir !

– Qui est ainsi visé ?
Les Turcs certes, mais surtout les ennemis de l'*Encyclopédi*e et ceux de Voltaire lui-même.

• **Les Turcs :** ils ont pris Constantinople (l'ancienne Byzance et l'actuelle Istamboul ou Stamboul) en 1453, mettant fin à l'empire d'Orient, où fleurissaient la pensée et les arts. En France, traditionnellement, ils sont ridiculisés (voir *Le Bourgeois gentilhomme*, 1670) : on les considère comme des barbares cruels et fanatiques, ennemis de la civilisation, l'incarnation de tous les vices de l'Orient (le goût du luxe et de la luxure, l'ignorance de la morale, le non-respect des droits de l'homme et de la femme…).

• **Les ennemis de l'*Encyclopédie* :** Les dévots (qui avaient fait interdire *Le Tartuffe* et *Dom Juan* de Molière), les jésuites, les Parlements, le roi. Malgré la condamnation officielle de 1759, la préparation clandestine des autres tomes (8 à 17) continue et s'achève en 1765. Quoique Voltaire n'y ait collaboré qu'à l'occasion, les allusions à cette grande œuvre (qui se voulait être une somme des connaissances humaines et montrer les relations entre les sciences et les arts) sont évidentes, notamment dans les passages relatifs à l'agriculture, aux arts mécaniques (Diderot leur donnait une place importante), à la religion et à la médecine (voir les notes après le texte).

• **Les ennemis de Voltaire** (satire *ad hominem*) **:** Ce sont les mêmes, qui ont fait brûler les *Lettres philosophiques* en 1734 et qui feront brûler Le *Dictionnaire philosophique* (avec le corps du chevalier de La Barre, à Abbeville) en 1766, qui ont obligé Voltaire à fuir (ce fut son « hégire ») une grande partie de sa vie, qui sont responsables des persécutions religieuses et des erreurs judiciaires (dont les victimes s'appellent Calas, Sirven, de La Barre, etc.). Mais ce sont aussi les ennemis de toujours : Pascal, qui croit à la religion révélée par Jésus-Christ et non au *« Dieu des philosophes et des savants »*, Rousseau qui dénonce les méfaits de la civilisation, croit à la Providence bienfaisante et condamne la comédie, les fables, ainsi que tous les livres : *« La lecture est le fléau de l'enfance... À peine à 12 ans Émile saura-t-il ce que c'est qu'un livre... Je hais les livres... »* (*Émile*, *"De l'éducation"*, 1762). Voltaire règle ainsi tous ses comptes.
Il n'est pas interdit de penser, en outre, que ce Joussouf-Chéribi, désigne le pape Clément XIII, le grand *« mouphti »* des chrétiens qui a condamné l'*Encyclopédie* en 1759, ou même, comme sembleraient l'indiquer les initiales J(ésus)-CH(rist), au nom de qui on parle souvent pour dire n'importe quoi et pour justifier bien des horreurs insupportables, ce que Voltaire appelle *« l'Infâme »*.

Conclusion partielle

Humour ou ironie, voilà les armes qu'emploie l'auteur pour construire une démonstration par l'absurde, prenant le contre-pied de chaque proposition, le lecteur transformera l'absurde en bon sens.
On pourrait parler « d'éloge paradoxal » (exercice de rhétorique ancienne : éloge de la folie, de la paresse...), mais ici dans un but polémique.

• Conclusion

La stratégie argumentative de Voltaire était et reste virulente.
Mieux que des traités, des dictionnaires ou des discours, ses *« fusées volantes »* (il dirait aujourd'hui ses « missiles » ?) pouvaient être diffusées immédiatement, sous le manteau au besoin, et atteindre un vaste public.

Cette pensée déguisée qui ridiculise l'adversaire, en apparence légère, traite, au fond, des thèmes graves. Les grandes idées de Voltaire sont, dans ce petit libelle, exprimées ou clairement suggérées : Dieu est partout, le déisme (ou religion des philosophes) doit se substituer aux religions révélées ; il faut cesser de croire à la Providence et *« prendre sa vie en main »*, lutter contre le Mal sous toutes ses formes ; la Raison humaine, créatrice des sciences et des arts, doit libérer l'homme, le rendre meilleur et plus heureux et il faut croire au progrès.

SUGGESTIONS DE QUESTIONS POUR L'EXAMEN

1. Étudiez la structure logique et rhétorique de ce libelle (sa disposition visuelle, ses connecteurs argumentatifs, ses principes de rhétorique…).
2. Que pensez-vous du maniement de l'implicite (ironie ou humour) dans ce texte ?
3. Les buts de l'argumentation : qui l'auteur vise-t-il ? Développez.

TEXTE N° 8 « L'état de nature et la société civilisée »

APPROCHE DU TEXTE

• Situation

Pour l'année 1750, l'Académie de Dijon avait mis au concours la question suivante : *« Si le rétablissement des sciences et des arts a contribué à épurer les mœurs »*. J.-J. Rousseau, dans un état de révélation, y répond par le *Discours sur les sciences et les arts* où il démontre que la civilisation loin d'*« épurer les mœurs »* a détruit les vertus premières de l'homme *« naturel »*. Il emporte le prix et devient célèbre. Pour l'année 1754, la même Académie propose cette double question : *« Quelle est l'origine de l'inégalité parmi les hommes, et si elle est autorisée par la loi naturelle ? »*. Jean-Jacques y répond, de « nouveau », avec le *Discours sur l'origine de l'inégalité* (1755). L'auteur construit son *Discours* en deux parties : la première où il décrit l'homme primitif, la seconde où il étudie la genèse de l'homme civilisé. Notre **Texte A** appartient à la première partie.
Cette fois-ci, les Académiciens de Dijon ne décernèrent pas le prix à Rousseau. C'est qu'en effet les philosophes du *« siècle des Lumières »* voyaient d'un mauvais œil cet homme qui, non seulement, critiquait les bienfaits du progrès, mais aussi, tenait des propos plus hardis que les leurs (par exemple, sur la remise en cause de la notion de propriété).

Naturellement, Voltaire, tenant de la société civilisée, ne pouvait pas ne pas réagir aux « *provocations* » de son ennemi personnel. Recevant donc un exemplaire du second *Discours*, celui de 1755, il en « *remercie* » Jean-Jacques à sa façon, c'est l'objet du **Texte B**.

• Identification

Nous avons à faire à deux genres bien différents. Le premier appartenant au type du ***« Discours »*** s'appuie sur la **démonstration** que procurent la **dialectique** et la **rhétorique**. Le second, plus direct et moins structuré, obéit à la spontanéité de la **lettre**, du moins de la lettre voltairienne, où **polémique** et **ironie** vont de pair.

RECHERCHE

C'est par une **confrontation** entre les deux textes que nous mènerons chaque étape de notre étude.

• Le système énonciatif

– Les marques énonciatives

• Texte A

Rousseau est certes présent dans son *Discours* par 8 occurrences du JE, mais, il généralise très vite ses opinions. L'on glisse, dans la seconde partie du texte, vers le ON (6 occurrences) et le NOUS (3 occurrences). Le ON, d'ailleurs, désignant d'abord les détracteurs, Voltaire y compris, (l. 18, 21, 27), puis les indécis (les lecteurs, entre autres,) qui ne tarderont pas à être des approbateurs (l. 30, 33).

• Texte B

Voltaire se manifeste plus directement, à découvert, 21 fois (12 JE, 3 MOI, 3 ME, 3 M'), il s'en prend, de la même façon, à son interlocuteur 11 fois (7 VOUS, 4 VOTRE). Les ON sont partagés comme dans le texte A : trois (l. 3, 5, 29) pour l'opposant, Jean-Jacques, ainsi réduit, avec une maligne hypocrisie, du personnel à l'indéfini, deux (l. 7, 31) comme équivalents de MOI + les lecteurs ; effet repris par les NOUS/NOS/NOTRE (8 occurrences).
L'ennemi est ainsi totalement montré du doigt et cerné.

– Les procédés de modalisation

• Texte A

Rousseau manie plutôt l'hypothèse : deux *« je vois »*, proches du *« je conçois »*, et une série de conditions mêlées d'interrogations : *« je voudrais bien qu'... »*, *« Je demande laquelle... »*, *« Je demande si jamais... »*.

• Texte B

Voltaire affirme, en toute évidence : *« Vous plairez... mais »*, *« Je laisse... à ceux qui... »*, *« Je ne peux non plus... »*, *« Je me borne à... »*, *« Je conçois avec vous que... »*, *« Avouez en effet... »*, *« Qu'importe... »*.

Conclusion partielle

Les principes d'énonciation correspondent à la fois au genre traité et à la personnalité de l'auteur. Dans le *Discours*, on généralise et échafaude des hypothèses ; dans la lettre, on individualise et stigmatise ironiquement. En outre, Rousseau cherche à trouver des appuis, à s'expliquer avec tous, Voltaire, lui, attaque *ad hominem*, tout seul.

L'organisation lexicale

Un **jeu d'opposition** se fait à l'intérieur du texte A et cette opposition devient **confrontation** entre le texte A et le texte B.

• Opposition à l'intérieur du texte A

HOMME NATUREL	HOMME CIVILISÉ
« animal organisé »	*« dons surnaturels »* *« facultés artificielles »*
« son âme, que rien n'agite »	*« la mort et ses terreurs »*
« sentiment de son existence actuelle »	*« idée de l'avenir »*
« ait seulement songé à se plaindre de la vie et à se donner la mort »	*« se plaignent de leur existence »* *« ... s'en privent »*
« la véritable jeunesse du monde »	*« la décrépitude de l'espèce »*

• Confrontation : texte A/texte B

TEXTE A	TEXTE B
« un animal ... se rassasiant sous un chêne, se désaltérant au premier ruisseau »	*« nous rendre bêtes ; il prend envie de marcher à quatre pattes, quand on lit votre ouvrage »,* *« brouter nos herbes »*
« un être libre dont le cœur est en paix et le corps en santé », *« un sauvage en liberté »*	*« Je me borne à être un sauvage paisible »* Or, Voltaire est *« accablé » « de maladies »* et fut constamment, dit-il, *« persécuté »*
« cet état était ... le meilleur à l'homme », « cet état est la véritable jeunesse du monde »	*« votre nouveau livre contre le genre humain »*

Conclusion partielle

Bien évidemment, Rousseau organise ses arguments par antithèse, Voltaire lui répond en employant le même principe, mais en le dénaturant, par ironie.

● La structure logique et rhétorique

– Les connecteurs argumentatifs

L'un et l'autre textes sont fortement structurés par des liaisons logiques.
Texte A : *« mais »* (2 occurrences), *« et voilà »*, *« car »*, *« or »*, *« donc »* ;
Texte B : *« mais »* (2 occurrences), *« Cependant »*, *« premièrement »*, *« secondement »*, *« en effet »*.

– Les principes de rhétorique

Nos deux auteurs utilisent la technique de la rhétorique la plus traditionnelle :

• Les périodes bien scandées :
Texte A (l. 33 à 37) : *« L'exemple des sauvages qu'... semble confirmer que... que... , et que... »* ;
Texte B (l. 10 à 17) : *« Je ne peux non plus... premièrement, parce que... , et que... , secondement, parce que... , et que... »*.

• Les rythmes binaires ou ternaires, retenons :
Texte A : *« de tous les dons surnaturels... de toutes les facultés artificielles »* ; *« se rassasiant... se désaltérant... trouvant »*, *« la nourriture, une femelle et le repos »* ;
Texte B : *« ou les ignore, ou en rit »* ; *« comme il faut aimer la société... comme il faut aimer sa patrie... comme il faut aimer... l'Être suprême »*.

• Les parallélismes ; retenons :
Texte A : *« moins fort que les uns, moins agile que les autres »*, *« Plus on... plus on »*, *« en apparence... vers la perfection de l'individu, et en effet vers la décrépitude de l'espèce »* ;
Texte B : *« Vous plairez aux hommes... mais vous ne les corrigerez pas »*.

• Les formules marquantes :
Texte A : *« un être libre dont le cœur est en paix et le corps en santé »* ;
Texte B : *« il prend envie de marcher à quatre pattes, quand on lit votre ouvrage »*.

Conclusion partielle

Les deux ennemis se réconcilient sur ce point : il faut structurer sa pensée pour faire adhérer les lecteurs à sa thèse. Nous sommes au siècle des « philosophes », donc de la raison.

• Les modalités et les buts de l'argumentation

1. Les modalités de l'argumentation

– Les thèses exprimées

• Thèse de Rousseau : L'homme à l'état de nature est plus heureux que l'homme civilisé.

• Thèse de Voltaire : L'homme civilisé est plus heureux que l'homme à l'état de nature.

L'une est exprimée avec logique et clarté, explicitement, l'autre, en partie explicite, est le plus souvent implicite, puisque l'ironie *a contrario* domine la page.

– L'organisation des arguments

• Texte A

§1. *Argument 1 :* l'être à l'état de nature sait s'organiser et satisfaire ses besoins physiques (manger, boire, dormir)[1] ;

§2. *Argument 2 :* ses désirs sont ceux de ses besoins physiques ;

Argument 3 : ses sentiments sont ceux de l'instant présent et pleinement ;

§3. *Argument 4 :* l'être à l'état de nature n'est nullement *« misérable »*, il jouit de la liberté, de la santé morale et physique ;

Argument 5 : donc, il ne se plaint pas et ne songe nullement à mourir ;

§4. *Argument 6 : « Cet état... était... le meilleur à l'homme »*, or, *« les progrès ultérieurs »* ont conduit à *« la décrépitude de l'espèce »*.

• Texte B

– lignes 1 à 17:

Argument 1 : argument moteur ; la lecture de l'ouvrage de Rousseau va *« nous rendre bêtes »* (intellectuellement et physiquement) ;

Argument 2 : 1re réfutation ; Voltaire, à son âge (60 ans), ne peut plus *« marcher à quatre pattes »* ;

Argument 3 : 2e réfutation : il n'est plus d'âge à rejoindre *« les sauvages »*, d'abord, parce qu'il est malade, ensuite, parce que les guerres y régnent ;

Argument 4 : argument conclusif : *« Je me borne à être un sauvage paisible dans la solitude que j'ai choisie... »*.

– lignes 17 à la fin :

Argument 1 : argument concessif : les lettres et les sciences ont parfois causé du mal ;

Argument 2 : lère réfutation, générale ; ces malheurs touchent peu de monde et ne sont rien en comparaison des autres maux ;

---

1. Jean-Jacques se souvient-il de ces vers de Voltaire :
« Dessous un chêne, ils soupent galamment/Avec de l'eau, du millet et du gland ; /Ce repas fait, ils dorment sur la dure : /Voilà l'état de la pure nature. » (Le Mondain, 1736, v. 37 à 40) ?

Argument 3 : 2e réfutation, personnelle ; si quelqu'un a bien à « *se plaindre des lettres* », c'est moi, Voltaire, or, j'encourage à les aimer (comme la société, la patrie, l'Être suprême, en dépit des défauts que l'on peut y trouver) ;

Argument 4 : argument *ad hominem* ; que Jean-Jacques vienne le rejoindre pour se « *rétablir... jouir... boire... brouter* » !

– Confrontation des deux argumentations

Dans toute la première partie, Voltaire répond, sur les points les plus importants, aux arguments de Rousseau ; dans la seconde, il semble oublier l'objet du second *Discours* pour n'attaquer que le premier, *Discours sur les sciences et les arts*, se réservant le droit d'y revenir, brièvement, par une invitation (l. 34 à 36) à l'ironie féroce.

Sur ce point, reportez-vous au travail proposé, n° 2, page 154 ;

2. Les buts de l'argumentation

– Chez Rousseau, ils sont nets et sincères.

Jean-Jacques fait l'éloge de la vie primitive, adhère au « *mythe du bon sauvage* » dont il résume, dans une autre partie du *Discours*, les qualités, par quatre qualificatifs : « *libre, sain, bon et heureux* ». Il prône, au fond, une existence patriarcale et idyllique, dans un environnement presque biblique.

Si cet état de nature est conçu de façon un peu fictive (l'on ne trouve, à aucun moment, de repères chronologiques), il se concrétise, à l'époque, par la façon de vivre de l'auteur, habillé d'une simple robe de bure, coiffé de son bonnet « d'Arménien », gagnant sa vie à copier de la musique.

– Chez Voltaire, les buts sont évidemment contraires, mais aussi cruels par l'ironie *ad hominem*.

Certes, Voltaire, est, lui aussi, un « *patriarche* » dans sa propriété « *près de Genève* ». Il avoue même être « *un sauvage paisible* ».

Mais il ne voit dans l'homme à l'état de nature que des défauts : retour à la bestialité, à la maladie, à la guerre). Seul, l'homme civilisé a droit à notre estime ; proclamation faite, dès 1736, dans *Le Mondain* : « *Ah ! le bon temps que ce siècle de fer !* ». Ayons foi dans le progrès et la civilisation.

En outre, l'auteur ne se contente pas d'argumenter en général, il s'attaque à l'homme Rousseau et le tourne en ridicule. Voilà, peut-être, le but premier de cette *Réponse*.

Il le nargue, lui qui a atteint son paradis, *Les Délices*, près de la patrie de celui qui en a été chassé ; les allusions des lignes 16/17, 34 à 36 sont d'une cruauté presque mesquine.

Voltaire, comme souvent, règle ses comptes personnels, plus qu'il n'argumente. Le mot « *persécuter* » (l. 28) ne manque pas non plus d'humour (ou d'humeur !) lorsque l'on sait qu'il écrit à Jean-Jacques.

Conclusion partielle

D'un côté, une argumentation nettement dichotomique (qualités de l'homme *« naturel »*, défauts de l'homme *« civil »*), sincère et éloquente, celle de Rousseau ; de l'autre, une réponse essentiellement maligne, instinctive, où l'ironie prime sur les arguments, celle de Voltaire.

• Conclusion

Deux **stratégies argumentatives** plus opposées que complémentaires. Rousseau vise à **convaincre** rationnellement et progressivement, Voltaire vise à **persuader** ironiquenent et émotionnellement. Mais l'un et l'autre contribuent à construire ou à détruire le *« mythe du bon sauvage »*. Mythe déjà illustré en 1719 par Defoe (*Robinson Crusoé*), développé, naturellement, par Rousseau et Voltaire (*L'Ingénu*, 1767), repris par Bernardin de Saint-Pierre (*Paul et Virginie*, 1788 ; *La Chaumière indienne*, 1790) et Diderot (*Supplément au voyage de Bougainville*, 1796), conduit à son terme, jusqu'à présent, par Michel Tournier (*Vendredi ou les Limbes du Pacifique*, 1967).

SUGGESTIONS DE QUESTIONS POUR L'EXAMEN

1. En quoi le système énonciatif (personnels, possessifs, indéfinis…) correspond-t-il bien au genre littéraire différent employé par chaque auteur et aussi à leur personnalité ?

2. Confrontez les arguments du texte B à ceux du texte A.

3. Quels sont les buts respectifs de Voltaire et de Rousseau dans ces deux textes ?

TEXTE N° 9 Les paroles du père Souël

Remarque préliminaire : Nous ne ferons porter notre étude que sur le premier paragraphe pour donner plus de cohérence à nos remarques.

APPROCHE DU TEXTE

• Situation

Amélie morte, le récit de René doit finir. Or, il faut conclure pour ne pas rester dans l'ambiguïté.

Le sermon du père Souël est commandé par un besoin de mise au point de l'auteur. Chateaubriand pressent déjà que la jeunesse sympathisera avec le héros.

Il faut donc tirer une morale, faire une leçon. Ne pas oublier que René est, à l'origine, inséré dans *Le Génie du christianisme*, apologie de la religion chrétienne. Le père Souël prend ainsi la parole pour contrebalancer, par sa rigueur, la sensibilité de Chactas.

• Identification

À une première lecture, nous sommes à même d'inclure cette page dans une catégorie typologique : c'est un texte argumentatif. Le père Souël **discourt, sermonne**. Ce type de texte trouve ces origines dans les œuvres des orateurs antiques dont le système rhétorique sera repris par les pères de l'église chrétienne. Au XVIIe siècle, Fénelon et surtout Bossuet y ajouteront leurs lettres de noblesse. C'est donc dans cette lignée que s'inscrit le discours du père Souël, discours qui se veut **péremptoire, démonstratif** et parfois presque **injonctif**.

RECHERCHE

• Le système énonciatif

Le type du texte défini, le lecteur se demandera qui sermonne qui ? Va se poser le problème de l'énonciation.

C'est évidemment le père Souël (JE, 2 occurrences, MA, MON) qui s'adresse à René (VOUS, 8 occurrences, VOS, 3 occurrences, VOTRE, 4 occurrences, VOTRE).

La distribution des marques énonciatives, quatre seulement pour le missionnaire, seize pour le « héros », prouve que l'argumentateur s'efface (peut-être derrière une puissance supérieure, Dieu) pour mieux blâmer, en le mettant en relief, son adversaire, par nécessité morale. Adversaire qui tout en étant omniprésent, n'a jamais la parole !

Un autre interlocuteur apparaît, mais assez vite écarté, le Sachem Chactas par le ON de la deuxième ligne.

L'emploi des ON, dans cette page, est d'ailleurs original.

Assez souvent, dans les textes argumentatifs, le ON revêt un ton de complicité, il représente l'auteur et les lecteurs, en les assimilant progressivement par stratégie argumentative. Ici, il se fait nettement péjoratif.

D'ailleurs s'instaure tout un **jeu dépréciatif** d'impersonnels à valeur généralisante, il faut toucher tous les *« René »* (*« homme »*, *« celui qui »*, *« quiconque »*, *« ses semblables »*) et de personnels méprisants (*« jeune homme »*, *« monsieur »*, *« jeune présomptueux »*).

Les procédés de modalisation renforcent cette attaque péremptoire, ils se veulent injonctifs, tels l'impératif *« Étudiez »*, le verbe *« devoir »*, les nombreux vocatifs qui interpellent fortement l'interlocuteur, les phrases exclamatives.

Conclusion partielle

Un système énonciatif, conçu pour montrer du doigt le « héros », le déprécier, l'invectiver, faire de lui un accusé, sans lui laisser la possibilité de se défendre.

• L'organisation lexicale

L'étape précédente avait déjà tendance à mettre en avant l'emploi de dévalorisants, le lecteur étant censé imaginer la contrepartie : qui doit-on valoriser ?
Une **recherche des antithèses** met plus clairement à jour ce procédé qui n'était qu'amorcé :

« charges de la société »	≠	*« inutiles rêveries »*
« homme supérieur »	≠	*« jour odieux »*
« tous ces maux »	≠	*« purs néants »*
« toute/toute/toute/toutes »	≠	*« la seule »*
« employaient à éteindre leurs	≠	*« que vous perdez peut-être à*
passions le temps »	≠	*allumer les vôtres »*
« doit les consacrer au service de »	≠	*« s'il les laisse inutiles »*

Apparaissent, ainsi, **des champs lexicaux antithétiques** sur l'utilité/l'inutilité ; la vie en société (la communauté)/la solitude (la marginalité) ; la tempérance/ l'exaltation.

Conclusion partielle

Par ces oppositions lexicales se dessinent les problèmes inhérents au caractère de René et s'esquisse le procédé dichotomique de l'argumentation : ce qu'en général l'on doit faire, ce que René, lui, fait.

• La structure logique et rhétorique

Nous avons placé ce texte dans la logique du discours rhétorique de l'Antiquité. Voyons s'il en comporte les marques traditionnelles.

– La *dispositio* pourrait être revendiquée par Lysias ou Cicéron :
- un exorde (l. 1 à 4) ;
- un développement argumentatif en trois points (l. 4 à 20) ;
- une péroraison (l. 20 à 23).

– L'*élocutio* utilise tous les procédés de la rhétorique classique :
- antithèses (*cf.* supra) ;
- parallélisme (l. 11 à 13) ;
- oxymore (*« épouvantable justice »*) ;
- périphrases (*« seul malheur de votre vie »*, *« la seule idée de vos chagrins »*, *« sa faute »*, pour évoquer l'inceste) ;

• anaphore (« *On n'… On ne* ») ;
• répétitions (« *rien… rien* » ; « *toute… toute… toute… toutes* ») ;
• hyperbole (« *châtiment effroyable* »).
Donc, principalement, des figures d'addition et d'opposition dont le but est de marquer l'auditeur.

Conclusion partielle

Tant dans la composition que dans la formulation sont respectées les lois du discours antique et classique ; n'oublions pas que c'est un père jésuite qui parle.

DÉCOUVERTE

• Les modalités et les buts de l'argumentation

1. Les modalités de l'argumentation

La thèse exprimée l'est de façon très explicite : il faut vivre avec la société, y être utile, et non la fuir ; il faut mener une vie ordinaire et non « *extraordinaire* ».
Mais cette thèse est amenée progressivement par **l'enchaînement des arguments**. Nous ne l'avons que suggéré lors de l'étape de la structure logique, approfondissons-le.

– Un exorde (l. 1 à 4), comportant :
• une mise au point : ne pas se laisser prendre au piège de la sensibilité vis-à-vis du héros (l. 1/2).
• un portrait à rebours de René, différent des portraits poétiques et lyriques faits au début du récit, où l'on amorce la thèse en reprochant au jeune homme deux défauts majeurs : le vague des passions (« *entêté de chimères* », « *inutiles rêveries* ») et l'associabilité (« *s'est soustrait aux charges de la société* ») (l. 2 à 4).

– Un développement argumenté (l. 4 à 20) :
• 1er argument à valeure générale (l. 4 à 8).
Le dégoût de la vie n'est pas une marque de supériorité.
• 2e argument plus personnel (l. 8 à 13).
Amélie a payé, mais René n'est toujours pas « guéri », il paiera aussi.
• 3e argument (l. 13 à 20) : on attendait un argument religieux, on a un argument social : la solitude est mauvaise conseillère.

– Une péroraison (l. 20 à 23)
La thèse est, enfin, clairement exprimée : il faut s'engager socialement, si l'on ne veut pas encourir de peines, psychologiques et religieuses.
Voilà donc un discours **démonstratif**, à thème progressif : thèse suggérée dans l'exorde, amenée successivement en trois étapes dans l'argumentation, dévoilée explicitement dans la péroraison.

2. Les buts de l'argumentation

Le but premier est de remettre René sur la bonne voie, de le sermonner (nous y reviendrons).

Mais il s'agit, aussi, d' « éduquer » le lecteur.

D'abord, en lui montrant que René n'est pas un modèle à suivre. Chateaubriand voulait *« dénoncer une espèce de vice nouveau, peindre les funestes conséquences de l'amour outré de la solitude »* (*Génie du christianisme*, Livre II, *« Sur le vague des passions »*). Qu'il ne se méprenne donc pas, en sympathisant avec ce marginal dangereux ! Remarquez, en ce sens, le VOUS révélateur de la première phrase, cette marque énonciative, c'est à la fois Chactas et le lecteur.

Puis, en lui conseillant fortement d'être socialement utile. C'est un sermon à valeur universelle : tous (*« quiconque »*) au service de tous (*« ses semblables »*).

Enfin, en lui prouvant, après avoir rabaissé le héros, que seule la religion chrétienne est la solution de tous nos malheurs.

Alors, si René est convaincu, le lecteur le sera.

Mais le père Souël a-t-il atteint son objectif ?

Convaincre son interlocuteur, il s'y est employé par la structure logique, l'argumentation rigoureuse de son discours, l'appel à *« la raison raisonnante »* avec les nombreuses injonctions morales (*« qu'on nous montre ici... »*, *« On n'est point... »*, *« On ne hait... »*, *« Étendez... »*) et le vocabulaire bien-pensant (*« mérite »*, *« vertu »*, *« religion »*, *« devoirs »*...).

Le **persuader**, c'est, sans aucun doute, sur ce point qu'il mobilise toute sa tactique argumentative. Il sait qu'il a à faire à un être hypersensible, à l'imagination exacerbée, et, de surcroît, à un esthète.

Aussi va-t-il déployer tous les procédés enjôleurs de la stylistique persuasive :

Recours à un registre lexical qui sollicite le cœur par les sentiments : *« pitié »*, *« rêveries »*, *« chagrins »*, *« larmes »*, *« passions »*.

Emploi, en bon jésuite casuiste, d'atténuateurs qui édulcorent les menaces péremptoires : *« s'il faut dire ici ma pensée »*, *« peut-être »*, deux fausses interrogations (ou interrogations oratoires) qui donnent à l'interlocuteur l'impression d'un dialogue possible.

Enfin, et surtout, pour retenir l'attention d'un jeune homme raffiné et amateur de beau langage (les orateurs antiques, dont le père Souël est proche, parleraient de *captatio benevolentiae*) l'utilisation constante de la **prose d'art**.

Chateaubriand, *« l'enchanteur »*, par l'intermédiaire de ce religieux fin parleur, cherche à envoûter son héros.

Les groupes binaires scandent le texte comme une litanie obsessionnelle : deux expressions pour le vague des passions (*« entêté de chimères »*, *« inutiles rêveries »*), deux formes de solitude, celle du mystique *« avec Dieu »*, celle du romantique où *« l'homme peut se suffire à lui-même »*, deux menaces finales, l'une psychologique, *« secrète misère »*, l'autre religieuse, *« châtiment effroyable »*.

La phrase périodique, à la Bossuet, forme une clôture émotionnelle à cette oraison :

• un adage en deux mouvements progressifs : « *quiconque... /doit...* » ;

• une subordonnée, « *s'il ...* », suivie de deux principales en parallélismes parfaits : « *d'abord/tôt ou tard* » ; « *puni/envoie* » ; « *une secrète misère* »/« *un châtiment effroyable* » ;

• une clausule d'une prédiction menaçante : « *châtiment effroyable* ».

Enfin, une musicalité permanente sous-tend la formulation. Ainsi, en l'espace de trois lignes (l. 9 à 11) :

• se créent des sonorités, par les répétitions (4 occurrences de « *tout* », produisant des effets de rimes), par les assonances (« *pureté/idée* ») ;

• s'instaure un rythme : *crescendo*, « *toute* », « *toute* », « *toute* », « *toutes* », puis *decrescendo*, « *seule* ». Ainsi, à une envolée lyrique pour les vertus d'Amélie, correspond une retombée piteuse pour l'ennui incurable de René ;

• s'imposent des vers blancs : deux hexasyllabes (« *toute la pureté/toute la religion* »), un décasyllabe (« *toutes les couronnes d'une sainte* »), un octosyllabe pour la chute (« *la seule idée de vos chagrins* »).

Conclusion partielle

Si le schéma argumentatif cherche par sa logique à convaincre, l'art de la formulation apporte la persuasion.

• Conclusion

La stratégie argumentative du père Souël a touché René, puisque l'auteur précise qu'il fut « *troublé par ses paroles* » (l. 24).

Mais, ce sermon final n'a pas contrebalancé l'idée que le lecteur se fit du héros. Chateaubriand, lui-même, en fut navré : « *Si* René *n'existait pas, dit-il, dans les* Mémoires d'outre-tombe, *je ne l'écrirais plus ; s'il m'était possible de le détruire, je le détruirais ; il a infecté l'esprit d'une partie de la jeunesse, effet que je n'avais pu prévoir, car j'avais au contraire voulu la corriger* ».

C'est, donc, un discours argumentatif efficace pour le personnage de papier qu'est René et la fiction romanesque, mais totalement inopérant pour les lecteurs que furent les jeunes romantiques de l'époque.

SUGGESTIONS DE QUESTIONS POUR L'EXAMEN

1. Quelles conclusions tireriez-vous de l'étude des marques personnelles et de l'emploi de ON ?

2. Notez l'importance de la rhétorique dans le texte. Où apparaît-elle ? Quel rôle joue-t-elle ?

3. Quels sont les buts (directs ou indirects) de ce sermon ?

APPROCHE DU TEXTE

• Situation

Victor Hugo entreprit de raconter, sous forme de textes courts, constituant un journal daté, ce qu'il « voyait » de plus frappant dans le domaine politique, littéraire, artistique, social..., de son époque. Ces aperçus du quotidien prirent le nom de *Choses vues*.
C'est une de ses « vues » directes, une scène de la vie réelle, en plein Paris, que l'écrivain nous propose ici, celle du 22 février 1846.

• Identification

Après une première lecture, l'on serait tenté de « ranger » ce texte dans la catégorie du type descriptif ; les deux premiers paragraphes nous y inviteraient.
Mais donner à voir, veut dire aussi donner à penser (*cf.* l. 21). Ainsi cette **description** devient vite **argumentation** par **la thèse** humanitaire et prémonitoire qu'elle véhicule.

RECHERCHE

• Le système énonciatif

– Les marques énonciatives
Le principe du journal personnel veut que l'auteur soit le narrateur.
Le JE de V. Hugo prend, en effet, le texte en main : trois occurrences, appuyées par des rappels de cette première personne (*« le mien »*, *« moi »*).
Prennent le relais de ce point de « vue » (focalisation interne), un témoin essentiel, *« le peuple »* et le *« on »* de la ligne 14 qui fond l'auteur et ce dernier.
Victor Hugo n'est plus ainsi seul à « voir », sa stratégie argumentative commence à s'esquisser.

– Les procédés de modalisation ne reposent, ici, que sur deux attitudes de l'auteur-spectateur, qui font glisser le texte du stade descriptif au stade argumentatif :
« Je vis venir... » → *« Je demeurai pensif »*.

Conclusion partielle

Si le JE de l'auteur **voit**, ce n'est pas dans le simple but de décrire, mais dans celui de **témoigner**. Témoignage nullement isolé car corroboré par des témoins de poids (*« le peuple »*, le *« on »* multiforme) qui cherchent déjà à englober le lecteur, à le convaincre.

• L'organisation lexicale

Elle semble, dans ce passage, particulièrement productrice de sens.

L'ensemble du texte est construit sur une opposition. Se créent des **antithèses lexicales** qui forment la trame de tout le récit.

Une disposition tabulaire nous ferait mieux « voir » cette dichotomie :

DOMAINES CONCERNÉS	VALORISANTS	DÉVALORISANTS
éléments atmosphériques	*« le soleil et midi »* *« en plein jour, en plein soleil »*	*« il faisait froid »* *« plongée dans les ténèbres »*
moyens de déplacement	*« Une voiture »* *« une berline armoriée … attelée de deux chevaux »*	*« Je vis venir… un homme les pieds nus… dans des sabots »*
environnement des deux acteurs principaux	*« deux laquais en guêtres derrière »* *« l'intérieur tapissé de damas bouton d'or »* *« un charmant petit enfant »*	*« que deux soldats emmenaient »* *« Le peuple… autour de lui »* *« caserne de gendarmerie »*
condition sociale	*« une couronne ducale »* *« le riche »* *« le pauvre »*	*« couchait habituellement sur le pavé »*

Tout concourt donc, de la nature à la société, à opposer : froid et chaud, confort et incommodité, bonheur et malheur, luxe et misère.

Mais les deux portraits, celui de l'homme pauvre et celui de la duchesse, sont encore plus significatifs :

LES COMPOSANTS DU PORTRAIT	VALORISANTS	DÉVALORISANTS
l'aspect général	*« femme... fraîche, blanche belle, éblouissante »*	*« homme... pâle, maigre hagard »*
les détails vestimentaires	*« en chapeau rose »* *« en robe de velours noir »* *« les rubans, les dentelles et les fourrures »*	*« la tête nue et hérissée »* *« un pantalon de grosse toile »* *« une blouse courte, souillée de boue derrière le dos »* *« des linges sanglants roulés autour des chevilles pour tenir lieu de bas »*
le comportement	*« qui riait et jouait »*	*« Il avait sous le bras un pain... qu'il avait volé »*

À nouveau, de fortes oppositions rechampissent : la propreté/la saleté ; la beauté/la laideur ; l'abondance/le besoin ; la finesse/la grossièreté ; l'insouciance/l'angoisse.

Conclusion partielle

L'on a parfois reproché à V. Hugo l'abus de ce procédé, mais il faut reconnaître qu'il est, dans ce contexte, parfaitement justifié.
Une telle étape, dans notre étude, à elle seule, donne tout son sens à ce texte argumentatif : par cette recherche des champs lexicaux antithétiques, une thèse capitale, quoiqu'encore implicite, s'amorce.

• La structure logique et rhétorique

S'il arrive à l'argumentateur d'employer un *« Du moment où... »* et un *« tandis que... »* pour tirer les conséquences de son analyse et bien démarquer sa conclusion, il faut constater, cependant, l'absence de **connecteurs argumentatifs**. L'auteur entend placer son lecteur moins dans le domaine de la rationalité que dans celui du cœur. Il s'agira de jouer sur son émotivité, de favoriser une prise de position affective.
Le principe de rhétorique dominant, l'antithèse, explique cette absence délibérée de liens logiques ; en elle-même, elle est un repère suffisant pour une lecture « dirigée » du texte.
Un style usant volontairement de **parataxe**, s'il donne au texte une allure de *« choses vues »* sur le vif, facilite, aussi, la tâche du lecteur qui, ainsi, adhérera plus facilement à une thèse clairement développée.

Conclusion partielle

Une structure simple et efficace, l'on aimerait dire « populaire », l'auteur, sujet oblige, a trempé sa plume dans l'encrier du peuple.

DÉCOUVERTE

• Les modalités et les buts de l'argumentation

1. Les modalités de l'argumentation

– La thèse exprimée l'est, progressivement, en deux étapes.

Nous la devinons, en partie, par les deux premiers paragraphes qui décrivent (*« Je vis venir »*) la *« chose vue »* : un homme, dans la rue, un *« misérable »*, accusé du vol d'un pain, conduit à la gendarmerie ; une femme de la haute société, retranchée dans son attelage, heureuse et insouciante avec un petit enfant choyé. L'homme regarde cette femme, elle ne le voit pas.

Un thème se dessine ; que laisse présager une telle confrontation de classes opposées ?

Puis, la thèse se fait explicite (*« Je demeurai pensif »*), dans le dernier paragraphe, pour être formulée clairement dans la chute : *« Du moment où cet homme s'aperçoit que cette femme existe, tandis que cette femme ne s'aperçoit pas que cet homme est là, la catastrophe est inévitable »*.

– L'organisation des arguments obéit à divers **schémas argumentatifs** :

• argumentation par induction : l'on part d'une cause particulière, le cas de deux personnages (le misérable et la duchesse), pour aboutir à une conséquence générale (*« la catastrophe est inévitable »*) ;

• argumentation progressive : une description qui aboutit à une explication, proche de la chaîne : décrire → prescrire → proscrire restant en sous-entendu.

• argumentation dialectique : celle qui joue sur le système antithétique (valorisants/dévalorisants) ;

• argumentation par points de vue : l'auteur voit (*« je vis »*), revoit, par l'intermédiaire de *« l'homme »* (*« Le regard de l'homme fixé sur cette voiture attira le mien »*), prévoit *« la catastrophe »*.

2. Les buts de l'argumentation

Le but premier est de **persuader** le lecteur d'une cause à défendre : celle des pauvres. Les parallélismes antithétiques fort marqués vont dans ce sens. La conclusion est, ainsi, si bien préparée, que l'adhésion se fait d'elle-même.

L'auteur n'oublie pas, cependant, son image de marque, il prouve aussi qu'un Pair de France (l. 1) sait « voir » le quotidien et « prévoir » l'Avenir.

Peut-on parler, enfin, de buts prémonitoires ?

Le texte, daté du 22 février 1846, n'annonce-t-il pas, jour pour jour, deux ans avant, les journées d'émeute de 1848 (les 22, 23, 24 février), qui entraîneront l'abdication du dernier roi, Louis-Philippe ? « *L'homme terrible* » a eu raison de la duchesse !
Ce court récit n'est-il pas, déjà, dans la lignée des *Misérables* (Hugo en avait commencé l'ébauche, peu de mois auparavant) ? Cet « *homme* » sans nom s'appellera Jean Valjean.

Conclusion partielle

Une préparation émotive et humanitaire, débouchant sur une thèse politique, voilà les modalités et les buts de l'argumentation hugolienne.

• Conclusion

Tous ces moyens ont eu pour effet de nous faire ressentir et partager la commisération et l'indignation éprouvées par l'auteur. Le témoin nous a pris à témoin pour conduire sa **stratégie argumentative**. Nous sommes, alors, amenés à réfléchir sur un problème de société : l'existence de la misère et de l'injustice.

SUGGESTIONS DE QUESTIONS POUR L'EXAMEN

1. Montrez comment l'organisation lexicale du texte (ses oppositions) conduit, déjà, à la thèse exprimée.
2. Comment les arguments sont-ils organisés ? Évoquez divers schémas argumentatifs possibles.
3. Quels sont les buts visés par ce texte ?

TEXTE N° 11 — *« Ils ont voté ! »*

APPROCHE DU TEXTE

• Situation

Dans *Les Châtiments*, premier des recueils de l'exil, Victor Hugo ne cache pas, comme le titre l'indique, qu'il va mettre au centre de son œuvre sa « *querelle personnelle* » avec Napoléon III. « *Six mille vers de haine* » dira Lamartine. Les titres des six premiers Livres de l'ouvrage reprennent, en ironisant, les formules officielles par lesquelles « *Napoléon le petit* » prétend légitimer le coup d'État.

Nous n'avons, ici, qu'un petit extrait du quatrième poème du Livre III (« La famille est restaurée »), mais significatif de l'ensemble, par sa virulence naturelle et sa colère impétueuse.

• Identification

C'est un poème **satirique** et **politiquement engagé**. Les nombreuses invectives, dans l'argumentation, nous placent d'emblée dans le genre **polémique**. Il fustige, mais nous invite aussi à réfléchir.

RECHERCHE

• Le système énonciatif

– Les marques énonciatives

Elles sont omniprésentes au niveau des pronoms personnels et des possessifs (plus de 30 occurrences). Voici un texte « accrocheur » qui interpelle fortement.

Retenons, surtout, celles qui matérialisent les deux pôles de l'énonciation.

Le locuteur, V. Hugo, représenté par trois personnels à la première personne et quatre possessifs, ne cesse de s'adresser à un interlocuteur qu'il harcèle (9 VOUS, 9 possessifs, VOS/VOTRE). Interlocuteur repris globalement par les ILS méprisants de l'incipit : *« ILS ont voté ! »*.

Se dessinent, nettement, deux clans : les VOUS invectivés, le JE qui invective.

L'évolution linéaire de ces marques énonciatives est encore plus parlante.

Dans les vingt et un premiers vers, n'apparaissent que les VOUS vilipendés, au vers 22 (fin de la première strophe), un NOUS (qui représente le parti adverse, y compris l'auteur) sert de transition stratégique (stratégie de la complicité), renforcé par le ON, du vers 31, qui laisse présager qu'Hugo n'est plus seul. Il peut, ainsi, introduire son JE (v. 37) qui n'est plus une marque d'égoïsme, mais un modèle à suivre.

La distribution quantitative des possessifs est, aussi, révélatrice : d'un côté, les plébicitaires intéressés, attachés à leur avoir (9 possessifs), de l'autre, le poète pour qui les seuls biens (4 possessifs) sont la liberté et l'honneur.

C'est, en outre, avec l'évidence des présents (marquant, ici, et la réalité immuable et l'éternité souhaitable) que se développe clairement l'énonciation.

– Les modalisateurs ne laissent aucun doute sur le degré d'adhésion de l'argumentateur à sa thèse.

L'auteur ridiculise les votants par une trilogie verbale peu flatteuse, dans sa progression (*« voyez »*, v. 3 ; *« croyez »*, v. 7 ; *« ébahissez »*, v. 17), avant de se camper dans une volonté bien déterminée de revendiquer (*« sachez-le bien »*, *« Je ne veux pas »*, *« Nul n'a le droit »*). Surgissent, alors, les verbes d'état (appellation, grammaticalement bien venue, dans le contexte !) qui font de lui un être, tout à fait présent et avec qui il faudra compter, et un être en devenir (v. 32), menaçant pour l'avenir.

Conclusion partielle

L'énonciation dénonce déjà, sans ambiguïté, la stratégie argumentative d'Hugo ; à l'invective cinglante, succède la foi en la Liberté ; face au VOUS de ceux qui ont voté en masse (7 500 000 oui), se dresse le JE solitaire mais déterminé, qui deviendra bientôt un NOUS.

• L 'organisation lexicale

L'on a, souvent, fait de Victor Hugo le représentant type de l'antithèse. Ce système, ici, a toute sa raison d'être : dans un texte politique où sont confrontés partisans et opposants, il est tout naturel de trouver des **champs lexicaux contradictoires (jeu de valorisants/dévalorisants)**.

Pour les partisans, l'auteur va tourner en dérision leur fonction sociale, en les dévalorisant :

FONCTIONS SOCIALES	DÉVALORISANTS
« les paysans »	*« qui croyez en vos foins et mettez/ De la religion dans vos propriétés »*
« le clergé »	*« hurlant* … Daemonem laudamus »
la bourgeoisie avec : • *« ses dignitaires »* • *« ses commerçants »* • *« ses fonctionnaires »*	 *« Maires narquois »* *« dont la balance incorrecte trébuche »* *« Noircisseurs de papier timbré »*
« les militaires »	*« transformés en toutous »*

Pour les opposants, en l'occurrence l'Opposant (Hugo), il va valoriser leur position, en montrant que l'unicité résistante l'emporte sur la pluralité *« bêlante »* :

PLURALITÉ	UNICITÉ
« plates créatures » *« Dans la chute d'autrui »* *« Tout l'univers aveugle »* *« cent millions d'esclaves »* *« Tout une nation »* *« le temple »* *« un peuple »*	*« L'honnête homme »* *« je ne veux pas descendre »* *« le jour »* *« je suis libre »* *« le dernier front »* *« un pilier »* *« un homme »*

Cette dichotomie retourne les valeurs : l'unique et le petit vont représenter le tout et le grand : *« Et le moindre du peuple en devient le plus grand »*, *« Personne n'est tombé tant qu'un seul est debout »*, *« Un Français, c'est la France »*.

Conclusion partielle

Ces antithèses, comme toujours chez V. Hugo, débouchent sur des oppositions à valeurs universelles, qui anoblissent et amplifient le débat, elles représentent la lutte du Bien contre le Mal, du Juste contre l'Injuste, de la Lumière contre les Ténèbres (v. 40).

• La structure logique et rhétorique

– L'aire scripto-visuelle

La succession, massive, de cinquante alexandrins renforce la virulence du propos, l'auteur ne décolère pas, il asséne, emporté par un flot épique, ses coups.
La disposition en deux strophes correspond à une stratégie : question-réponse. Une seule longue phrase de vingt-deux vers aboutit, dans la première strophe, à une interrogation. La seconde strophe y répond.

– Les connecteurs argumentatifs (hormis le *« donc »* du vers 33) sont absents du texte. Il faut que le lyrisme passe, touche, frappe ; la parataxe, avec asyndètes, est tout indiquée pour remplir ce but.
Par contre, puisque nous sommes dans un discours poétique, **les figures de rhétorique** jalonnent le texte. Retenons :
• une longue métaphore filée qui animalise vilement les plébiscitaires : *« Troupeau que la peur mène paître... bestiaux de Panurge... chiens du berger Maupas »* ;
• une multitude de vocatifs (17), souvent en anaphore : l'auteur, en tribun populaire, raille son auditoire, en l'apostrophant ;
• des périphrases ironiques : *« les mâchoires d'une hydre »* (ravage de l'anarchie), *« Cartouche thaumaturge »* (Napoléon III serait un voleur, doublé d'un faiseur de miracles), *« un lâche conquérant »* (toujours Napoléon III) ;
• des parallélismes (v. 2, 5, 9, 19, 24, 49) ;
et, naturellement des antithèses (*cf.* supra).

Conclusion partielle

L'argumentateur accumule, insiste, compare, oppose, c'est déjà une tactique stylistique délibérée pour appuyer son argumentation.

• Les modalités et les buts de l'argumentation

1. Les modalités de l'argumentation

– La thèse exprimée

• Historiquement : c'est le refus par Victor Hugo du plébiscite qui accorde à Louis-Napoléon le pouvoir constituant et la présidence pour dix ans, et qui aboutira à la naissance du second Empire.
• Politiquement : c'est la dénonciation du suffrage universel mal compris qui nivelle tout et la défense de la conscience individuelle, rouage primordial de la démocratie.

– Où est-elle exprimée ?

Elle se trouve, **explicitement**, dans la question oratoire posée aux vers 20 à 22. La France, ce n'est pas ce *« tas de brutes »*, *« le peuple »*, ce n'est pas la foule, donc *« le droit »* n'émane pas de ces *« gens »*.

– L'organisation des arguments

Elle se fait plus au niveau des sentiments que de la logique.
Certes, il y a bien, nous l'avons vu, une structure question-réponse, une progression par induction (ce qu'a fait le VOUS, en général, ce que fait le JE, en particulier), mais c'est, avant tout, autour de trois notions sensibles que l'auteur argumente : l'indignation, la revendication, la conviction.
• **L'indignation** (v. 1 à 22) s'exprime dans la première strophe, faite d'une juxtaposition de dépréciatifs. Hugo dresse le bilan descriptif de ces votants et conclut sur la thèse (faussement interrogative).

• **La revendication** (réponses à la thèse, v. 23 à 36)
Argument 1 : Personne ne peut s'octroyer ce *« droit »* (v. 23/24) ;
Argument 2 : La Vérité et la Liberté reposeront toujours dans le cœur du citoyen (v. 25 à 32) ;
Argument 3 : Que ceux qui le désirent, acceptent le plébiscite, *« l'honnête homme »*, lui, s'en écartera (v. 33 à 36).

• **La conviction** (apparition du JE, v. 37 à 50)
Argument 1 : *« JE »* ne se laissera pas entraîner (v. 37) ;
Argument 2 : Personne ne ME prendra ma liberté (v. 38 à 40) ;
Argument 3 : Argument par analogie : Caton d'Utique (v. 41 à 43) ;
Argument 4 : Le passé glorieux de la nation est encore présent, en un seul homme (v. 44 à 47) ;
Argument 5 : *« Un Français, c'est la France »* (v. 48 à 50)[1].

1. *vers 49 :* allusion au vers fameux de Corneille : *« Rome n'est plus dans Rome, elle est toute où je suis »*. (*Sertorius*, III, 1, v. 936)

2. Les buts de l'argumentation

– Convaincre ou persuader ?

Tout simplement **vaincre**. C'est, non seulement, un face à face entre V. Hugo et Napoléon III, mais aussi un affrontement idéologique, où, aux yeux d'Hugo, il en va de la notion de démocratie qui ne doit pas aliéner l'individu et sa conscience personnelle à la masse.

Sur le plan personnel, l'auteur sera vainqueur, que l'on se souvienne de son retour triomphal, en septembre 1870, de son quatre-vingtième anniversaire, fêté par le peuple de Paris, de ses funérailles nationales.

D'aucuns y verront, peut-être, une certaine mégalomanie, une hypertrophie du MOI (n'en vient-il pas à conclure que Victor Hugo, c'est la France !), mais ce « *dernier front* », cet « *honnête homme* » a bien fait de ne pas « *reculer* », de « [s'accouder] *à l'écart* », la démocratie, elle aussi, y a gagné.

Conclusion partielle

Le proscrit a prescrit et cette prescription portera ses fruits.

• Conclusion

La stratégie argumentative de V. Hugo est celle de l'offensive catégorique : ou l'on se soumet à sa thèse ou l'on se démet.

Elle pose le problème de la République et du suffrage universel, problème toujours d'actualité, dans de nombreux pays !

SUGGESTIONS DE QUESTIONS POUR L'EXAMEN

1. En quoi le principe d'énonciation (jeu de pronoms, marques d'adhésion...) est-il révélateur des prises de position de l'auteur ?

2. Relevez les antithèses. Qu'en déduisez-vous ?

3. Comment sont, selon vous, organisés les arguments ?

TEXTE N° 12 *« Cette tête doit tomber ! »*

APPROCHE DU TEXTE

• Situation

Nous sommes dans la quatrième partie du roman, composée de sept séquences (indiquées par de simples intervalles), la « *Peste* » fait rage, chaque homme réagit à sa façon. Le père Paneloux vient de mourir. Un soir de novembre, Rieux, le médecin, rend visite à son ami Tarrou, ils montent, tous deux, sur la terrasse de la maison, d'où ils découvrent Oran et la mer.

Après une description de la ville, l'auteur laisse dialoguer ses personnages. Tarrou se confie, en toute « *amitié* » à Rieux, en lui précisant, symboliquement, qu'il « *souffrait déjà de la peste bien avant de connaître cette ville et cette épidémie* » ; c'est alors, pour lui, l'occasion de rappeler sa jeunesse et l'un de ses épisodes les plus marquants.

• Identification

C'est avant tout une **démonstration**. Tarrou raconte, mais aussi analyse, sa **narration** glisse vers la **réflexion**. Il s'agit de montrer comment une expérience, qu'il eut à 17 ans, lui fit éprouver de la honte et prendre conscience qu'il était, en quelque sorte, responsable de la mort de tout homme.

RECHERCHE

• Le système énonciatif

– Les marques énonciatives

Un simple relevé arithmétique des déictiques, indiquant la personne qui parle et à qui l'on parle, est des plus révélateurs.

Le locuteur est matérialisé par 69 occurrences (41 JE, 8 ME, 6 M', 5 MOI, 6 MON, toujours associé au père, 3 MA, associé deux fois à la mère).

L'interlocuteur, plus discret, n'apparaît que 3 fois. Le ON, pronom souvent déterminant dans les textes argumentatifs, est aussi mentionné 3 fois.

Mais qui sont ces JE, qui sont ces VOUS, qui sont ces ON ?

Les pronoms personnels et les possessifs relevant de la première personne du singulier désignent, évidemment, Tarrou, l'ami du docteur Rieux, qui se livre à ce dernier, avec une grande sincérité.

Mais ce n'est pas que le narrateur, c'est aussi l'auteur et dans ses comportements les plus privés.

Tarrou s'entretenant avec Rieux, c'est Camus dans ses tête-à-tête amicaux avec René Leynaud. Tarrou ému par « *le hibou roux* », c'est le journaliste qui, lors du procès, regarde avec compassion « *L'Étranger* », Meursault l'inculpé ; or, à propos de ce journaliste, Camus note, en marge du manuscrit, « *C'est moi* ». Cette mère « *simple et effacée* » qui n'est mentionnée que par deux possessifs, c'est celle de Camus, avec qui « *ces rapports suffisent* » (*cf. L'Envers et l'Endroit* et *Le Premier Homme*). Enfin, les « *mille métiers* » de Tarrou, c'est, en partie, la vie de Camus à ses débuts.

Donc, Tarrou argumentant, c'est Camus s'expliquant personnellement.

Les VOUS (l. 19 et 40) s'adressent explicitement à Rieux, mais implicitement aux lecteurs, c'est NOUS qui devons avoir « compris », c'est NOUS qui « atten-

dons » la réaction du narrateur. Nous sommes plus près de l'aparté que de l'apostrophe. Le narrateur a besoin d'un témoin universel.
Cette recherche de la complicité se manifeste aussi avec les ON. Tous, nous sommes des juges *« en robe rouge »*, c'est le ON qui *« allait ... faire »*, qui lui *« coup*(erait) *le cou »*, qui édulcore le terme d'*« assassinat »* par celui, *« poliment »* de *« derniers moments »*. Or, ce ON, c'est *« le nom de la société »*.

– Les procédés de modalisation

En début de phrase, systématiquement, l'auteur nous fait parcourir les étapes mentales de sa réflexion :
« Je crois aussi... », « J'avais accepté... » ;
« Je ne pensais à rien de plus », « J'en avais une idée plus abstraite » ;
« Je n'ai pourtant gardé... », « Je crois qu'il était... » ;
« Bref, je n'insiste pas », « Mais moi, je m'en apercevais » ;
« Je ne puis dire... », « Je n'écoutais presque rien » ;
« Et je compris qu'... », « J'ai longtemps insisté » ;
« Je voulais régler », « Je ne voulais pas être... » ;
« J'ai cru... ».
Ces verbes d'opinion, d'affirmation, de volonté (positifs ou négatifs), nous interpellent puisque nous assistons au processus de son argumentation.
En outre, trois adverbes résument assez bien sa démarche : *« brusquement »*, il prend conscience, *« vraiment »*, il est convaincu, *« calmement »*, il prend une résolution sereine, mais déterminée.

Conclusion partielle

L'omniprésence de l'auteur-narrateur, sa sincérité, nous forcent à accueillir sa thèse. Les VOUS et les ON font de NOUS tous des assassins : la démarche argumentative est en route dès l'énonciation.

• L'organisation lexicale

Dans un texte **démonstratif** qui n'exprime qu'une seule thèse, il est difficile de détecter des **champs lexicaux antithétiques**.
Se crée, cependant, **un système de valorisants/dévalorisants**, dans trois thèmes doninants de la page.

– L'attitude du père :

VALORISANT	DÉVALORISANTS
« sous son meilleur jour »	*« Transformé par sa robe rouge... sa bouche grouillait de phrases immenses... comme des serpents »*

L'image du père s'est dégradée.

– L'attitude du fils :

DÉVALORISANTS	VALORISANTS
• L'image qu'il se fait du tribunal est une image *« naturelle »*, *« abstraite »*.	• Or, il en découvre, par l'inculpé, tout le réalisme atroce avec cet *« hibou effarouché »* et ses particularités concrètes : *« nœud de cravate »*, *« angle du col »*, *« ongles d'une seule main »*
• L'idée de tribunal ne le *« gênait pas »*.	• *« quelque chose me serrait le ventre »*, *« j'avais le cœur malade »*, *« Je ne voulais pas être un pestiféré »*

La pensée du fils s'est révélée.

– L'attitude de la société :

EUPHÉMISMES	RÉALITÉ
« Cette tête doit tomber » *« les derniers moments »*	*« qu'on lui coupât la tête »* *« le plus abject des assassinats »*

Conclusion partielle

Cette dichotomie, dans trois domaines, montre l'évolution des arguments : la justice est dépréciée, le témoin est « réveillé », reste à convaincre la société.

• La structure logique et rhétorique

Dans un récit où apparaît un avocat-général, chargé de requérir dans sa plaidoirie, l'on pourrait s'attendre à une disposition traditionnelle, rhétoricienne.
Il y a, certes :
• un exorde qui présente le thème (§ 1) ;
• un développement qui l'amplifie (§§ 2 à 6) ;
• une péroraison qui conclut sur la thèse (§ 7).
Mais, pratiquement pas de **connecteurs argumentatifs**, comme si dans cette démonstration, l'émotion devait se substituer à la logique, la simple description à l'argumentation.
D'ailleurs, si la page emploie des figures de rhétorique, ce ne sont pas celles de l'organisation, mais celles de l'imagination :
• les métaphores : *« hibou effarouché »*, *« le hibou roux »*, *« Je ne voulais pas être un pestiféré »* ;

• les comparaisons : *« aussi naturel et inévitable qu'une revue de 14 juillet ou une distribution de prix »*, *« un instinct formidable comme une vague me portait à ses côtés »*, *« sa bouche grouillait de phrases immenses, qui, sans arrêt, sortaient comme des serpents »*.

Conclusion partielle

Les sentiments passent avant la structure formelle, le texte se déroule en toute clarté, sans avoir besoin de jalons logiques et rhétoriques trop appuyés.

DÉCOUVERTE

• Les modalités et les buts de l'argumentation

1. Les modalités de l'argumentation

– Les thèses exprimées

Une seule thèse : la prise de position de l'auteur sur le problème de *« la condamnation à mort »*.

Elle est **explicitement** exprimée dans la dernière phrase : *« J'ai cru que la société où je vivais était celle de la condamnation à mort et qu'en la combattant, je combattais l'assassinat »*.

– L'organisation des arguments

Les arguments sont donc distribués progressivement pour aboutir à la thèse, selon **une méthode inductive**.

Le narrateur part du cas particulier d'un inculpé donné, le *« petit homme au poil roux »*, pour aboutir à un cas général, car *« régler un compte avec le hibou roux »*, c'est régler un compte avec *« la société... de la condamnation à mort »*. La démarche argumentative serait alors la suivante :

§1 : mise en place du récit ;

§2 : *argument 1 :* on juge un homme qui *« était vivant »* ;

§3 : *argument 2 :* or, l'on va tuer *« cet homme vivant »* ;

§4 : *argument 3 :* donc, l'on va commettre un *« assassinat »* ;

§§5 et 6 : retour aux rapports qu'entretient le narrateur avec son père et sa mère ;

§7 : *argument 4 :* l'auteur ne veut pas cautionner cet assassinat, *« Je ne voulais pas être un pestiféré »*. D'où la thèse conclusive : *« en combattant... la condamnation à mort »*, il combat *« l'assassinat »*.

2. Les buts de l'argumentation

Il s'agit, naturellement, de faire adhérer les lecteurs à l'abolition de la peine de mort. C'est plus par le biais de l'affectivité, de l'émotion, que de la logique pure, que Camus nous **persuade**.

L'attitude de Tarrou, dans cette sixième séquence, est, en quelque sorte, un modèle proposé. Il est celui qui *« essaie d'être un meurtrier innocent »* et qui aspirerait, comme beaucoup d'autres, à être un héros, ou *« un saint sans Dieu »*.
En prétendant que notre *« société »* est *« celle de la condamnation à mort »*, Tarrou-Camus élargit les buts de son argumentation.
En effet, cette *« condamnation à mort »* est le symbole de tous les malheurs collectifs qui peuvent s'abattre sur une communauté humaine ; la condamnation à mort, c'est la *« Peste »*, sous tous ses aspects.
La guerre est le premier de ces malheurs collectifs. La date même du roman et des événements racontés autorise cette interprétation, ainsi que presque tous les éléments du récit, dont la valeur symbolique paraît l'emporter sur la réalité objective, sans toutefois la faire oublier. La Ville envahie et fermée, ses habitants prisonniers, dont les comportements sont différents, les enseignements qu'on peut tirer de cette épreuve, tout cela correspond à la France occupée par les Allemands (on a pu reprocher à Camus de les avoir assimilés à des rats), coupée en deux zones, et divisée entre ceux qui résistaient, ceux qui subissaient et tentaient de survivre, et ceux qui collaboraient, ou cherchaient à tirer profit de la situation.
La Seconde Guerre mondiale à peine terminée, au lendemain de la Libération, c'est déjà la guerre froide. Les guerres d'indépendance des anciennes colonies, les autres conflits qui commencent et vont se succéder sans interruption à travers le monde, justifient la dernière phrase du roman. Non, *« le bacille ne disparaît jamais »*, et la guerre est bien l'un des fléaux les plus anciens, les plus menaçants et peut-être éternels, que connaissent les hommes.
La peste comprend en elle aussi tous les autres, que ce soient les tyrannies et les systèmes d'oppression de toute sorte, les catastrophes naturelles ou les calamités (la sécheresse ou les sauterelles, entraînant la famine), ou bien la condition humaine elle-même et le tragique absurde de l'existence. Finalement, l'épidémie (celle de cette société de la condamnation à mort) résume, comme l'a dit Camus lui-même, *« tous les démentis catégoriques que le destin oppose à nos rêves de bonheur »*, dans un livre qui *« se lit sur plusieurs portées »*.

Conclusion partielle

L'argumentation de Camus, en partant d'un exemple bien précis et personnel, ouvre des perspectives philosophiques universelles et, malheureusement, éternelles.

• Conclusion

« J'ai longtemps insisté sur ce début parce qu'il fut en effet au début de tout » : voilà la phrase qui résume le mieux la **stratégie argumentative** de Camus.
À travers Tarrou, faisant partie de ceux qui résistent, il remue la conscience universelle et fait de cet *« homme révolté »* le porte-drapeau d'une philosophie généreuse et humaniste.

C'est lui qui éprouve, peut-être plus que tous, le sentiment d'appartenir à une vaste communauté, où chaque individu est responsable de ce qui arrive au reste de l'humanité, l'autre, c'est *« l'homme »*, comme lui, et la solidarité repose sur *« la sympathie »* (en grec, *sympathéia* = le fait de souffrir avec). Ce personnage pourrait dire, comme celui d'une pièce de Térence : *« Je suis homme ; rien de ce qui est humain ne m'est étranger »*, ou bien encore reprendre à son compte l'épigraphe du roman d'Hemingway : *« Ne demande pas pour qui sonne le glas. Il sonne aussi pour toi »*.
Voilà pourquoi la **stratégie argumentative** de Camus est toujours d'actualité.

SUGGESTIONS DE QUESTIONS POUR L'EXAMEN

1. Comment le système de l'énonciation (surtout par le jeu des pronoms) annonce-t-il déjà la stratégie argumentative de l'auteur ?
2. Quels sont les indices (verbes, adverbes…) qui marquent le mieux, le degré d'adhésion, de conviction que le narrateur porte à son argumentation ?
3. Faites une étude lexicale des termes valorisants et dévalorisants. Qu'en concluez-vous ?
4. Quelle est la thèse exprimée ? Comment l'est-elle ? Comment sont organisés les arguments ?
5. Quels sont les buts de cette argumentation ? Qu'en pensez-vous ? (*cf.* travaux proposés, n° 3, page 181).

TEXTE N° 13 « La cigale »

APPROCHE DU TEXTE

• Situation

Jean Anouilh est principalement un dramaturge qui a classé ses œuvres en *Pièces roses*, *Pièces noires*, *Pièces brillantes*, *Pièces grinçantes*.
Il n'est peut-être pas étonnant qu'un tel homme ait pris goût à cette mise en scène d'un type différent, mais peu éloigné du théâtre, qu'est la fable.
Il s'agit, ici, d'une parodie humoristique de la première et de la seconde fables du Livre I des *Fables* de La Fontaine (*« La Cigale et la Fourmi »* et *« Le Corbeau et le Renard »*), rebaptisée : *« La cigale »*, tout simplement.

• Identification

Ce texte appartient, donc, au genre de la fable et en possède les caractéristiques : un récit souvent dialogué pour illustrer un point de vue moral.
Le dialogue repose sur une **argumentation**, en partie **contradictoire** et, comme ici, non **dénuée d'ironie,** voire **d'humour**.

RECHERCHE

• Le système énonciatif

Il s'appuie, comme assez souvent dans la fable, sur une **polyphonie** à deux voix, celle du récitant et celles des intervenants.

– Les marques énonciatives
Le récitant n'apparaît volontairement pas par le JE, pour laisser la parole à ses personnages, il se contente d'introduire et de commenter le dialogue.
La question du « Qui parle à qui ? » n'intéresse que les intervenants, c'est-à-dire le dialogue qu'instaurent la cigale et le renard.
• Le renard parle en premier, comme un directeur d'entretien. Il a la finesse de faire valoir son interlocutrice en la matérialisant, courtoisement, 8 fois, par des VOUS, VOTRE, VOS, en partageant son sort par un NOUS (v. 18) complice et en s'effaçant, presque, personnellement (3 JE, 1 MOI).
• La cigale, elle, répond avec des marques énonciatives semblables, mais inversées. C'est elle qui prime par 9 fois (7 JE, 1 MIEN, 1 MON), qui réplique au NOUS de complicité par un ON d'ironie, qui s'adresse à son interlocuteur par 3 VOUS de froideur, 3 VOTRE d'intérêt, et qui conclut par 2 ON de généralité « morale ».
Ainsi, s'il y a équilibre dans le temps de paroles (17 vers pour l'un, 14 vers pour l'autre), il y a déséquilibre dans le système d'énonciation ; un renversement s'est opéré.

– Les procédés de modalisation
Chaque argumentateur personnalise son adhésion à sa thèse par un système verbal approprié.
• Le renard emploie, d'un côté, le conditionnel chafouin pour amadouer (v. 17, 26, 30), de l'autre, l'impératif injonctif pour hâter l'affaire (v. 23, 27, 28, 30).
• La cigale affirme et ordonne, un point c'est tout (*« j'entends »*, 2 occurrences, *« je sais »*, *« je veux »*).

Conclusion partielle

> Un système énonciatif qui marque une nette opposition et surtout un renversement des valeurs.

• L'organisation lexicale

Des **champs lexicaux opposés** s'agencent pour esquisser un portrait et des comportements.

• Un portrait :

CIGALE	RENARD
« Tout enfantine et minaudière » *« l'œil froid… un regard d'acier »* *« au sourire charmant »*	*« Tout sucre et tout miel »* *« qui se croyait cynique »*

• Les comportements :

RENARD	CIGALE
« Respect pour votre art » *« l'argent… un aspect bien trivial »* *« dons de poésie »* *« Vous qui planez »* *« votre art »* *« votre génie »* *« sacrifier… aux muses »*	*« que la chose rapporte »* *« taux d'intérêt »* *« bénéfice »* *« mon tas d'or grossisse »* *« discuter du contrat »* *« en cas de non-paiement »* *« échéances »*

Pour le portrait, le changement s'opère progressivement à l'intérieur de chaque personne.
Pour les comportements, l'aspiration de l'un devient celle de l'autre, il y a eu échange de vocabulaire.

Conclusion partielle

Nous assistons, à nouveau, à un jeu de renversements des valeurs : la Cigale devient Renard, le Renard aspire à devenir Cigale.

• La structure logique et rhétorique

Pas de **connecteurs argumentatifs**, il ne s'agit pas de démontrer mais plutôt de séduire, par l'apologue.
La **structure logique** est celle, traditionnelle, de la fable :
- une mise en place introductive : l'exorde (v. 1 à 8) ;
- un dialogue en deux temps : l'argumentation (v. 9 à 55) ;
- une morale : la péroraison (v. 56/57).

Cette même « disposition » à l'antique se retrouve dans la tirade de chacun des protagonistes.

Le renard argumente en trois points :
• une introduction de circonstance, intéressée, (v. 14/15) ;
• un développement argumenté (v. 16 à 29) ;
• une conclusion courtoise et flatteuse (v. 30/31).
La cigale n'est pas de reste :
• un *incipit* incisif (v. 36 à 38) ;
• une succession d'ordres et de constations (v. 39 à 44) ;
• une clôture impérative (v. 39 à 44).
D'ailleurs, **l'aire scripto-visuelle** fait rechampir cette disposition classique par les espaces strophiques.

Conclusion partielle

Un récit structuré dans son ensemble et dans ses parties, mais sans formalisme appuyé.

DÉCOUVERTE

• Les modalités et les buts de l'argumentation

1. Les modalités de l'argumentation

– La ou les thèses exprimée(s)

Distinguons la thèse du narrateur et les thèses des argumentateurs.
• La thèse du fabuliste est de tirer des « leçons ». L'on peut penser à certains proverbes : *« Tel est pris qui croyait prendre »*, *« L'habit ne fait pas le moine »*, à certaines formules : *« Les temps changent »*, *« O tempora ! o mores ! »*. Mais il s'agit, surtout, dans l'esprit d'Anouilh, de prendre *a contrario* la morale de La Fontaine (*cf.* le travail d'écriture proposé à la page 186).
• Les thèses des argumentateurs.
Thèse 1 (celle du renard) : confiez-moi vos économies (v. 24) ;
Thèse 2 (celle de la cigale) : révisez vos théories !

– L'organisation des arguments

• Le renard mène un raisonnement par **déduction**. Il part d'idées générales pour aboutir à un cas particulier : attachement global à *« l'art »* et aux *« artistes »* (v. 15), *« d'autres »* se chargeront de *« gérer »* leurs économies, donc, *« moi »*, (qui fait partie de ces *« autres »*), je m'occuperai de *« vous »*.
• La cigale conduit son raisonnement par **induction**. Elle part de son cas personnel (récurrence des JE), le met directement en rapport avec le financier (VOUS), *« conclut »* sur une généralité intéressante (les ON).

2. Les buts de l'argumentation
– Convaincre, persuader ?
Amuser principalement.
Par la **parodie** d'une fable illustre, ce qui laisse supposer que l'on connaisse *« La Cigale et la Fourmi »*, pour que **l'implicite** devienne clair.
Par **l'humour ou l'ironie** que caractérisent :
- les jeux de mots qui modulent des expressions connues (v. 6, 50) ;
- les progressions cocasses : au vers 13, le renard *« crut qu'il tenait la bonne affaire »*, à la chute (v. 56/57), il ne croit plus, mais *« il apprend »* ;
- les souhaits hypocrites, comiquement réalisés (v. 31, 57) ;
- le mélange de registres de langue : langage soutenu presque lyrique et poétique du financier, langage prosaïque et économique de l'artiste ;
- les situations comiques (v. 47/48) : la cigale, par anticipation, *« a »*, déjà, *« la peau »* du renard ;
- les fausses illusions (v. 51).

Conclusion partielle

> Toujours un jeu d'oppositions, de retournement, mais placé sous le signe du divertissement et non de l'argumentation sérieuse et rhétorique.

• Conclusion

Un texte argumentatif qui a, en apparence, toutes les caractéristiques de ce genre. Cependant, par l'aspect théâtral de la fable, par le ton parodique, la **stra-tégie argumentative** dépasse les procédés traditionnels pour n'avoir plus qu'un but : divertir (comme le précise l'auteur dans son *« Avertissement hypocrite*[1] »).

SUGGESTIONS DE QUESTIONS POUR L'EXAMEN

1. En quoi le système d'énonciation (marques personnelles, emplois de ON…) est-il révélateur de la stratégie argumentative des deux personnages ?
2. Étudiez la structure générale de la fable et des deux parties dialoguées, en particulier. Qu'en déduisez-vous ?
3. Comment chaque personnage conduit-il son argumentation ?

1. Si vous voulez prolonger votre « divertissement », lisez, dans ce recueil de Jean Anouilh, une autre version de « La Cigale et la Fourmi », au titre inversé, « La fourmi et la cigale ».
Laissez-vous, aussi, tenter par ces apologues cocasses que sont : *« Les trois lions »*, *« Le procès »*, *« L'écrevisse amoureuse »*, *« La girafe et la tortue »*, *« Napoléon et la puce »*…

3

TRAVAUX D'ÉCRITURE SUR UN TEXTE ARGUMENTATIF

PRÉSENTATION DU CHAPITRE

Tous sont en rapport avec les **textes** présentés dans le chapitre précédent, et, de façon plus ou moins évidente, avec les **questions**, qui constituent, à l'examen, la première partie de l'épreuve.
Une **compréhension profonde de chacun de ces textes**, déjà observé « méthodiquement », est donc indispensable. Néanmoins une lecture supplémentaire, en vue d'une **saisie plus globale**, s'impose, avant le **choix du sujet**.

Les **travaux proposés**, chaque fois ou presque, sont au nombre de trois :

1. Étude descriptive de l'argumentation, que ce soit pour un **résumé** (total ou partiel), faisant apparaître l'enchaînement des éléments du texte autour d'une **idée centrale**, ou/et pour l'**analyse** de ces éléments, mis en lumière et illustrés par des exemples.

2. Discussion de l'argumentation, portant sur l'ensemble, ou sur un élément de cet ensemble, sur les arguments eux-mêmes ou sur la façon dont ils sont présentés.

3. Élargissement de la discussion, ouverture de la réflexion étendue à des problèmes connexes, actuels, et impliquant un engagement personnel.

Parmi les sujets présentés, et les devoirs-types, certains sortent quelque peu des sentiers battus : ce sont en particulier des travaux **d'amplification, de réécriture ou d'imitation**, permettant d'expliciter l'implicite (ou ce que l'on appelle « le non-dit »), et de mettre en évidence la **manière**, parfois aussi intéressante que les **idées** de l'auteur.

Il s'agit aussi de donner, non seulement à l'**esprit méthodique**, capable d'**argumenter** et de **conduire un raisonnement**, mais à d'autres qualités, littéraires, qui méritent également d'être prises en considération, une occasion de s'exercer : **l'imagination, la fantaisie, le goût de l'écriture**.
D'ailleurs, les deux ne s'excluent pas. Et, pour revenir à des considérations scolaires, plus pratiques, l'attention est attirée, chaque fois, sur l'**introduction**, la **conclusion** et les **phrases de transition**, passages qui ressortent, grâce à des moyens faciles à reconnaître, et qu'il faut particulièrement soigner dans un **devoir d'examen clairement construit et solidement charpenté**.

TRAVAUX PROPOSÉS SUR CHAQUE TEXTE

TEXTE N° 1, (page 19)

La peinture du moi

TRAVAUX PROPOSÉS

1. Donnez de ce texte de 39 lignes, un **résumé de 10 lignes** environ, qui fasse apparaître une **idée centrale**, autour de laquelle s'ordonnent tous les arguments présentés par Montaigne.

2. Discussion
À plusieurs reprises dans les *Essais*, Montaigne affirme, comme dans ce texte, sa volonté de donner au lecteur de son livre une peinture *« sincère et pure »* de soi-même (ligne 35).

Examinez la fécondité et les limites de ce projet, qualifié de « *sot* » par Pascal, et de « *charmant* » par Voltaire.

3. Élargissement de la discussion
De nombreux écrivains, parmi les plus grands, ont choisi d'être, comme Montaigne, « *la matière de* [leur] *livre* ». Lesquels connaissez-vous, entre autres ? Quelles sont les différentes formes de ce choix, dont on peut se demander s'il se justifie ou s'il s'impose ? Vous appuierez le plus souvent possible vos observations sur des exemples précis.

POUR L'EXAMEN

On pourra proposer, réunis, les sujets 1 et 2, ou 1 et 3.
On consacrera, par exemple, 30 à 40 minutes à la préparation et à l'élaboration du résumé, le texte ayant été lu et relu pour la première partie de l'épreuve.
Il faudra bien 1 heure et 1/2 ou 1 heure 3/4 pour traiter suffisamment, sans l'épuiser bien sûr, le sujet 2 ou 3.
Notation possible : sur les 10 points,
– 2 ou 3, pour le résumé,
– 7 ou 8, pour le sujet 2 ou 3.

● Sujet 1

→ Voir les indications dans *Tout le français au lycée* (même collection, pages 120 à 122) : poser les **jalons** indiquant les divisions possibles, en **une seule phrase**.
« Les autres forment l'homme... Meshui c'est fait. I *Or, les traits de ma peinture ... de minute en minute.* I *C'est un contrerôle... en apprentissage et épreuve.* II *Je propose une vie basse... des effets de nature crus et simples ?* I *Au moins, j'ai ceci selon la discipline... et l'ose un peu plus en vieillissant.* / *Ici, nous allons conformément... qui touche l'un, touche l'autre.* » II (6 divisions = 6 phrases).

Je ne veux pas réformer l'homme, mais en dépeindre un, tel qu'il est, avec ses imperfections. I Comme toute chose au monde, il change à chaque instant. I Je m'efforce donc de donner de moi des images différentes, peut-être contradictoires, mais toujours fidèles à la vérité. I Certes, ma vie n'a rien d'exceptionnel, mais **comme chaque être est un échantillon de la nature humaine, dont il porte la marque,** j'ai raison de parler de moi, de ce que je suis, et non du personnage public. I C'est un sujet que je connais parfaitement, et que je traite avec toute la sincérité dont je suis capable. I Mon livre et moi ne faisons qu'un. II (8 – 9 lignes)

→ Les barres de séparation (I) correspondent aux divisions indiquées plus haut. La phrase **en gras** exprime l'idée centrale.

• Sujet 2

La connaissance de soi était, pour les Anciens, la clé de la sagesse, et donc du bonheur. *Gnôthi séauton* (en grec, *connais-toi toi-même*), formule inscrite au fronton du temple d'Apollon à Delphes, était la devise de Socrate. Montaigne l'avait faite sienne. Ses *Essais* illustrent de façon remarquable cette étude de soi, menée avec sincérité et poussée aussi loin que possible... Jusqu'au point où, peut-être, elle se heurte au mur de l'impossible. ||

L'utilité d'une telle entreprise est évidente : apprendre à se connaître, avoir conscience de ses qualités et de ses faiblesses, de ses propres limites, permet de mieux faire face aux événements, de mieux jouir de la vie, bref d'acquérir la maîtrise de soi, dont les philosophes de l'Antiquité faisaient la première vertu du sage. Montaigne n'a cessé de rechercher cette connaissance, par le moyen d'une introspection pénétrante mais aussi par l'expérience et par l'étude : « *Il y a plusieurs années que je ne contrôle et n'étudie que moi ; et si j'étudie autre chose, c'est pour soudain le coucher en moi.* […] *Je ne cherche aux livres que la science qui traite de la connaissance de moi-même.* » (II, 6 et 10) ||

Tout cela ne peut s'admettre que si la sincérité dans l'exécution du projet est totale. Montaigne très souvent affirme qu'elle l'est, qu'il n'a pas déformé la vérité, qu'il n'a rien cherché à cacher, car « *la pire de* [nos] *actions et conditions ne* [lui] *semble pas si laide comme* [il] *trouve laid et lâche de ne l'oser avouer* » (III, 5). Cependant, il est facile de le prendre en flagrant délit de mensonge, au moins par omission ou de le mettre en contradiction avec lui-même. C'est que l'entreprise est difficile, il le reconnaît plus d'une fois : on change « *de jour en jour, de minute en minute* » ; on n'ose peut-être pas tout dire, même si « [on] *l'ose un peu plus en vieillissant* ». En fin de compte, il paraît impossible d'être à la fois sujet et objet : le JE, comme dit Rimbaud, « *est un autre* », un autre que le MOI qu'il dépeint. Une partie de nous doit nous échapper, quelle que soit l'acuité de notre introspection, et Narcisse est toujours condamné à l'erreur. ||

C'est pourquoi le projet de Montaigne a été diversement jugé. Pascal le trouvait : « *sot* », mais sans doute reprochait-il surtout à l'auteur des *Essais* de se complaire dans sa médiocrité – « *Je me tiens de la commune sorte, sauf en ce que je m'en tiens* » (II, 17) –, de se satisfaire un peu trop facilement du « *Que sais-je ?* » de l'agnostique et du sceptique, attitude qualifiée d'après Montaigne lui-même de « *doux et mol chevet … à reposer une tête bien faite* » (III, 13), au lieu de chercher à dépasser tout cela par la foi religieuse. On peut comprendre que l'homme de Port-Royal n'ait pas supporté cette « *nonchalance du salut* » de celui qu'il traitait de « *païen* » (*Entretien avec M. de Saci sur Épictète et Montaigne,* 1655). Mais comment lui faire grief de ne pas avoir cherché la vérité dans la Religion, à une époque où elle donnait lieu au fanatisme et à la guerre civile ? ||

Voltaire, en revanche, approuvait le projet de Montaigne ; il le trouvait même *« charmant »*, car, en se peignant *« naïvement »* – le mot pour lui n'était pas péjoratif, bien au contraire –, *« il a peint la nature humaine »* (*Lettres philosophiques*, lettre 13, « Remarques sur les *Pensées* de M. Pascal », 1734). Encore faut-il admettre l'idée d'une nature humaine universelle et éternelle, ce dont Montaigne et Voltaire eux-mêmes doutaient fortement. Mais il est vrai que ce dernier devait se plaire à prendre parti contre Pascal, pour défendre Montaigne dont le plus grand tort, aux yeux du *« misanthrope sublime »* (*ibidem*) était probablement de vouloir être heureux, d'aimer la vie et de ne pas se haïr soi-même. ||

Tel est finalement le but visé, qui donne tout son sens et la raison d'être à cette peinture de soi. Constater les difficultés ou les impossibilités rencontrées dans l'accomplissement du projet ne revient pas à condamner le projet lui-même, ni pour son auteur, ni pour ses lecteurs. *« Et quand personne ne me lira, ai-je perdu mon temps de m'être entretenu tant d'heures oisives à pensements* [= pensées] *si utiles et si agréables ?... Ai-je perdu mon temps ? »* (II, 18).
En apprenant à se connaître, on apprend aussi à s'accepter ou à se réconcilier avec soi-même.
Ce n'est pas *« perdre son temps »*, c'est faire un premier pas, ou peut-être beaucoup plus, vers la sagesse et le bonheur. ||

• Sujet 3

Dans toute œuvre littéraire, les relations entre l'auteur, le ou les personnage(s) et le lecteur méritent d'être étudiées attentivement. Cette étude est particulièrement intéressante quand l'auteur et son personnage ne font qu'un, quand le premier est, pour reprendre l'expression de Montaigne, *« la matière de* [son] *livre »* (« Avis au lecteur », édition de 1580), et qu'il choisit, comme lui, de parler de soi. ||

Ce choix peut revêtir différentes formes, à commencer naturellement par des œuvres plus ou moins comparables aux *Essais*, où l'auteur se *« récite »* et se *« représente »*, en employant le plus souvent la 1re personne. **Ce sont les mémoires, les journaux, lettres ou blocs-notes**, destinés ou non à être publiés. Les plus grands écrivains y ont consacré, en marge de leur création, parfois au centre de celle-ci, une part importante de leur temps et de leur réflexion. Les deux exemples les plus saillants, peut-être, d'entreprises de ce genre sont les *Confessions* de J.-J. Rousseau (1782) et les *Mémoires d'outre-tombe* de Chateaubriand (1848-1850).
Dans chacun de ces testaments – leur publication est posthume –, le lecteur observe la même affirmation de sincérité totale, le même désir de faire la vérité sur soi et de se justifier aux yeux des autres, en réglant quelques comptes person-

nels, le même plaisir nostalgique de revivre des moments heureux – ou moins heureux – et de faire revivre des êtres aimés. On peut y trouver un éclairage qui permet de mieux comprendre, de l'intérieur en quelque sorte, les autres œuvres de l'auteur, et, en même temps que la peinture d'un homme et d'une époque, une incitation à réfléchir sur soi et sur son temps. *« Chaque lecteur est, quand il lit, propre lecteur de soi-même »,* disait Marcel Proust. ||

Le poète lyrique exprime également ses sentiments personnels, s'analyse, s'interroge. Il est aussi son propre personnage : Olympio n'est autre que Victor Hugo lui-même ; *Les **Contemplations*** sont « *les mémoires d'une âme* » (*Préface* du recueil).
Dans les *Méditations* de Lamartine, dans les *Nuits* de Musset, dans les *Fleurs du Mal* de Baudelaire, comme dans les recueils de Verlaine, de Rimbaud et d'Apollinaire, pour ne citer qu'eux, il est facile de reconnaître les souffrances, les angoisses, les aspirations du poète. Et si les thèmes traités (la nature, le temps, les amours, la mort, Dieu, l'idéal) sont des lieux communs, le lecteur sent bien que chaque poème vient du cœur, du MOI profond de celui qui l'a écrit. ||

Ce MOI transparaît même dans des œuvres où l'auteur ne se représente pas directement, à la 1re personne, et semble, au contraire, vouloir s'absenter, s'effacer de sa création. Tel est le cas des satires ou des fables, de la poésie épique, de la comédie ou du roman. Les portraits de certains types sociaux révèlent la personnalité de La Fontaine, de La Bruyère ou de Boileau, leur haine de la vanité, de l'imposture et de la sottise. Les grands tableaux des *Châtiments* sont animés par les sentiments de Victor Hugo, son admiration pour Napoléon Ier, aussi grand dans la victoire que dans la défaite, son attachement à la liberté, et son mépris pour l'usurpateur, l'homme du 2 décembre 1851, *« Napoléon-le-Petit ».*
Les accès de colère d'Alceste et la sagesse souriante de Philinte, l'ambiguïté de nombreux personnages de ses comédies, montrent aussi les deux aspects du caractère de Molière, à la fois gai et désabusé. De même, les étonnements, les doutes les indignations de Micromégas ou de Zadig, de Candide ou de l'Ingénu, sont ceux de Voltaire, également partagé entre le désespoir et l'envie de tourner en dérision cette absurde tragédie de l'existence. Et les romans de la *Comédie humaine, Le Rouge et le Noir*, *Madame Bovary*, *Les Misérables* ou la série des *Rougon-Macquart* nous en apprennent autant sur les idées de Balzac et de Stendhal, de Flaubert, Hugo ou Zola, que sur la personnalité de Rastignac ou de Julien Sorel, d'Emma, de Jean Valjean ou de Gervaise. À travers l'histoire de ces héros, ce que l'on découvre, ce sont les sentiments du romancier, sa haine de l'injustice et de l'esprit bourgeois, toute la réprobation que lui inspire la recherche de la réussite et de l'argent, dans une société qui écrase les idéalistes et les faibles. Il n'est pas rare d'ailleurs que l'auteur fasse irruption – ou intrusion, diront certains – dans son récit pour commenter plus ou moins longuement les événements, les pensées ou les actes du héros ; Stendhal et Hugo, comme Proust et Camus étaient assez coutumiers du fait. ||

L'écrivain semble donc naturellement, presque inévitablement conduit à parler de soi, de manière directe ou indirecte. Pourtant, nombreux sont ceux qui se sont élevés contre cette tendance, considérant qu'elle révélait une faiblesse d'inspiration, opposée à l'ambition de créer, de faire une œuvre durable – *« make an opus »*, disait Stendhal – et d'aller à la rencontre d'un large public. *« J'éprouve une répulsion invincible à mettre sur le papier quelque chose de mon cœur »* écrivait Flaubert à George Sand. Mais on connaît surtout le mot fameux, lancé comme une boutade, dans une conversation avec une certaine Amélie Bosquet : *« Madame Bovary, c'est moi, d'après moi ! »*. Quant à la dame de Nohant, elle lui répondait : *« Ne rien mettre de son cœur dans ce que l'on écrit ? Je ne comprends pas du tout, oh ! mais pas du tout. Moi, il me semble qu'on ne peut pas y mettre autre chose. »* ||

Le lecteur, en tout cas, n'est pas gêné par cela. Pour lui, le MOI de l'auteur n'est pas *« haïssable »*. Au contraire, il le recherche, et quand il le reconnaît, c'est un peu de lui-même qu'il fuit et qu'il découvre en même temps. *« Hypocrite lecteur, mon semblable, mon frère ! »*, disait Baudelaire, dans son *Avis* à celui *des Fleurs du Mal.* ||

TEXTE N° 2, page 20

La sincérité et le mensonge

TRAVAUX PROPOSÉS

1. Analyse des arguments
Montrez que l'opposition des arguments est aussi et surtout celle du caractère et de l'humeur présente des deux personnages.
À qui seriez-vous tenté de donner raison ?

2. Illustration et discussion des arguments
Montrez, en vous servant des exemples que vous connaissez, que la plupart des comédies de Molière illustrent la sévérité sans nuance des propos d'Alceste, notamment dans les vers 19 à 21 et 29 à 33.
On peut donc comprendre que Rousseau ait reproché à l'auteur d'avoir ridiculisé *« un véritable homme de bien »*, et présenté comme *« le sage de la pièce »* celui qui ferme trop facilement les yeux sur les défauts de ses semblables (*Lettre à d'Alembert sur les spectacles*, 1758).

3. Élargissement de la discussion
« *Toute vérité* » est-elle toujours « *bonne à dire* », et le mensonge est-il toujours haïssable ?
Montrez, en particulier, qu'il y a plusieurs formes de mensonge, plus ou moins acceptables, et tâchez d'aboutir à une prise de position claire et nette.

POUR L'EXAMEN

On pourra proposer :
– les sujets 1 ou 2, en limitant la discussion à la pièce ou à d'autres comédies, probablement connues ;
– les sujets 1 ou 3, et 2 ou 3, en offrant l'opportunité de poser la question, soit dans le cadre d'un examen de la pièce et du théâtre de Molière, soit dans celui d'une réflexion générale ;
– le sujet 3 uniquement, ce qui n'empêche nullement, bien au contraire, des références à la pièce ou à d'autres œuvres.

• Sujet 1

Dès le début du *Misanthrope*, Alceste se dispute avec son seul ami, Philinte : il lui reproche les manières et le langage hypocrites dont il vient de faire une fois de plus la démonstration, en manifestant une estime et une tendresse excessives à quelqu'un qu'il connaissait à peine. ||

La règle qu'il proclame est claire et nette ; elle ne souffre aucune entorse : un homme doit être sincère et n'exprimer que ses vrais sentiments. Celui qu'il met en accusation tente de se justifier en soutenant qu'il est des occasions où l'on ne peut dire tout ce qu'on pense, et qu'il faut avoir un peu plus d'indulgence pour les défauts de ses semblables. Aucun des deux, on le voit bien, ne peut convaincre l'autre. ||

C'est que l'opposition des principes repose sur celle des caractères de ces personnages ; elle s'explique aussi par certaines circonstances particulières. Alceste a un tempérament colérique. Il ne peut ni ne veut maîtriser ses impulsions. Il se présente comme « *l'ennemi du genre humain* » ; il ne s'en cache pas, il s'en vante plutôt. Mais, malgré le sous-titre de Molière lui-même, dans l'édition de 1667, il ne convient pas de voir en cet « *atrabilaire amoureux* » un homme vieillissant – il a un peu plus de 25 ans –, aigri, insupportable et ennuyeux : si tel était le cas, comment séduirait-il Célimène et Éliante ?
Il est de méchante humeur et il a de bonnes raisons de l'être : il va perdre injustement un procès, et, on le saura bientôt, la jeune femme dont il est épris vient de se conduire à peu près de la même façon que Philinte. ||

Celui-ci, comme son nom le suggère (en grec, *phil-* = l'ami, opposé à *mis-* = celui qui hait) pourrait se définir comme *« l'ami du genre humain »*. Il est surtout celui d'Alceste, dont il s'efforce de calmer la colère, et avec qui il forme un couple antithétique – l'autre étant celui du misanthrope et de la coquette. D'un naturel patient, voire flegmatique, il admet qu'on puisse déguiser ou taire la vérité, mais ce n'est pas par goût du mensonge et de l'hypocrisie. En fait, cet homme du monde aimable, poli, entend vivre le plus agréablement possible dans la société telle qu'elle est, sachant qu'il ne pourra pas la changer, car :

«... c'est une folie à nulle autre seconde
De vouloir se mêler de corriger le monde. » (vers 58 - 59)

Et comment reprocher aux autres leurs défauts, quand on n'est pas soi-même parfaitement irréprochable ? ||

À qui des deux donner raison ? L'un a sûrement tort de s'emporter, de partir en croisade pour un oui ou pour un non, mais il est intègre, et son attitude ne manque pas d'une certaine grandeur d'âme, car il est exigeant en tout, en amitié comme en amour. Ses désillusions et ses échecs le rendent digne de compassion, sinon d'approbation réelle. En revanche, on pourra trouver que Philinte, qui certes a du bon sens, et qui paraît plus sympathique, donne un peu trop facilement l'absolution à ceux qui sauront toujours justifier leurs mensonges. ||

Faut-il vraiment choisir ? Nous préférerons le courage et le désir de sincérité de celui qui, par sa souffrance et la conscience de ses propres faiblesses, expie en quelque sorte ses excès déraisonnables, plutôt que l'indulgence souriante de *« l'ami du genre humain »*, même s'il ne mérite peut-être pas la violente sortie que lui fait Alceste. ||

• Sujet 2

Dès le début et tout au long de la pièce, le personnage principal du *Misanthrope* ne cesse de proclamer la haine que lui inspire la société des hommes, où il ne trouve :

« Qu'injustice, intérêt, trahison, fourberie ». (vers 21)

Propos et sentiment qui peuvent paraître excessifs, et que l'on mettrait sur le compte du caractère ou de la mauvaise humeur d'Alceste, s'ils ne se trouvaient pas justifiés, quoi qu'on en dise, par les autres comédies de Molière. ||

Il n'y en a aucune où, pour plusieurs raisons, de différentes manières et avec des fortunes diverses, les personnages ne mentent pas, ne trompent pas et ne cherchent pas à profiter de la crédulité ou de l'aveuglement de leur victime.
Faux médecins, faux maîtres de chant, faux turcs, fausses lettres, fausse demande de rançon...

Certes, il s'agit le plus souvent de servir une juste cause, de défendre les droits de l'amour contre une autorité abusive ou bien d'ouvrir les yeux de celui à qui sa manie ôte toute lucidité. Mais il y a aussi les Dorante, les Tartuffe et Don Juan, qui mentent et qui trompent par intérêt et par calcul, pour séduire ou pour tirer profit de leur hypocrisie. Pour le plaisir aussi, même les valets ou les servantes dévoués, soucieux avant tout d'aider leurs jeunes maîtres, s'amusent, certainement autant que le spectateur, à jouer la comédie, à inventer des histoires ou à se déguiser. ||

La plupart du temps, il est vrai que les victimes méritent bien d'être trompées, et la morale – si morale il y a – est sauve. Mais la fin justifie-t-elle tous les moyens ? Celui qui est dupé n'est-il pas, comme Monsieur Jourdain, Harpagon ou Argan, un homme seul, face à une coalition ?
Cela ne le rend pas pour autant sympathique, ni ne le fait plaindre, mais peut faire comprendre, dans une certaine mesure, **la réaction de Rousseau** qui, dans sa *Lettre à d'Alembert sur les spectacles* (1758), s'irrite de voir la vertu, selon lui, malmenée et Alceste ridiculisé, alors que Philinte passe pour *« le sage de la pièce »*. **Libre à chacun de se faire son idée**, mais on peut dire qu'à aucun moment Molière ne nous fait vraiment rire aux dépens de son personnage principal, tandis que nous trouvons souvent grotesques les paroles ou le comportement de Monsieur Jourdain ou d'Arnolphe. Simplement, nous constatons un divorce plus pathétique que comique entre un discours « pur et dur » et la réalité qui s'impose à l'homme épris de vérité : il vit dans un monde où l'hypocrisie est partout, il est amoureux d'une coquette qui se complaît dans le mensonge, et, dans une certaine mesure, il trahit ses principes en l'aimant malgré tout ce qu'il voit en elle de détestable. Philinte, paraît plus lucide, mais il n'est pas certain que Molière ait voulu nous faire adhérer totalement à ses propos. ||

Ce qui est sûr, et c'est peut-être la seule certitude à retenir de la pièce, comme de toutes les autres comédies, c'est qu'il est très difficile, pour ne pas dire impossible, d'être absolument sincère, dans le monde tel qu'il est.
Ceux qui disent la vérité, souvent parce qu'ils y ont été frauduleusement conduits, tels Maître Jacques, Élise et Cléante dans *L'Avare*, Agnès et Horace dans *L'École des femmes*, auraient plutôt à regretter leur franchise, comme certains personnages de Racine ou de Beaumarchais. On s'explique mieux alors que ceux de Marivaux choisissent délibérément de se cacher sous un masque, non pas tant pour tromper les autres que pour se protéger eux-mêmes. ||

● Sujet 3

*« **Je veux qu'on soit sincère**, et qu'en homme d'honneur*
On ne lâche aucun mot qui ne parte du cœur. » (vers 1 - 2)

Telle est la profession de foi d'Alceste qui, dans la première scène du *Misanthrope*, reproche sévèrement à son ami Philinte de mentir, comme tout le monde, et d'avoir trop d'indulgence pour le mensonge. **Est-il bien raisonnable de se montrer aussi intransigeant ?** ||

Certes, il est courant de dire que le mensonge est haïssable, que c'est une attitude lâche et méprisable. On ment le plus souvent pour éviter une sanction, parce qu'on a honte de ce qu'on est ou de ce qu'on a fait. On ment aussi par intérêt, pour parvenir plus sûrement à ses fins, aux dépens de celui qu'on cherche à tromper, ou bien pour se faire valoir, pour attirer l'attention sur soi, comme les valets qui se font passer pour leurs maîtres, dans *Les Précieuses ridicules*. Dans tous ces cas, le désir de faire du tort ou le mépris de l'autre est une forme condamnable de l'égoïsme, du manque de courage ou de la vanité. ||

Mais il y a des circonstances où l'on se sent, de bonne foi, presque obligé de mentir, ou d'excuser le mensonge, voire de l'approuver, parce que, comme dit un vieux proverbe grec, *« toutes les vérités ne sont pas bonnes à dire »*.
Peut-on en vouloir à celui qui ne dit pas exactement tout ce qu'il pense, pour ne pas vexer ou faire de la peine ? Comment dire à celui qui vous a fait un cadeau, que ce cadeau ne vous plaît pas du tout, aux amis qui vous ont invité, que le dîner était médiocre et la conversation ennuyeuse ? Au lieu de cela, vous les remerciez, en prenant congé, pour cette « charmante soirée »..., bien content qu'elle soit terminée.
Un médecin, un avocat ou un prêtre ne sont-ils pas tenus de cacher ce qu'ils savent, ou même de mentir, dans l'exercice de leurs fonctions, et le prisonnier interrogé, en temps de guerre, n'a-t-il pas le droit, sinon l'obligation morale, de ne pas dire la vérité ? ||

Il y aurait donc des mensonges permis, de *« pieux mensonges »*, par politesse, par charité ou par devoir, qui consisteraient surtout à dissimuler plutôt qu'à déformer cette vérité. Et l'intransigeant Alceste lui-même y a recours dans la scène suivante où, pendant un long moment, il refuse d'écouter le sonnet d'Oronte, puis de dire ce qu'il en pense – du mal, évidemment. Il est vrai aussi que le mensonge est souvent une solution de facilité, dont l'efficacité peut tenter l'homme d'action, pour qui seul le résultat compte.
C'est ce que, peu avant la fin des *Mains sales* de J.-P. Sartre (1948), le vieux chef de parti, un peu cynique mais réaliste, explique au jeune militant, idéaliste :
« Je mentirai quand il le faudra... le mensonge, ce n'est pas moi qui l'ai inventé... Ce n'est pas en refusant de mentir que nous abolirons le mensonge... » (acte V, scène 3). ||

Cependant, même si *« à dire vérités et mensonges, les vérités seront les dernières crues »*, comme le prétend un proverbe régional, il vaut mieux préférer la franchise.
On enseigne de bonne heure aux enfants que *« faute avouée est à demi pardonnée »*, et le menteur, comme le personnage de la comédie de Corneille, prisonnier de ses mensonges, risque de s'enferrer à tout moment. On finira par ne plus le croire, même quand il dit la vérité ; ou, dupe de ses propres inventions, et perdant peu à peu, sans en avoir conscience, le sens du réel, il deviendra ce qu'on appelle un mythomane. Il s'expose surtout à éprouver ce sentiment de honte et ce dégoût de soi dont parle Rousseau, en évoquant, longtemps après, des épisodes peu glorieux de sa jeunesse, notamment l'histoire du *« ruban volé »*, à la fin du livre II des *Confessions* (publication posthume en 1782 et 1789) :
« [je crois que] *mon aversion pour le mensonge me vient en grande partie d'en avoir pu faire un aussi noir*[1] ». ||

Comme dit Montaigne, *« Je me fais plus d'injure en mentant que je n'en fais à celui à qui je mens »* (*Essais*, livre II, chapitre 17, « De la présomption »). **Dire la vérité**, afin de conserver le respect de soi, même si cela n'est pas toujours facile, est donc le meilleur parti à prendre. Peut-être pas *« toute la vérité »*, car on a bien le droit, après tout, de garder pour soi ce que l'on pense, et, jusqu'à un certain point, ce que l'on sait, mais *« la vérité, rien que la vérité »*. C'est finalement ce que semble vouloir Alceste. ||

TEXTE N° 3, page 23

Tirade du donjuanisme

TRAVAUX PROPOSÉS

1. Analyse et discussion des arguments
Distinguez nettement les différentes raisons de son comportement que donne Don Juan, et appréciez chacune d'elles, en montrant bien que l'on passe constamment de la confession sincère, acceptable ou presque, à la mauvaise foi et au cynisme provocateur.
Quelle représentation du héros tout cela permet-il de se faire, en début de pièce ?

1. Jean-Jacques Rousseau, âgé de 16 ans en 1728, est laquais chez Madame de Vercellis. Trouvé en possession d'un petit ruban volé, appartenant à la première femme de chambre de sa maîtresse, il ment effrontément et soutient que l'objet lui a été offert par une pauvre fille, employée aux cuisines, la jeune Marion. Avant cet épisode, il a plusieurs fois manifesté un fâcheux penchant pour le vol et le mensonge (livres I et II des *Confessions*).

2. Élargissement de la discussion
Dans le langage courant, que signifie un « don Juan » ?
Le « donjuanisme », tel qu'il est ici défini par le personnage même qui lui donne son nom, vous semble-t-il compatible avec l'idée qu'on peut se faire de l'amour et du bonheur ?
Vous accompagnerez, aussi souvent que possible, votre réflexion de nombreux exemples empruntés au théâtre, au roman ou à la poésie.

POUR L'EXAMEN

On proposera le choix entre ces deux sujets.
– Le premier demande que le texte soit scruté attentivement, afin que l'analyse permette de distinguer les arguments qu'il contient. Au cours de cette étude objective, on aura l'occasion d'exprimer, sans trop s'étendre, ses réactions de lecteur ou de spectateur. Et si certaines remarques à propos d'autres moments de la pièce peuvent être utiles, il faut que l'essentiel de cette étude soit concentré sur le passage donné, et non pas dispersé sur l'ensemble de l'œuvre.
– Le second fait appel à une connaissance de la pièce et de son personnage. Mais il est aussi l'occasion de réfléchir sur d'autres œuvres connues, romans, comédies ou tragédies, recueils poétiques, dans lesquelles le héros ou le poète cherche, à travers une passion unique ou plusieurs « conquêtes amoureuses », quelque chose de plus important à ses yeux, qu'il trouve ou qu'il ne trouve pas.

• Sujet 1

Dans certaines pièces, le héros se fait attendre : Tartuffe n'apparaît qu'au début du troisième acte, mais, auparavant, les autres personnages nous ont appris sur lui tout ce qu'il faut savoir.
Don Juan, au contraire, se présente lui-même, dès la deuxième scène, dans un face à face avec son valet, qui durera, à travers toutes les péripéties de l'action, jusqu'au dénouement. ||

S'agit-il d'une confession sincère, qui le rendrait plutôt sympathique, presque attachant ? Est-ce une déclaration cynique et provocante, qui le ferait paraître odieux, confirmant la sévérité des propos tenus par Sganarelle, dans sa conversation avec Gusman (dans la scène précédente) ? Le spectateur, comme le valet, ressent constamment ces deux impressions mêlées, en écoutant, et plus tard en regardant agir Don Juan. ||

L'aveu qu'il fait de sa sensibilité aux charmes féminins n'a rien de choquant. Il y a même quelque chose d'émouvant dans la façon souvent lyrique dont il parle de toutes ces *« beautés »* auxquelles il ne peut pas résister, de cette

« douce violence » qui le *« ravit »*, au double sens du mot, et qui l'*« entraîne »*. Car le plaisir d'aimer est d'abord celui des yeux, l'émotion esthétique, qui précède et fait naître le désir. **L'affirmation qui suit en est la conséquence naturelle, et présentée comme telle :** le cœur, après les yeux, est touché. Séduit, il ressent le besoin de séduire, de posséder ce qui l'attire, chaque fois qu'*« un beau visage »* a suscité cette envie. Quoi de plus normal, en effet, que d'**aimer** ce qui est ***« aimable*[1] »**, c'est-à-dire « qui mérite d'être aimé », et non pas simplement « agréable » ou « sympathique » ? Il y a une sorte de naïveté, d'enthousiasme juvénile, dans le fait de reconnaître que l'on se sent, presque malgré soi, *« un cœur à aimer toute la terre »* ou bien qu'on les donnerait tous *« si* [on] *en avai*[t] *dix mille »*. Il y a là de quoi sourire plutôt que s'indigner. ||

Mais chaque fois qu'on pourrait se laisser séduire par le séducteur, une remarque cynique, dure et provocante, nous empêche de céder à cette tentation. Tout ce que la plupart des honnêtes gens respectent est foulé aux pieds par Don Juan. La fidélité est *« un faux honneur »*, *« la constance n'est bonne que pour des ridicules »*. N'aimer qu'une seule femme revient à *« s'ensevelir pour toujours »* ; c'est *« être mort dès sa jeunesse »*.

Mais tenir ce langage, c'est aussi approuver le parjure, l'adultère, et nier le caractère sacré que la religion reconnaît au mariage, quand il est dit que « l'homme ne séparera pas ce que Dieu a uni ».

La mauvaise foi, l'orgueil et le cynisme qu'affiche Don Juan effacent peu à peu l'impression plutôt favorable que pouvaient donner sa franchise et sa naiveté, à vrai dire bien hypocrites.

Il justifie d'abord son infidélité et ses inconduites en prétendant – mais est-ce bien sérieux ? – que ce serait *« faire injustice aux autres »* que de rester attaché à une seule femme, comme si elles souhaitaient toutes être séduites et abandonnées, afin de pouvoir bénéficier, leur tour venu, de ses faveurs !

Il explique le plaisir qu'il prend à séduire en le comparant au succès d'une entreprise militaire, ce que suggère d'ailleurs la double acception des mots *« conquête*[s] *»* et *« conquérants »*. Sa *« Carte du Tendre*[2] *»* ressemble à une carte d'État-Major, où le stratège en campagne note toutes les opérations de jour en jour, les combats livrés, les résistances rencontrées et le terrain gagné, jusqu'à la victoire finale. Le champ lexical que l'on remarque entre les lignes 21 et 36 indique bien que pour Don Juan, l'amour n'est que le paravent qui cache l'amour-propre : pour lui, les relations avec les femmes, qu'au fond il méprise, se réduisent à un rapport de force, destiné à faire apparaître sa supériorité sur ce « sexe faible », ce *« deuxième sexe »*, comme l'écrit Simone de Beauvoir (1949).

---

1. Sens très courant dans la langue classique : *Dictionnaire de l'Académie* (1694), celui de Furetière (1690), *Polyeucte* (II, 2, v. 495), *Le Misanthrope* (II, 1, v. 462), *Les Femmes savantes* (V, 1, v. 1518), etc.
2. Dans *Clélie* (1654-1660), le roman de Madeleine de Scudéry, la référence des cercles précieux de l'époque : *« le pays du Tendre »* est un pays allégorique, traversé par un fleuve du même nom, où sont indiqués tous les chemins de l'amour, et les étapes que doivent suivre les parfaits amants.

C'est pourquoi il reconnaît – ceci étant à la fois la cause et la conséquence de cela – que seules *« les inclinations naissantes ont des charmes »*. Passé l'exaltation de ces premiers moments, « *nous nous endormons dans la tranquillité* », et « *tout le beau de la passion est fini* ». De là vient l'envie de nouvelles aventures, de nouvelles conquêtes, car « *tout le plaisir de l'amour est dans le changement* » : telle pourrait être la devise de Don Juan, qui servirait à définir ce qu'on nomme le « donjuanisme » (voir le sujet 2). ||

Que pouvons-nous penser, en fin de compte, d'une telle profession de foi ? Don Juan, peut-être en veine de confidences, a besoin de Sganarelle, son serviteur et son complice, pour l'accomplissement de ses projets immédiats, mais s'il se montre bien disposé à son égard, au point d'accepter le dialogue, en aucun cas il ne cherche à se justifier ni à se faire approuver. Tout semblerait plutôt indiquer qu'il s'amuse à surprendre, à choquer, voire à scandaliser cet homme simple, aux préjugés étroits, incapable, certes, de raisonner comme un grand seigneur.
Ses raisonnements, on l'a vu, sont en partie défendables. Le séducteur, lui-même séduit, peut invoquer pour sa défense le fait qu'il est entraîné par une force contre laquelle il ne peut rien, que cet attrait est naturel, et que tout le monde y « *cède* » plus ou moins « *facilement* » : c'est ce que signifie l'emploi répété des pronoms **on** et **nous**, à valeur généralisante, à côté de **je**, dont ils sont également les substituts[1].
Il est vrai aussi que la passion s'épuise, au fil du temps, et qu'on peut regretter l'ivresse, le bonheur fou des premiers moments, que remplacent souvent les habitudes de la vie commune, l'indifférence et l'ennui. ||

Cela, malgré tout, ne rend pas Don Juan digne d'approbation et de sympathie. Mais ce n'est pas non plus ce qu'il cherche, ni ce que souhaite Molière.
Tout en revendiquant fièrement sa liberté, le héros prétend s'affranchir des règles que respectent ces « *ridicules* » dont il ne fait pas partie et il mène une autre quête, d'une autre nature.
Quant à Molière, par cette confession qui s'adresse, non pas à Sganarelle, mais, à travers lui, au public, il est clair qu'il a voulu donner de son Don Juan une image juste. C'est celle d'un homme ni trop bon ni trop méchant, « *d'une bonté médiocre* », comme les personnages de Racine[2], capable à la fois de séduire, d'inspirer une certaine sympathie, et de faire naître un sentiment de désapprobation, sans aller jusqu'à provoquer la haine ou l'horreur.
C'est ainsi que nous aurons à juger jusqu'au bout les propos et les actes de Don Juan, héros dont l'ambiguïté se manifeste dès sa première apparition. ||

1. Voir la question sur le système énonciatif, pages 50 et 51.
2. Voir, dans cette même partie, les pages 134 à 140.

• Sujet 2

Nous utilisons dans le langage courant, comme noms communs certains noms propres, sans majuscule, au singulier ou au pluriel[1]**.** Nous parlons d' « apollons » ou d' « hercules », de « mentors » ou de « mécènes », de « tartuffes » et de « don Juans », sans nous référer nécessairement à ces figures de la mythologie, de l'histoire ou de la littérature. Et si ces identifications sont le plus souvent, en partie seulement justifiées, elles permettent d'exprimer de façon plus frappante des particularités que les uns ou les autres partagent entre eux comme avec ces héros qui les symbolisent. ||

Par « don Juan » – sans majuscule –, nous entendons ainsi un séducteur, un libertin ou un aventurier, qui multiplie les *« conquêtes amoureuses »* (ligne 36)**, comme le héros de Molière, sans autre mobile que le désir de conquérir, pour le plaisir d'y parvenir, et sans engagement durable.**
Il s'est même créé, à la fin du XIXe siècle, un néologisme dérivé de ce nom pour qualifier la manière d'être et d'agir d'un tel personnage, sa philosophie en quelque sorte : « le donjuanisme ». C'est cette conception que Don Juan lui-même expose clairement au début de la pièce. Le spectateur, qu'il l'approuve ou qu'il la rejette, se demandera jusqu'à la fin, en le regardant faire et en l'écoutant parler, si cet homme est heureux, s'il se reconnaît en lui ou s'il souhaiterait se trouver à sa place. ||

Cela dépend évidemment de l'idée qu'on se fait du bonheur. Si tout le monde est d'accord pour convenir, avec Socrate et les Anciens Grecs, que sa recherche est le but primordial, peut-être même unique de la pensée et de la vie, les opinions sur les moyens d'y parvenir sont très diverses, voire opposées. La plupart du temps cependant, on pense que chacun vise à s'accomplir, à réaliser les virtualités qui sont en lui, à rendre effective l'harmonie souhaitée entre ce qu'il est et ce qu'il veut être, entre ce qu'il a et ce qu'il désire, entre soi et le monde, celui d'ici et celui des idées, au sens où l'entendait Platon.
On ne conçoit généralement pas cela sans donner à l'amour, forme supérieure de cette harmonie, et à la femme qui l'inspire, une place de première importance. Le bonheur ou le malheur d'une vie, aux yeux de la plupart des gens, sont liés à la nécessité de les trouver, plus qu'à la fortune et à la réussite sociale.
Un autre sentiment profondément humain est la volonté de durée, de permanence des instants heureux, la croyance, même illusoire, qu'il est possible de résister au temps et de le vaincre, selon le vœu du poète *« Ô Temps, suspends ton vol ! »*. ||

Or, précisément le « don Juan » rejette tout cela, comme le héros de la pièce. La femme n'est qu'un objet, destiné à donner du plaisir ; elle n'est là que

1. C'est ce qu'on appelle **antonomase**, figure comparable à la **métaphore** et à la **métonymie**.

pour être conquise, par tous les moyens, le plus rapidement possible, et abandonnée aussitôt après. On est à l'opposé de la maîtresse idéalisée, inaccessible et tyrannique, devenant elle-même un « don Juan », qui impose toutes sortes d'épreuves – dans les deux sens du mot – et une longue attente à son fidèle amant, dans les romans et les salons précieux de la première moitié du XVIIe siècle[1].
Il ne croit pas à l'amour unique, à la passion de toute une vie, qui unit, même au-delà de la mort, Tristan et Iseut, ou les héros de la littérature courtoise du Moyen Âge. Il ne croit même pas à l'amour, bien qu'il emploie ce mot. Il ne recherche que le plaisir, la jouissance du moment.
À plus forte raison, le mot « bonheur », qu'il n'emploie pas, pour lui ne signifie rien. Don Juan ne projette pas dans la durée ce plaisir de l'instant, cette satisfaction qui, aussitôt ressentie, appelle de nouvelles aventures. Aventures dont la répétition tend à faire oublier ce qu'elles ont de passager, donc forcément d'imparfait ou d'inachevé. ||

Cette attitude, qui consiste à désacraliser l'amour, à ravaler la femme, fait penser à celle d'autres personnages, héros de romans ou bien poètes, à propos desquels on peut également parler de « donjuanisme », bien que leur personnalité, leurs façons d'agir et leurs mobiles soient différents.
Que ce soit Rastignac ou Julien Sorel, Bel-Ami ou Octave Mouret, tous se servent, délibérément, de leur pouvoir de séduction pour se faire une place dans le monde. Et s'ils sont eux-mêmes séduits, leur attachement n'est sincère ou ne dure que le temps pendant lequel leur liaison leur est utile. Passé ce temps, ils entreprennent d'autres conquêtes qui les aideront à réaliser leurs ambitions. L'amour, pour eux, est avant tout un moyen de réussir leur ascension sociale, et l'on ne peut même pas dire que la recherche du plaisir soit toujours ce qui compte le plus.
Pour Valmont et son inspiratrice, la marquise de Merteuil, dans *Les Liaisons dangereuses* (1782), le but de la séduction est, conformément à l'origine du mot[2], de séparer, de détourner quelqu'un de ses principes ou de sa destinée, de surprendre l'ingénuité, de corrompre la vertu et de vaincre la pudeur ou les scrupules. Faire le mal pour le mal, pour le plaisir de le faire, est, pour ces deux êtres pervers, plus cyniques encore que le personnage de Molière, une façon de se rejoindre, selon les règles d'un jeu cruel et … dangereux.
Lorsqu'enfin on voit se substituer à l'amour la recherche systématique du plaisir, le besoin de sensations nouvelles, toujours plus fortes, pour satisfaire

1. Les romans d'Honoré d'Urfé, de Melle de Scudéry et de Mme de La Fayette (*La Princesse de Clèves*). Le salon de la marquise de Rambouillet et de sa fille Julie d'Angennes (qui imposa 15 ans d'attente à son amant, le duc de Montauzier avant de l'épouser). Mais tout n'était pas ridicule ou excessif dans cette recherche du raffinement et de la délicatesse, en vue de « donner du prix » aux sentiments et à la personne humaine, notamment à la femme. La préciosité est aussi un mouvement « féministe ».
2. Le préfixe latin **se-** (ancienne préposition) exprimant la séparation, dans ce mot lui-même, comme dans **sécession, séduction, séquestration**.

toutes sortes de fantasmes, cela conduit, soit au « sadisme » – encore un dérivé, comme « donjuanisme », du nom d'un personnage –, soit au dégoût de soi et de la chair, de la vie elle-même : c'est le *« spleen »* baudelairien, qui pèse sur toutes les aspirations de l'homme à l'« idéal »[1]. ||

Il est très difficile d'imaginer tous ces héros, ainsi que Don Juan, heureux. Ils sont, par nature, insatisfaits, insatiables, comme ces conquérants ambitieux, *« qui volent perpétuellement de victoire en victoire, et ne peuvent se résoudre à borner leurs souhaits ».* Mais ces victoires sont amères, et si, pour reprendre la phrase de Pascal, le séducteur *« aime mieux la chasse que la prise »*, il ne tarde pas à découvrir, dans le changement même, une impression d'uniformité qui fait naître l'ennui. Il est, pour citer encore Pascal, cet homme malheureux sans *« divertissement »* – et *« la conversation* [= la fréquentation] *des femmes »* en est un, au même titre que le jeu, la guerre ou la recherche des *« grands emplois ».* Mais *« un instinct secret »* l'avertit que ce divertissement *« est la plus grande de nos misères »*, qu'il n'est pas le bonheur, et qu'il *« nous fait arriver insensiblement à la mort »* (*Pensées*, fragments 139 et 171, classement Brunshvicg).
C'est pourquoi il y a toujours quelque chose de grave, de désespéré et de désespérant, dans toutes ces histoires d'hommes et de femmes – car le « donjuanisme » n'est pas l'apanage exclusif des hommes –, héros sans illusions, incapables de jouir longtemps et pleinement de ce qu'ils substituent à l'amour. ||

Qu'ils réussissent ou non dans leurs entreprises, tous ou presque échouent dans ce que Stendhal appelle *« la chasse au bonheur »*. La plupart rejettent même cette idée, et en reçoivent la punition – céleste ou humaine – comme Don Juan ou Valmont et la marquise de Merteuil, comme Julien Sorel ou encore Perdican et Camille, dans la pièce de Musset (1834). Tous apprennent à leurs dépens qu'*« on ne badine pas avec l'amour »,* qu'il n'y a pas d'amour sans don de soi, sans l'abandon de cet *« amour-propre »* qui est – les comédies de Marivaux le montrent – son principal ennemi, et sans l'estime ou la tendresse, prenant le relais de la passion lorsque celle-ci s'est émoussée… ||

C'est ce que suggère La Fontaine, à la fin de sa fable des *« Deux pigeons »* (IX, 2) :

« Amants, heureux amants…
[…]
Soyez vous l'un à l'autre un monde toujours beau,
Toujours divers, toujours nouveau »…

Cela n'est peut-être pas facile, mais personne n'a dit que le bonheur était facile, ni qu'il était donné par la Providence. Il faut d'abord y croire et le vouloir, même si cela implique une certaine naïveté, une fraîcheur d'âme et une pureté dont tous ces « don Juans » paraissent singulièrement dépourvus. ||

1. Voir, dans *L'oral de français au bac* (même collection), l'étude des *Fleurs du Mal*.

TEXTE N°4, page 24

***Préface* du *Tartuffe* (1669)**

TRAVAUX PROPOSÉS

1. Amplification d'un passage
Développez l'argument présenté dans la phrase ***« d'un bout à l'autre... que je lui oppose »*** de façon que votre texte puisse aussi bien que possible s'insérer dans la préface, à la suite de la ligne 21.
Vous continuerez donc à employer la première personne, en prenant la place de Molière.

2. Élargissement de la discussion
Dans quelle mesure vous semble-t-il exact de dire que :
« l'emploi de la comédie est de corriger les vices des hommes » et que ***« le théâtre a une grande vertu pour*** [leur] ***correction »*** (lignes 25 à 28) ***?***
Appuyez, le plus souvent possible, vos remarques sur des exemples précis empruntés à *Tartuffe* et aux autres comédies que vous connaissez sans doute.

POUR L'EXAMEN

On offrira le choix entre les deux sujets. Le premier est centré sur *Tartuffe*, l'une des pièces qu'on étudie le plus souvent dans le second cycle. Le deuxième donne l'occasion de revenir sur les autres comédies probablement lues et expliquées, depuis le premier cycle.
Dans les deux cas, évidemment, le texte proposé doit rester présent à l'esprit, et la réflexion personnelle est sollicitée.

• Sujet 1

« [...] *il ne dit pas un seul mot, il ne fait pas une action, qui ne peigne aux spectateurs le caractère d'un méchant homme et ne fasse éclater celui du véritable homme de bien que je lui oppose.* »

Tartuffe n'entre en scène qu'au début du IIIe acte, mais avant cet instant, il n'est question que de lui, de la tyrannie qu'il exerce dans la maison, de l'austérité qu'il prétend y faire régner, et que démentent son physique et son appétit. Il mange *« autant que six »*, il est *« gros et gras »*, il a *« le teint frais et la bouche vermeille »*. C'est ainsi que le décrit la servante Dorine (I, 2 et 4), bien différent de l'idée qu'on se fait de l'ascète ou du mystique ! Orgon raconte comment il a été touché et séduit quand il l'a remarqué la première fois, à cause *« des soupirs et des grands élancements »* qui attiraient l'attention de tous, dans une église (I, 5). Et son beau-frère Cléante tente vainement de lui faire comprendre que la vraie dévotion, au contraire, a des manières plus discrètes (I, 5). ||

Le premier geste et les premières paroles, toujours si importants, confirment tout à fait cette présentation. Tartuffe demande à ce Laurent qui l'accompagne de *« serrer* [sa] *haire avec* [sa] *discipline »*, afin de bien faire voir qu'il possède, comme tout bon pénitent, ces instruments de mortification (III, 2). À Dorine, il tend pudiquement son mouchoir, pour qu'elle cache « *ce sein qu'*[il] *ne saurai*[t] *voir* ». Tout cela encore est trop ostentatoire pour être sincère, et le spectateur avisé comprend clairement que cet homme est un imposteur. ||

Cela est d'autant plus évident que, jusqu'au dénouement, les pensées, les paroles et les actes du personnage sont en totale contradiction avec cette pieuse attitude. Sa vraie nature, sensuelle, son attachement aux plaisirs de la chair, car il faut bien reconnaître que la chair est faible, vont finir par le perdre. Les deux scènes où il tente de séduire Elmire (III, 3 et IV, 5) le montrent manifestement : alors qu'il vient de se dire choqué par la vue d'une gorge quelque peu découverte, il tâte avec insistance l'étoffe d'une robe... et le genou qu'elle cache. Comme quoi on peut *« être dévot »* et n'en être *« pas moins homme »* (v. 966) ! L'utilisation qu'il fait du langage de la religion à des fins toutes profanes, sa façon de dire qu'on peut toujours trouver *« des accommodements »* avec le Ciel (v. 1488), qu'il suffit d'être prudent, de ne pas se faire prendre, ses élans enflammés (v. 933 à 960), quand il ne se contrôle plus, tout cela indique, sans qu'on puisse se méprendre, que Tartuffe est un hypocrite, qui s'intéresse bien moins au salut de l'âme et à ses aspirations élevées qu'aux appétits du corps et à leur satisfaction immédiate.
De même, sous son apparent désintéressement, celui d'un homme qui a fait vœu de pauvreté pour lui-même et prétend consacrer tout ce qu'il possède à des œuvres de charité, c'est la cupidité qui se fait jour. Il a beau dire à Cléante : *« Tous les biens de ce monde ont pour moi peu d'appas »* (IV, 1, v. 1239), il ne refuse ni un mariage avantageux (III, 4), ni la donation intégrale de la fortune de son bienfaiteur (III, 7).
Et lorsqu'il est enfin démasqué, il n'hésite pas à chasser celui-ci de sa propre maison (IV, 7, v. 1557), ni à le dénoncer pour le faire arrêter.
Il faudrait donc être dépourvu de jugement ou de la plus grande mauvaise foi pour voir en un tel homme un vrai dévot. ||

Le vrai dévot ressemble à ceux que dépeint Cléante (I, 5, v. 382 à 407). C'est aussi Orgon lui-même. Cet honnête bourgeois, ce pur chrétien, fréquente les églises, non pour s'y faire remarquer, comme Tartuffe, mais pour se recueillir

et pour prier. Il est différent de sa mère, Madame Pernelle, qui n'est qu'une bigote acariâtre et ridicule, comme cette Daphné ou cette Orante dont on parle dans la première scène, qui n'observent leur voisine que pour la critiquer, ou qui, l'âge venant, prétendent renoncer au monde, parce que le monde les a quittées.
Il est charitable, généreux ; il ouvre sa maison, il veut faire le bien et vivre en suivant les préceptes de l'Évangile. Tout au plus peut-on lui reprocher son excès de confiance et son entêtement aveugle. Mais ce n'est pas la marque d'une profonde sottise ; c'est la preuve qu'un homme bon ne peut pas concevoir qu'on veuille faire le mal, surtout quand il a affaire à un hypocrite qui porte si bien le masque de la dévotion.
Mérite-t-il une punition ? Non. Une leçon ? Oui. Celle-ci n'aura pour effet que de lui ouvrir les yeux et de l'engager à être plus prudent à l'avenir. D'ailleurs, tout s'arrange pour lui, à la fin, car il eût été choquant que la vertu fût punie et que le vice triomphât. ||

Je ne pense pas qu'on puisse dire que j'aie représenté ce personnage sous un jour ridicule, ni que, partant, je me sois moqué de ce qui mérite le respect. Certes, on rit quand Orgon répète *« Et Tartuffe ?... Le pauvre homme ! »*, chaque fois que Dorine lui rapporte que celui-ci, pendant son absence, a bien mangé, bien dormi, et qu'il se porte comme un charme (I, 4). On rit aussi de sa posture et surtout de ses mimiques lorsque, caché sous une table, il écoute surpris, incrédule, stupéfait, indigné, la déclaration sans équivoque de Tartuffe à Elmire (IV, 5). Mais rien de cela n'est très méchant, et il faut bien, dans une comédie, amuser le spectateur, à qui il n'est pas interdit de prêter un peu plus de jugement qu'à celui qu'il voit sur la scène. ||

Nous sommes au théâtre, n'est-ce pas ? – dans le domaine de la fiction poétique, ou, s'il m'est permis d'utiliser ce titre de notre illustre aîné, dans l'univers de *« l'illusion comique »*[1]. Si certains veulent voir dans tout cela, dans chaque détail de ma pièce, une peinture de la réalité, où ils croient se reconnaître, et s'ils se sentent visés, c'est peut-être parce qu'ils font partie de ces gens qui se servent de la religion à des fins plus ou moins avouables. Car mon Tartuffe existe, je l'ai rencontré.
Mais de grâce, qu'ils aient la bonté, ou l'honnêteté de m'accorder que je ne suis pas cet hérétique, cet ennemi de Dieu, qu'ils voudraient envoyer au bûcher ! ||

1. *L'Illusion comique* (1636), la comédie de Corneille, que Molière et l'*Illustre Théâtre* ont longtemps jouée. Le personnage central est Matamore, le soi-disant héros, tueur de Mores, en réalité le fanfaron peureux, qu'un rien fait trembler, dont Corneille déclare, non sans humour, « *qu'il ne se trouve point d'original parmi les hommes* », et qu'il n'a d'existence que dans l'illusion d'une comédie où rien n'est vrai.

• Sujet 2

Dans sa *Préface* de 1669, Molière répond à ceux qui ont *« longtemps persécuté »* **son *Tartuffe*, depuis sa création, en 1664 :** sa pièce, dit-il, n'est pas une attaque contre Dieu, la Religion et ceux qui s'y consacrent de bonne foi. Puis, élargissant le débat, il soutient que *« l'emploi de la comédie est de corriger le vice des hommes »*, et que du reste, elle a déjà montré qu'elle pouvait avoir *« une grande vertu pour* [leur] *correction »*. Opinion bien entendu contestée par ses adversaires, et qui d'ailleurs prête à la discussion. ||

***« Castigat ridendo mores » :* elle corrige les mœurs par le rire.** On connaît la formule du poète Jean de Santeul, contemporain de Molière, formule souvent attribuée par erreur à Horace. **Le théâtre comique aurait donc deux fonctions également importantes, amuser et instruire, instruire en amusant.**
Pour que cela soit vrai, il faut que le spectateur puisse trouver dans le spectacle présenté, de la vérité ou de la vraisemblance, que la vertu y soit peinte sous un jour qui la fasse aimer et les vices, comme dit Racine, *« avec des couleurs qui en fassent connaître et haïr la difformité »* (*Préface* de *Phèdre*, 1677).
Et certes, ces vices, petits ou grands, tels qu'on peut les observer autour de soi, dans les différents milieux de la société, aujourd'hui comme hier, sont largement représentés dans les comédies de Molière. L'hypocrisie, au premier rang sans doute, la méchanceté, la jalousie et la cupidité, le désir de paraître, par simple et sotte vanité, pour sacrifier à une mode, ou bien l'orgueil qui s'affirme en bravant délibérément ce que les autres révèrent, on y trouve tout cela.
Tartuffe, Don Juan, Dorante ou Trissotin profitent de la confiance ou de l'admiration qu'ils inspirent pour tromper leurs victimes et pour obtenir d'elles tous les avantages qu'ils souhaitent. Les pères ou les tuteurs autoritaires abusent de leur pouvoir pour imposer leur volonté aux jeunes gens, qui doivent s'y soumettre contre leurs sentiments. Et ceux qui ont des manies ou des passions, comme Harpagon, Monsieur Jourdain ou le Malade Imaginaire, en même temps qu'ils font le malheur de ceux qui les entourent, préparent leur propre punition. ||

Car la fin est toujours morale et de nature à satisfaire le spectateur, qui souhaite que les méchants soient punis. Ils le sont et leurs projets échouent. **Mais si le vice *« ne paie pas »*, on ne peut pas affirmer pour autant que la vertu soit peinte sous un jour des plus attirants.** Les personnages francs et honnêtes, qui sont souvent autant coupables ou responsables que victimes, n'inspirent pas une approbation sans mélange.
Orgon, dans une certaine mesure, mérite ce qui lui arrive : « Il ne l'a pas volé ! », diront certains. Alceste, malgré la protestation indignée de Rousseau[1], n'est peut-être pas ce *« véritable homme de bien »*, que Molière n'aurait pas dû ridiculiser,

1. Dans sa *Lettre à d'Alembert sur les spectacles* (1758), Rousseau attaque vivement les *Fables* de La Fontaine et les comédies de Molière : il leur reproche de tourner la vertu en ridicule, de rendre le vice séduisant, et de dérouter le lecteur ou le spectateur, qui risque de se tromper sur les vraies intentions de l'auteur.

alors que Philinte, qui s'accommode de tout et qui excuse tout, est donné comme le sage à imiter[1]. La haine des hommes, les excès et les accès de colère du Misanthrope ainsi que ses contradictions, empêchent qu'on souscrive pleinement à ses beaux discours sur la sincérité et sur la vertu.
Il y aurait donc, au moins, une certaine ambiguïté dans ce personnage comme dans beaucoup d'autres, qui ne sont jamais tout à fait ni des modèles à imiter, ni des exemples des vices qu'il faut haïr. Et d'ailleurs on sait bien que, dans les pièces ou dans les romans, comme dans les films, les méchants, même s'ils n'inspirent pas la sympathie, intéressent plus que les honnêtes gens, dont les bons sentiments ennuient parfois. ||

Enfin et surtout, Molière semble l'ignorer – mais peut-être ne fait-il que semblant –, le spectateur ne vient pas au théâtre pour y recevoir des leçons de morale, et s'il en reçoit, rien ne prouve qu'elles aient un effet. Il trouvera que le spectacle n'a rien à voir avec la réalité, ni lui avec les personnages, que ceux-ci sont caricaturés. À propos d'Harpagon, un avare dira : « Voilà un homme raisonnable, qui connaît la valeur de l'argent et qui sait faire des économies ! », et celui qui a des principes d'éducation rigoureux pensera qu'Arnolphe n'a pas tort de surveiller sa pupille, et de la mettre en garde contre les jeunes galants. Il faut bien reconnaître aussi que les méchants, comme Tartuffe, ne sont pas de très dangereux criminels, capables de susciter une véritable horreur du vice. La Bruyère l'explique en esquissant le portrait d'un Onuphre, autrement redoutable que le personnage de Molière, dont Louis Jouvet dit qu'il est *« charmant et inquiétant »*, pas si terrible en fin de compte[2]. Quant à Don Juan, il donne l'impression de rejeter les croyances superstitieuses et la soumission servile aux règles de la morale ou de la religion, plutôt que la Religion ou la Morale elles-mêmes ; et le châtiment final, pour mérité qu'il soit, passe pour un artifice de mise en scène, au lieu d'un avertissement destiné à faire réfléchir le libertin ou l'athée, qui auront plutôt tendance à en sourire. ||

Tout bien considéré, le premier objet de la comédie est donc d'amuser, de faire rire, ce qui ne la ravale pas forcément au niveau inférieur de farce bouffonne. D'ailleurs, *« C'est une étrange entreprise que celle de faire rire les honnêtes gens »*, déclare un personnage de *La Critique de l'École des femmes* (I, 6). À quoi Marcel Pagnol pourrait ajouter : *« Le rire, c'est une chose humaine* [...], *une vertu qui n'appartient qu'aux hommes, et que Dieu, peut-être, leur a donnée pour les consoler d'être intelligents »* (*Le Schpountz*, film de 1937, cité page 186). Et, comme ils sont intelligents, il n'est pas impossible qu'ils tirent, de ce miroir d'eux-mêmes qui leur est offert, quelque enseignement qui les rendra plus sages, mais parce qu'ils l'auront voulu, non parce que l'auteur en aura décidé ainsi. ||

1. Voir les travaux proposés sur le texte n° 2, pages 117 et suivantes.
Voir dans *L'oral de français au bac* (même collection) la scène étudiée méthodiquement.
2. Voir dans *Les Caractères*, livre XIII (*« De la mode »*), fragment 24, le portrait d'Onuphre, le véritable imposteur, Tartuffe « revu et corrigé » par La Bruyère.

TEXTE N° **5,** page 25

Deux *Préfaces* de Racine

TRAVAUX PROPOSÉS

1. Donnez, de ces deux extraits réunis (au total, 38 lignes), **un résumé de 10 lignes, au maximum,** qui fasse bien ressortir une **idée centrale**, autour de laquelle s'ordonnent toutes les affirmations de ces textes complémentaires.

2. Illustration et discussion de l'argumentation
Il ne faut pas de ***« héros parfaits »***.
En vous servant des exemples que vous connaissez, pris dans le théâtre de Racine – qu'on a souvent opposé à celui de Corneille – mais aussi, si vous le voulez, dans les romans ou dans les films que vous aimez, demandez-vous si ce principe peut être admis sans réserve.

3. Élargissement de la discussion
Les ***« règles »***, au nom desquelles de nombreux écrivains, de différentes époques, ont été critiqués et parfois condamnés, sont de différentes sortes.
En vous appuyant le plus possible sur des exemples précis, vous essaierez de dire lesquelles, et si les écrivains ont eu raison ou tort de les respecter ou de les transgresser.

POUR L'EXAMEN

On proposera le choix entre sujet 1 + sujet 2 ou sujet 1 + sujet 3 (2 ou 3 points + 7 ou 8 points).
Le sujet 2 fait appel aux pièces de Corneille et de Racine lues et étudiées depuis le premier cycle : les élèves, pour la plupart, doivent bien en connaître deux ou trois, sinon davantage. Dans le cas contraire, les exemples pourront être empruntés à la littérature romanesque ou au cinéma, dont les œuvres serviront aussi bien de base à une réflexion intelligente sur la question posée.
Le sujet 3 sollicite une réflexion plus large, étendue à d'autres genres que la tragédie et le théâtre, et à d'autres époques que le XVIIe siècle, jusques et y compris la période actuelle.

• Sujet 1

Posons d'abord des jalons dans le texte :
« … le public m'a été trop favorable... des hommes impeccables. | *Mais je les prie... Et Aristote... qui les fasse plaindre sans les faire détester.* || *Il y avait longtemps...* Que ce que vous ferez*, dit Horace,* soit toujours simple et ne soit qu'un. | *Et il ne*

faut pas croire... ***il n'y a que le vraisemblable qui touche...*** *de la beauté des sentiments et de l'élégance de l'expression.* | *Ce n'est pas que quelques personnes ne m'aient reproché... toutes les autres règles ne sont faites que pour parvenir à cette première.* || (5 divisions)

Chaque division peut être resserrée en une phrase :

> De rares critiques m'ont reproché de ne pas avoir présenté des héros parfaits. | Mais Aristote lui-même recommande qu'ils ne soient ni trop bons ni trop méchants, afin de susciter la pitié et non l'indignation ou l'horreur. || D'autre part, l'action dans une tragédie doit être simple, comme le veut Horace. | **On n'est ému que par ce qui est vraisemblable**, et il est impossible qu'un grand nombre d'événements se produisent en un jour, comme dans certaines pièces où l'auteur est incapable d'intéresser le spectateur par les passions dépeintes ou par le style. | Par ailleurs, ces critiques ont reconnu que ma *Bérénice* avait pu leur plaire et les toucher : n'est-ce pas la seule règle qui compte et justifie toutes les autres ? || (10 lignes)

→ **L'idée centrale est celle de la phrase écrite en gras :** c'est le besoin de **vraisemblance**, ressenti par le spectateur, qui fait que les héros ne doivent pas être parfaits, et que l'action, qui dure un seul jour, ne doit pas être chargée de trop d'événements, l'intérêt de la tragédie reposant sur les passions dépeintes et sur le style (voir le sujet 2). Satisfaire ce goût de la **vraisemblance** est le plus sûr moyen de toucher et de plaire : ainsi s'expliquent toutes les règles d'Aristote, d'Horace et du théâtre classique, selon Racine.

• Sujet 2

> **C'est une banalité de dire que l'homme est imparfait,** *« ni ange, ni bête »*, pour reprendre le langage de Pascal, le janséniste. Cela, personne ne le nie, et Racine, janséniste lui aussi, en était convaincu comme tout le monde. On peut donc s'étonner qu'il éprouve le besoin d'expliquer, dans sa préface d'*Andromaque* (1667), que ses personnages ne sont pas parfaits, mais qu'ils ont *« une bonté médiocre, c'est-à-dire une vertu capable de faiblesse »*, ce qui paraît bien être, aux yeux de tous, une évidence. ||

Mais précisément, ce qui est évident dans la réalité de la vie, ne l'est pas de la même façon, dans la tragédie. Ses origines religieuses[1] font sans doute qu'Aristote et Horace la rangent dans *« le genre noble »*, de sorte que lui conviennent un style *« sublime »* ou *« élevé »*, un langage particulier, celui de la poésie, l'alexandrin étant, par excellence, le vers de l'épopée, et surtout des personnages qui n'appartiennent pas, comme ceux de la comédie, à l'humanité ordinaire, mais

1. En grec, *tragôdia* = le chant religieux dont on accompagnait le sacrifice d'un bouc (*tragos*) en l'honneur de Dionysos (Bacchus).

à l'histoire, à la mythologie ou à la légende. Ce sont, comme le dit orgueilleusement Horace, dans la pièce de Corneille (1640), des héros *« hors de l'ordre commun »* (*Horace*, II, 3 - v. 436).
Cette volonté d'élever le spectateur bien au-dessus de lui-même paraît en contradiction avec ce que Racine explique. ||

Seulement, le but principal, peut-être même unique, de la tragédie est *« de plaire et de toucher »* ; or, cela n'est possible que si le public peut croire à la vérité ou à la vraisemblance de ce qui lui est montré. Cette notion de vraisemblance est au centre de toute la conception classique du théâtre, et Boileau, l'ami de Racine,en souligne l'importance :

« Jamais au spectateur n'offrez rien d'incroyable :
Le vrai peut quelquefois n'être pas vraisemblable ;
Une merveille absurde est pour moi sans appas :
L'esprit n'est pas ému de ce qu'il ne croit pas. »

(*Art poétique*, chant III, 1674)

Il ne s'agit donc pas d'éblouir ou de stupéfier, mais plutôt d'émouvoir, de susciter **la peur et la pitié**, conformément à ce que veut Aristote. Le spectateur doit éprouver de la crainte quand les personnages sont menacés, les plaindre quand ils souffrent, partager leurs émotions, leurs espoirs ou leurs déceptions, leur colère ou leur joie. Il faut qu'il soit en sympathie, au sens grec du mot (*sumpathéia* = le fait d'éprouver les mêmes sentiments), ou en communion avec eux. Quand cela arrive, on peut sentir, notait Corneille, *« un certain frémissement dans l'assemblée »*, aux moments les plus intenses, moments heureux où le poète, les personnages et le public ont une même âme (*Examen du Cid*, 1660), et que par ailleurs Molière, Beaumarchais, Boileau ou d'autres observateurs, comme Racine, ont su décrire. ||

C'est pourquoi il importe que ces personnages soient vulnérables et sensibles, comme des êtres humains, qu'ils commettent comme eux, des fautes, ou même des crimes qui semblent impardonnables. Mais toujours ou presque, quand on y regarde d'un peu plus près, on est amené à les **plaindre** plutôt qu'à les **détester**. Ils sont plus ou moins victimes de la Fatalité, qui les dépasse, ou des forces obscures qui sont en eux : *« C'est sur lui-même que l'homme de Racine ne peut rien »* (Thierry Maulnier, *Racine,* 1935). Ils souffrent en même temps qu'ils font souffrir. Ils ont assez de lucidité pour se rendre compte de ce qu'ils sont et de ce qu'ils font. Ils en éprouvent de la honte ou de l'horreur. Parfois, ils payent de leur vie les crimes qu'ils ont commis ou fait commettre ; jamais ils n'en jouissent impunément. ||

Néron, dans *Britannicus* (1669), est encore hésitant : c'est *« un monstre naissant »*, qui n'a pas oublié toute notion de vertu et de piété. La jalousie qui le ronge, comme elle torture Hermione, dans *Andromaque*, les pousse tous les deux à ordonner un crime, crime dont le premier partage la responsabilité avec son complice Narcisse, et que cette dernière, dans une certaine mesure, expie en se donnant la mort. Phèdre, de même, agissant aussi par jalousie, éprouve tous les tourments d'une passion néfaste, imposée par Vénus qui la hait, et l'horreur d'elle-même, avant de provoquer la mort d'un innocent et de se faire justice. ||

Par ailleurs, un héros parfait, qui ne commettrait aucune faute et n'aurait aucune faiblesse, risquerait de passer pour un monstre froid et glacé, sans rien d'humain. Il pourrait laisser le spectateur indifférent, ne faire naître en lui qu'une émotion superficielle, ou l'ennuyer avec *« ses beaux sentiments »*, ceux avec lesquels, selon André Gide, *« on fait de la mauvaise littérature »* (*Journal*, 2 septembre 1940). Aussi les êtres vertueux ont-ils le plus souvent dans leur comportement ou dans leur caractère quelque trait qui les rend un peu moins nobles. ||

Pyrrhus veut bien affronter toute la Grèce pour sauver un enfant : mais c'est à condition qu'Andromaque cède à son chantage. Celle-ci est une mère admirable et une veuve pleine de dignité : mais c'est quand même elle, en fin de compte, qui tient entre ses mains le sort de tous les autres, et sa façon d'agir avec celui qui l'aime, de vouloir tout obtenir de lui sans rien lui accorder, n'est pas sans quelque *« coquetterie*[1] *»*.
Titus et Bérénice (dans *Bérénice*, 1670) renoncent à leur amour réciproque, et ce sacrifice n'est pas sans grandeur. En fait, ils n'ont pas la force ou l'audace de s'opposer à une loi ou à un usage établi, et Titus ne désire pas renoncer à l'empire. On a parfois comparé leur histoire à celle du duc et de la duchesse de Windsor : mais Édouard VIII avait, lui, abdiqué la couronne d'Angleterre, en 1936, pour épouser la femme qu'il aimait et vivre avec elle, en exil. ||

De même, les héros de Corneille, ces exemples de magnanimité et de volonté toute puissante, qu'on a trop souvent opposés aux personnages de Racine, ont eux aussi leurs défaillances et leurs moments d'hésitation ou de trouble. Rodrigue et Chimène choisissent l'honneur et le devoir, mais au prix de quelles souffrances, qu'ils ne cachent pas ! Et d'ailleurs, ils n'ont pas vraiment le choix, puisque perdre l'honneur serait aussi perdre l'estime de l'autre, donc son amour. Auguste, dans *Cinna* (1641), agit autant par noble générosité et empire sur lui-même que par calcul politique, puisque, grâce à sa clémence, il va rétablir l'ordre et la paix menacés[2]. Et l'on ne peut pas dire que, malgré leur courage, Horace ou Polyeucte (dans *Polyeucte*, 1642) qui sont capables, l'un et l'autre d'excès critiquables, inspirent une admiration sans mélange. ||

1. Nisard, critique du XIXe siècle, parle de sa *« coquetterie vertueuse »*.
2. Voir, dans *L'oral de français au bac* (même collection), l'étude méthodique du monologue d'Auguste.

On pourrait multiplier les exemples empruntés aussi bien à la comédie, au roman ou au cinéma. Ils montreraient également que le spectateur ou le lecteur, certes, a envie d'admirer des héros bien au-dessus de sa condition, des surhommes qui incarnent sa volonté de puissance. Mais il cherche surtout, dans le spectacle offert, *« un miroir »* comme dit Shakespeare, que le théâtre présente à la nature (*Hamlet*, III, 2, vers 1600), et une possibilité d'identification à ses **héros**. Ce mot lui-même désignait d'ailleurs chez les Grecs les demi-dieux, tels Achille, Orphée ou Hercule, intermédiaires entre les dieux et les hommes, capables d'exploits qui les rendaient presque les égaux des premiers, mais, comme ces derniers, faillibles et mortels. ||

• Sujet 3

Nous savons que certaines grandes œuvres de la littérature comme de la musique ou de la peinture, aujourd'hui unanimement admirées et considérées comme des « classiques », furent, en leur temps, critiquées et condamnées. Corneille, Racine, Molière, comme Beaumarchais, Voltaire et Diderot, ou après eux Baudelaire, Flaubert et Zola, entre beaucoup d'autres, durent affronter et subir les rigueurs d'une censure et d'une justice souvent injustes. ||

Que leur reprochait-on ? Si l'on met à part les inimitiés, les jalousies ou les susceptibilités personnelles, qu'on cherche toujours à cacher sous des préoccupations plus hautes et désintéressées, **il s'agissait, dans tous les cas, de règles ou de principes, prétendument transgressés.**
Celles des trois unités, de la bienséance et de la vraisemblance, piliers de la tragédie classique, étaient, disait-on, négligées par Corneille et Racine.
L'action, dans *Le Cid*, était trop chargée d'événements ; elle était trop pauvre dans *Bérénice*. Rodrigue et Chimène ne se conduisaient pas bien en continuant à se rencontrer ; Phèdre avait un comportement scandaleux, qui choquait les bonnes âmes. Quand les héros n'étaient pas parfaits, ils étaient jugés trop communs, incapables d'inspirer *« des sentiments nobles et courageux »* (La Bruyère, *Caractères*, I, 31) ; quand ils étaient trop vertueux, on les trouvait peu vraisemblables, donc peu capables de *« plaire et de toucher »* (voir page 26, ligne 37). De la même façon, *Tartuffe* et *Dom Juan* bafouaient les règles de la morale et de la religion, *Le Misanthrope* celles de la vie en société, et d'ailleurs, disait-on, la comédie n'avait pas à se mêler de ces questions. ||

Toutes ces règles étaient-elles donc indiscutables, au point de s' imposer à tous, comme les lois, que nul n'est censé ignorer et que nul ne peut violer impunément ?

La plupart des préfaces ou des postfaces de Corneille, de Racine et de Molière, comme *La Critique de l'École des femmes* de ce dernier (1663) ou l'amusante

Lettre modérée de Beaumarchais sur *« la chute et la critique du Barbier de Séville*[1] » (1775) sont des réponses, des justifications et des mises au point.
Mais l'important n'est pas de savoir qui avait raison, de Scudéry, de l'Académie ou de Corneille, dans *« la querelle du Cid »,* si Phèdre était innocente ou coupable, ni si les règles d'Aristote étaient ou non scrupuleusement respectées. Il est plus intéressant de s'interroger sur la raison d'être et sur la nécessité ou l'inutilité de telles règles.
Nous savons qu'elles correspondaient au besoin d'ordre, de mesure et d'élégance d'un public nouveau, plus raffiné et plus exigeant, désireux de rompre avec les extravagances souvent grossières des spectacles baroques. Mais nous savons aussi que les Romantiques du début du XIXe siècle, Victor Hugo en tête, ont battu en brèche et foulé aux pieds toutes ces notions de l'art classique : plus de *« cage des trois unités »* ; plus il se passera d'événements saisissants, plus le spectateur sera saisi d'émotions fortes ; il vaut mieux montrer que raconter ; il faut faire rire, faire pleurer ou faire peur dans la même pièce, comme dans la vie réelle ; que des princes ou des reines rencontrent des filles du peuple ou des valets, et qu'ils soient amoureux... Tous ces principes, énoncés dans la *Préface* de *Cromwell* (1827), devaient constituer l'acte de décès de la tragédie classique, conforme aux règles d'Aristote, et la déclaration de naissance du nouveau drame. ||

Seulement cette *Préface* est plus connue que la pièce elle-même, alors qu'on lit toujours, qu'on joue et qu'on étudie *Le Cid*, *Andromaque*, *Phèdre*, comme les comédies de Molière et de Beaumarchais. Et l'on se souvient plus de « la bataille d'***Hernani*** » (1830) que du drame de Victor Hugo.
Cela semble prouver l'excellence des règles du théâtre classique. Cela montre surtout le bon usage qu'ont su en faire Corneille, Racine et Molière.
Ce qui pouvait être une contrainte, une gêne inutile et néfaste, chez eux est source de beauté et de perfection. La *« cage des unités »* les a obligés à placer hors de l'espace et du temps, dans le cœur humain, les événements saisis à un moment de crise aiguë, tout près du dénouement. Le devoir de bienséance les a conduits à rechercher la concision, la suggestion, l'alliance de la force et de la retenue, dont les vers ou les tirades de leurs tragédies nous offrent d'admirables exemples. De sorte que la poésie sert remarquablement le drame et le pathétique, dans le dessein de *« plaire et de toucher »*. ||

Néanmoins, il paraît indéniable que le poète ou l'artiste ait besoin de liberté pour s'exprimer. Le respect des règles n'a jamais expliqué le talent ou le génie, qui s'épanouissent plus souvent, semble-t-il, dans les audaces et le mépris des conventions. C'est ce qui peut choquer ou déplaire, faire naître les

1. Lire cette longue lettre où Beaumarchais « se paie la tête » d'un obscur journaliste de la ville de Bouillon (dans les Ardennes belges) et s'explique sur sa pièce aussi bien que sur la comédie en général, comme le faisait Molière, dans sa *Préface* de *Tartuffe* (page 24).

cabales, les procès et les interdictions, voire les autodafés, bref déchaîner, comme dit Figaro, *« tous les insectes, les moustiques, les cousins, les critiques, les margouins*[1], *les envieux, les feuillistes* [= les petits journalistes], *les libraires* [= les éditeurs], *les censeurs et tout ce qui s'attache à la peau des malheureux gens de lettres »* (*Le Barbier de Séville,* I, 2). ||

Mais il ne faut pas croire, non plus, que le mépris des règles et le rejet systématique des conventions soient la preuve d'un talent personnel, la marque d'un esprit original, qui font le mérite d'un auteur et la valeur d'une pièce, d'un roman ou d'un recueil poétique. Ce n'est évidemment pas parce qu'ils bousculaient beaucoup d'idées recues et parce que *Le Dictionnaire philosophique* et l'*Encyclopédie* ont été mis à l'index que Voltaire et Diderot sont considérés comme de grands écrivains. Ce n'est pas parce que, la même année et pour des motifs semblables, *Les Fleurs du Mal* et *Madame Bovary*, œuvres jugées immorales, ont été condamnées, que nous admirons Baudelaire et Gustave Flaubert. Quand on a fait, préalablement, le choix de surprendre ou de choquer, on risque fort de produire une œuvre de mauvais goût et de qualité médiocre. ||

Finalement, il n'est pas paradoxal de dire que le vrai génie d'un auteur s'exprime librement et pleinement dans le cadre de règles. Règles dont il a besoin, dont il sait s'accommoder et tirer le meilleur parti possible, et que d'ailleurs il s'impose à lui-même quand elles n'existent pas. Il y a toujours, dans une œuvre « baroque[2]», une organisation qu'on peut reconnaître. Et dans la poésie « libre », dans le poème en prose[2], qui n'est pas, quoi qu'en dise Voltaire, *« un aveu d'impuissance »* (*Discours aux Welches*, 1764), on trouve aussi une recherche du rythme, des sonorités expressives, ou des figures de style qui font penser à la poésie dite « régulière ». Gide affirmait : *« L'art naît de contrainte, vit de lutte, meurt de liberté »* ; et Camus confirmait : *« Je n'ai pas cessé d'apprendre avec Gide qu'il n'est point d'art ni de grandeur sans une contrainte librement consentie. »* ||

Le dernier mot, somme toute, n'appartient-il pas au public, qui fait le succès ou l'échec des œuvres, et au temps qui fait leur durée ou leur oubli ? Et Dorante, dans *La Critique de l'École des femmes* (I, 6) se moque à juste titre du pédant Lysidas, qu'on imagine chaque fois courant, à la sortie du théâtre, afin de consulter Aristote ou Horace, pour savoir s'il a bien eu raison de rire, de pleurer, d'être charmé par la pièce, en vertu ou peut-être en dépit des sacro-saintes règles. ||

1. Moustiques des marais, dans les pays chauds. Mais aussi calembour sur le nom de **Marin**, censeur royal et directeur de *la Gazette de France*, avec qui Beaumarchais avait eu maille à partir.
2. Voir, dans *L'oral de français au bac* (même collection), les études sur le baroque et sur le poème en prose.

TEXTE N° 6, page 26

De l'esclavage des nègres

TRAVAUX PROPOSÉS

1. Reformuler l'argumentation
Réécrivez le texte de Montesquieu, comme si vous étiez Montesquieu lui-même, en suivant l'ordre de présentation des arguments et en utilisant des fragments de ce texte, **mais de façon à montrer directement la pensée véritable de l'auteur**, pensée que vous préciserez sur certains points si c'est utile.
Ensuite, vous montrerez comment **tous** les arguments s'ordonnent autour d'une idée centrale.

2. Amplification de l'argumentation
Développez librement vos idées sur la question, en utilisant toutes les réflexions que vous inspirent l'histoire, l'actualité, la littérature, le cinéma ou la télévision, et votre propre sensibilité.

3. Élargissement de la discussion
Comment définiriez-vous le mode de présentation choisi par Montesquieu ? Vous semble-t-il efficace ?
Vous connaissez sans doute d'autres exemples de l'emploi du même procédé par d'autres écrivains. Pensez-vous qu'on puisse en étendre ou en généraliser l'usage ?

POUR L'EXAMEN

Le candidat pourra choisir l'un ou l'autre de ces trois sujets.
Le premier vise à préciser la compréhension du texte. On prévoira par exemple 7 ou 8 points pour la première partie du travail (réécriture), et 2 ou 3 points pour la deuxième (les arguments autour d'une idée centrale).
Le sujet 2 fait appel aux connaissances, à la culture et à la réflexion personnelles, en vue d'enrichir le texte.
Le dernier sujet fait également appel aux lectures, aux souvenirs des textes étudiés, et à la réflexion, mais à propos du mode d'expression des idées, non des idées elles-mêmes.

• Sujet 1

→ En italique : tout ce qui est emprunté au texte de Montesquieu.

Si j'avais à soutenir **que nous n'avions pas** *le droit de rendre les nègres esclaves, voici ce que je dirais : Les peuples d'Europe ayant exterminé ceux de l'Amérique*, quand ils ont découvert et conquis le Nouveau Monde, à la fin du XVe et au XVIe siècles, ils ont commencé à *mettre en esclavage ceux de l'Afrique, pour s'en servir à défricher tant de terres,* **ajoutant au génocide, le crime contre le droit des gens.**

Les conquistadores espagnols et portugais avaient massacré les Indiens aztèques et incas, au Mexique et au Pérou ; les pères jésuites les ont opprimés sous prétexte de les civiliser et de les évangéliser. Et, comme il n'en restait plus assez, nous sommes allés chercher chez eux les nègres africains, pour les transporter par bateaux entiers et les forcer à travailler dans nos plantations de canne à sucre.

Il est évident que cette denrée si nécessaire revient bien moins cher, quand on fait *travailler la plante qui* [la] *produit par des esclaves* qu'on n'a pas besoin de payer, de sorte que le bénéfice est beaucoup plus grand.

Ceux dont il s'agit sont noirs depuis les pieds jusqu'à la tête ; et ils ont le nez tout *écrasé* : **est-ce pour cela qu'il ne faut pas les plaindre ?**

Est-il donc impossible de *se mettre dans l'esprit que Dieu, qui est un être très sage, ait mis une âme, surtout bonne, dans un corps tout noir ?*

Il est tout à fait absurde *de penser que c'est la couleur qui constitue l'essence de l'humanité*, et si *les peuples d'Asie, qui font les eunuques, privent toujours les noirs du rapport qu'ils ont avec nous d'une façon plus marquée,* **allons-nous nous montrer aussi barbares que ces Asiatiques, afin de préserver la pureté de notre race blanche ?**

On peut juger de la couleur de la peau par celle des cheveux : celle-ci, *chez les Égyptiens,* **pourtant** *les meilleurs philosophes du monde*, dit-on, *était d'une si grande conséquence qu'ils faisaient mourir tous les hommes roux qui leur tombaient entre les mains,* **ce qui prouve qu'un peuple très civilisé peut commettre des crimes monstrueux, n'est-il pas vrai ?**

Une preuve que les nègres n'ont pas le sens commun, nous dit-on également, *c'est qu'ils font plus de cas d'un collier de verre que de l'or, qui, chez les nations policées, est d'une si grande conséquence* : **mais cela montre seulement qu'ils n'attachent pas à ce métal la valeur que nous lui avons donnée et que, ne s'étant pas laissé corrompre, comme nous, par la soif d'en posséder, ils sont demeurés bons et heureux.**

S'il nous paraît impossible de supposer *que ces gens-là soient des hommes*, c'est *parce que, si nous les supposions des hommes*, on pourrait nous faire remarquer *que nous ne sommes pas nous-mêmes chrétiens* : **le respect de l'Évangile ne nous impose-t-il pas le devoir d'aimer notre prochain et de voir en lui une créature de Dieu, comme nous-mêmes ?**

Certains esprits, les philosophes en particulier, dénoncent, comme moi-même, *l'injustice que l'on fait aux Africains*. On prétend qu'ils l'exagèrent, mais on peut s'étonner qu'il ne soit pas *venu dans la tête des princes d'Europe, qui font entre eux tant de conventions inutiles*, tous ces traités de paix et ces alliances rompus, *d'en faire une générale en faveur de la miséricorde et de la pitié ?*
Miséricorde et pitié pour les Africains ! Supprimons l'esclavage !

L'argument central est celui qu'on trouve dans l'alinéa 9 (l'avant-dernier) du texte de Montesquieu : « *Il est impossible que nous supposions que ces gens-là soient des hommes* ». Il est annoncé par l'alinéa 5 (lignes 10 et 11) : « *On ne peut se mettre dans l'esprit que Dieu,* [...], *ait mis une âme, surtout bonne, dans un corps tout noir* ».
Il y a donc une gradation et une logique dans l'ordre de présentation choisi par Montesquieu. **Cet argument sous-tend tous les autres, et chacun se rattache à lui : si les nègres étaient des êtres humains,** comme nous, on ne ferait pas d'eux des esclaves (l'argument économique ne suffirait pas) || ils n'auraient pas ces caractéristiques physiques qui les distinguent tellement de nous || on les plaindrait parce qu'ils souffrent || ils n'attacheraient pas plus de valeur à de la verroterie qu'à l'or || il y aurait une convention de tous les États pour interdire l'esclavage.

• Sujet 2

« *La guerre a pour elle l'antiquité ; elle a été dans tous les siècles* », disait La Bruyère (*Caractères*, ch. 10, « *Du souverain ou de la République* », fragment 9). **On pourrait faire la même remarque à propos de l'esclavage.** Comment expliquer qu'une coutume aussi barbare se soit perpétuée, depuis les premiers âges de l'humanité jusqu'à notre époque ou presque, même dans les nations les plus civilisées ? ||

Les Égyptiens, les Grecs et les Romains imposaient la servitude aux peuples vaincus, et utilisaient ces milliers d'esclaves pour leurs grands travaux ou pour des tâches domestiques. Les Hébreux bâtissaient des cités et des pyramides pour les pharaons. On enivrait les ilotes, à Sparte, pour donner à la jeunesse le dégoût de la boisson. Les Noirs africains étaient recherchés, à Rome, pour les écoles de gladiateurs, les jeux du cirque ou pour les escortes des riches patriciens, alors que les « pédagogues » grecs étaient chargés de l'éducation des enfants de leurs maîtres. Parfois bien traités, et même affranchis en récompense de leur dévouement, ils étaient le plus souvent astreints aux travaux les plus durs, aux châtiments cruels et humiliants quand ils désobéissaient, quand ils s'enfuyaient, ou bien massacrés comme Spartacus et son armée d'esclaves révoltés, au Ier siècle avant J.-C., le siècle de Cicéron, de Virgile et d'Horace. ||

À peine meilleure et différente était, au Moyen Âge, la condition des serfs (du latin *servus* = l'esclave), sous le joug de la noblesse et de l'Église, taillables et corvéables à merci. Leurs jacqueries étaient réprimées avec la même cruauté.
Mais l'exemple peut-être le plus proche de nous et le plus présent à notre esprit, par l'histoire et par la littérature, est celui des Noirs d'Amérique, originaires d'Afrique, dont parle Montesquieu. Nous savons que le commerce triangulaire constituait une part importante de l'activité des ports de Nantes et de Bordeaux – la ville où vécurent Montaigne et Montesquieu –, qu'il contribua fortement à la prospérité de la « Compagnie des Indes » créée par Colbert, au XVIIe siècle et à certaines fortunes particulières, dont celle de Voltaire, dit-on. Nous savons surtout que le travail et les souffrances des esclaves noirs furent à l'origine de la richesse des États du Sud, de leur sécession et de la guerre qui s'ensuivit (1861-1865), lorsque ceux du Nord, à l'initiative d'Abraham Lincoln, votèrent l'abolition de l'esclavage. ||

La littérature et le cinéma, inspirés par l'Histoire, ont profondément marqué notre sensibilité à tous ces événements.
Dans *Tamango* (1829), Mérimée raconte l'odyssée de ce roi nègre, capturé par des trafiquants sur les côtes du Sénégal, et qui, embarqué de force, soulève ses compagnons de chaîne : ils se rendent maîtres du bateau, mais, faute de savoir le piloter, ils font naufrage au milieu de l'Atlantique, et il est repris par un brick anglais. Qui ne se souvient pas de *La Case de l'oncle Tom* (1859) d'Harriet Beecher-Stowe, ou bien d'*Autant en emporte le vent*, le film tiré du roman de Margaret Mitchell (1936) ? Plus près de nous, dans *Racines* (1977), le romancier noir Alex Haley retrace, à travers les générations, les vicissitudes vécues par sa propre famille, depuis les premiers esclaves africains, vendus comme des bêtes, jusqu'aux notables d'aujourd'hui, dont les droits sont garantis par la Constitution américaine et par la Charte des Nations, en passant par la terreur et les persécutions du sinistre Ku Klux Klan. ||

Toutes ces histoires ainsi que l'Histoire donnent à réfléchir et nous amènent à nous demander comment ce qui était réprouvé par les textes sacrés aussi bien que par les philosophes a pu exister et perdurer.
Nous sommes allés, semble-t-il, plus loin que les Anciens, qui maltraitaient leurs esclaves, qui les méprisaient certes, mais qui, du moins, ne songeaient pas à nier qu'ils fussent des êtres humains : c'étaient des ennemis vaincus, sur qui le vainqueur a tous les droits.
Pour nous, dit Montesquieu, les Noirs ne sont pas des hommes, ils n'ont pas d'âme ; il est donc naturel qu'ils soient esclaves. Ils ne doivent même pas souffrir de cette condition puisqu'ils ne pensent pas, puisqu'ils sont comme ces *« animaux machines »* dont parle Descartes. C'est ce que, dès le XVIe siècle, celui de l'humanisme et de Montaigne, de bons esprits ont trouvé de mieux pour se

donner une conscience tranquille, alors que l'Église, officiellement et publiquement, posait la question de savoir si ces habitants du Nouveau Monde étaient bien des créatures de Dieu, dotées d'une âme[1]. Montaigne déjà s'indignait de la façon dont ils étaient traités, les jugeant, à bien des égards, meilleurs que nous[2]. Or, plus que de la cruauté, celle de Cortez et de Pizzarre, ces conquistadores que le poète compare à *« un vol de gerfauts hors du charnier natal »*[3], ou celle des pères jésuites, *« los padres »*, haïs des Oreillons – et de Voltaire[4] – , ou encore des mutilations subies par le nègre de Surinam[4] afin que « [nous mangions] *du sucre en Europe »*, **il s'agit bien d'un problème métaphysique, mettant en cause nos convictions les plus profondes à propos de Dieu et de la Création**. Et refuser de reconnaître la qualité d'hommes à des êtres en raison de leur couleur de peau différente, considérer que celle-ci *« constitue l'essence de l'humanité »* (alinéa 6), poser par cela même l'excellence et la supériorité d'une race, la blanche, bien sûr, cela s'appelle le **racisme**. ||

Point n'est besoin de rappeler combien cette attitude de l'esprit est odieuse, absurde et criminelle. Les Noirs ont suffisamment prouvé, dans les domaines de la pensée, des arts et du sport, qu'ils n'étaient pas une race inférieure, que ce soient Césaire et Senghor, poètes de la « négritude », les musiciens qui ont créé le jazz et le « negro spiritual », des champions comme Carl Lewis, Magic Johnson, ou les Prix Nobel Luther King, Desmond Toutou, Nelson Mandela, etc.
Et refuser d'accepter chez l'autre sa différence, surtout quand elle consiste avant tout dans certains caractères physiques, ne pas voir en lui « son semblable », même si on ne lui ressemble pas tout à fait, cela s'appelle aussi **l'intolérance**, *« l'infâme »*, qu'il faut *« écraser »*, comme dit Voltaire, avant qu'il ne donne lieu à ses conséquences extrêmes que sont l'apartheid et le génocide. ||

Sujet 3

Les hommes, comme les enfants, ont souvent besoin qu'on les amuse pour les amener à réfléchir sur des sujets sérieux, ou même graves. C'est ce qu'expliquaient notamment La Fontaine, Molière et Voltaire.
Dire que l'esclavage est monstrueux et que les nègres sont des êtres humains comme nous paraîtrait une vérité banale, qui, comme telle, risquerait de ne pas retenir l'attention du lecteur.
Soutenir, au contraire, que cette coutume est naturelle, qu'elle est bonne et qu'il est juste que ces gens-là soient esclaves, puisqu'ils ne sont pas des hommes, voilà qui doit frapper son esprit, le choquer, l'obliger à être attentif. ||

1. Voir *La Controverse de Valladolid*, de J.-C. Carrière (Éditions du Pré aux Clercs).
2. *Essais*, livre I, chap. 31 (*« Des cannibales »*) et livre III, chap. 6 (*« Des coches »*).
3. José-Maria de Heredia, dans *Les Trophées*, 3e partie.
4. Dans *Candide*, chap. 16 et 19.

Car le lecteur aime à être surpris par des affirmations qui lui semblent opposées à la raison, au pur et simple bon sens : « Voyons, mais qu'est-ce qu'IL raconte ? IL est fou, ou IL me prend pour un imbécile ! Qui pourrait croire à de telles énormités ? »
Mais IL n'est pas fou, et loin de LE prendre pour un imbécile, l'auteur a toujours besoin de ce lecteur *« intelligent »*, *« bénévole »* (= bien intentionné), comme dit Stendhal, son complice en quelque sorte, qui accepte d'*« être pris au piège »*, et qui est à tout moment capable d'en sortir, pour utiliser la comparaison de l'Allemand Heinrich Böll (prix Nobel de littérature en 1972).
Les raisonnements imposés, les sermons, même ou surtout quand ils sont indiscutables, ne plaisent pas toujours. Ils sont souvent ennuyeux. On préfère sûrement se sentir interpellé, interrogé, provoqué, pour avoir l'impression de découvrir soi-même la vérité suggérée. ||

L'auteur cache donc volontairement sa pensée et ses sentiments personnels. C'est ce que fait par exemple La Fontaine, à la fin de la fable, *« Le Rat qui s'est retiré du monde »* (VII, 3), quand il propose cette moralité :

> *« Qui désignait – à votre avis,*
> *Par ce rat si peu secourable ?*
> *Un moine ? Non, mais un dervis*[1].
> ***Je suppose qu'un moine est toujours charitable. »***

Bien entendu, il n'en est rien.
Voltaire, de même, nomme *« Étoiles de justice, abîmes de science, miroirs de vérité »* les juges stupides et bornés du grand Desterham (*Zadig*, chap. 3). *« Les sages du pays »* sont ceux du tribunal de l'Inquisition, qui n'ont rien à leur envier (*Candide*, chap. 6). Il présente comme raisonnables les déductions absurdes de Pangloss (*ibidem*, chap. 1 et 4), comme admirablement belle *« la boucherie héroïque »* de la bataille entre les Bulgares et les Abares (*ibidem*, chap. 3), et comme naturelles les mœurs des Oreillons (cannibalisme et zoophilie, *ibidem*, chap. 16). Il dénonce, comme s'ils étaient réels, *« les horribles dangers de la lecture »*, et de toute pensée (libelle de 1765). Et l'on pourrait multiplier les exemples du même genre. ||

Le procédé a plusieurs noms : l'antiphrase, l'ironie, l'humour, le paradoxe, la démonstration par l'absurde.
Certains auteurs établissent entre ces termes des distinctions plus ou moins rigoureuses. C'est ainsi que Bergson, dans *Le Rire* (1910) explique :
*« Tantôt on énoncera ce qui devrait être en feignant de croire que c'est ce qui est : en cela consiste **l'ironie**.*
*Tantôt, au contraire, on décrira minutieusement ce qui est, en affectant de croire que c'est bien là ce que les choses devraient être : ainsi procède **l'humour**. »*
C'est dans cet esprit que Socrate utilisait **l'interrogation** (en grec, *eirôneia* = interrogation faussement naïve), approuvant toutes les réponses de son inter-

1. *un dervis* (ou derviche) : religieux mahométan.

locuteur, pour lui faire reconnaître, enfin, qu'elles conduisent à une impasse ou à une conclusion absurde. ||

Quelle que soit l'appellation choisie, le but recherché et les moyens employés sont toujours les mêmes : on veut choquer le lecteur et provoquer de sa part une réaction qui lui fasse mieux saisir la vérité.
Celui-ci risque évidemment de se tromper et de prendre « pour argent comptant » ce qu'il lit. Mais l'auteur, précisément, doit tout faire pour que cela n'arrive pas, pour qu'il n'y ait aucun doute possible sur ses véritables intentions. C'est pour cela qu'il insiste, exagère, accumule les affirmations péremptoires : plus les idées sont éloignées de la raison, plus elles sont présentées comme indiscutables. ||

Un autre risque est aussi celui de donner l'impression qu'on prend à la légère des sujets graves, qu'on veut plaisanter et amuser en parlant du racisme, de la guerre, de l'obscurantisme ou du fanatisme, qui ne prêtent pas particulièrement à rire ou à sourire. Mais quand la réalité est désespérante, la meilleure façon de ne pas céder au désespoir n'est-elle pas de tourner en dérision cette réalité qu'on veut combattre ?
Ainsi **l'humour**, comme disait André Breton, *« a non seulement quelque chose de libérateur, mais encore quelque chose de sublime et d'élevé. »* ||

TEXTE N° 7, page 27

De l'horrible danger de la lecture

TRAVAUX PROPOSÉS

1. Analyse et discussion de l'argumentation
Montrez que chaque alinéa numéroté (de 1 à 6) contient un argument qui peut être discuté, selon le point de vue dont on l'envisage, et que l'ordre de présentation choisi n'est pas sans signification, de sorte que tout concourt à la confirmation d'une idée centrale.

2. Imitation de la manière d'argumenter
Sur le même mode, mais sur un autre thème de votre choix, en imitant le texte de Voltaire (mais sans que cette imitation soit *« un esclavage »*), écrivez votre propre *libelle*, ou, comme il disait, votre *« fusée volante »*, sur ***« l'horrible danger de… »***.

3. Élargissement de la discussion
Examinez quels peuvent être les **vrais dangers**, mais aussi les nombreux **bienfaits** de la lecture, en appuyant le plus souvent possible vos observations sur des exemples personnels et précis.

POUR L'EXAMEN

On offrira la possibilité de choisir l'un ou l'autre de ces trois sujets.
Le premier et le dernier sont plus conventionnels.
Le deuxième fait appel à la fantaisie et à l'esprit d'invention, mais ces qualités reposent évidemment sur une compréhension profonde du texte, de ce qui est écrit et de ce qu'il faut savoir lire « entre les lignes », comme on dit. Il pourrait donc convenir également à des travaux faits en classe ou en module, par exemple (voir *Tout le français au lycée*, pages 44 à 67, dans la même collection).

• Sujet 1

> **Dans cette démonstration par l'absurde tout doit être rejeté, chaque alinéa numéroté est une partie de ce TOUT, et constitue un TOUT en soi.**
> Le commencement, comme le début d'un syllogisme, est **une vérité fondée sur la raison et l'expérience**, qu'on ne doit pas contester.
> La conclusion qui en est tirée est fausse, absurde ou bien de mauvaise foi.
> Toutefois, elle se justifie du point de vue de celui qui soutient la religion d'État et le pouvoir despotique, pour qui les dangers de la lecture sont réels et *« horribles »* par les conséquences qu'ils pourraient avoir.

1. Il est vrai que l'imprimerie et le livre facilitent la communication des idées et dissipent l'ignorance, ou la font reculer.
Mais **il est faux** de dire que cette ignorance est nécessaire, et même indispensable dans un « *état policé* », c'est-à-dire civilisé et sagement administré.
Toutefois, il est plus facile pour un despote de régner, par la force, sur un peuple ignorant, incapable de critiquer le pouvoir et les institutions, dans un État... policier.

2. Il est vrai que les ouvrages relatifs à l'agriculture et aux arts mécaniques (auxquels Diderot faisait une large place dans son *Encyclopédie*), en améliorant la vie et le travail des paysans ou des ouvriers, éveillent leur esprit et leur inspirent des sentiments élevés, comme *« l'amour du bien public »*.
Mais **il est faux** de dire que cela serait à craindre, que cela déplairait à Dieu et serait *« absolument opposé à la saine doctrine »*.
Toutefois, il est commode d'utiliser le Coran, comme la Bible ou l'Évangile, pour faire croire ce qu'on veut à des gens qui ne les ont jamais lus, et pour leur imposer une soumission aveugle.

3. Il est vrai que les livres d'histoire, *« dégagés du merveilleux »*, ne s'attachent qu'aux faits dont l'exactitude est établie, développent l'esprit critique et font passer l'amour de la justice et de la vérité, avec celui de la patrie, avant tout autre sentiment.
Mais **il est faux** de dire que la nation a besoin d'être entretenue *« dans une heureuse stupidité »*, comme si elle l'avait choisie.

Toutefois, ce serait, pour le pouvoir et pour les gens en place une dangereuse *« imprudence »* de tolérer que le peuple, sorti de cet état de stupidité, prenne conscience de ses droits naturels et de l'injustice de la société.

4. Il est vrai que les philosophes ont tous et toujours eu pour dessein *« d'éclairer les hommes et de les rendre meilleurs »*, plus heureux aussi.
Mais **il est faux** de dire que ce sont des *« misérables »*, que leur dessein est un *« prétexte spécieux »*, et que les *« vertus »* qu'ils enseignent sont *« dangereuses »*.
Toutefois, pour ceux qui détiennent le pouvoir, ces esprits sont dangereux, et leurs idées subversives pourraient ébranler l'ordre social. Ils sont donc *« punissables »* : c'est ainsi qu'ils sont persécutés, arrêtés, obligés de fuir comme Mahomet lui-même, ou que leurs œuvres sont condamnées par la censure, interdites ou brûlées comme le *Dictionnaire philosophique* (1766) et l'*Encyclopédie* (1759).

5. Il est vrai que beaucoup d'entre eux affirment que Dieu – qu'ils appellent l'Être suprême – est partout dans sa création : ils sont donc amenés, comme Voltaire ou comme Rousseau dans sa *« Profession de foi du vicaire savoyard »* (*Émile*, livre IV, 1762), à préférer une religion *« naturelle »* plutôt que toutes ces religions « révélées », qui donnent lieu au fanatisme et à l'intolérance (voir *Zadig*, chap. 12, *« Le Souper »*, 1742).
Mais **il est faux** de dire qu'il est *« scandaleux »* de proclamer cela.
Toutefois, les prêtres peuvent craindre de voir ainsi leur autorité et leurs profits diminuer : pourquoi aller en pélerinage à La Mecque – ou à Saint-Jacques de Compostelle, ou à Jérusalem – si Dieu est présent partout où nous sommes ?

6. Il est vrai que les traités de médecine, faisant état des progrès accomplis dans ce domaine, permettent de *« prévenir »* et de soigner *« des maladies contagieuses »* ; peut-être même, un jour, permettront-ils de vaincre *« la peste »*.
Déjà l'inoculation de la petite vérole est pratiquée, avec succès, par les Anglais, qui n'ont pas les mêmes préjugés que nous, explique Voltaire (*Lettres philosophiques*, lettre XI, *« Sur l'insertion de la petite vérole »*, 1734).
Mais **il est faux** de dire que ce serait un grand malheur, *« un attentat énorme contre les ordres de la Providence »*, si toutes ces maladies venaient à disparaître.
Toutefois, les Religieux – au service du pouvoir despotique – peuvent renforcer leur emprise sur les âmes des fidèles en faisant croire qu'il faut accepter l'épreuve imposée par la Providence, qu'il ne faut pas essayer de combattre la peste, mais au contraire y voir un moyen de mériter son salut : lire dans *L'oral de français au bac* (même collection) l'étude de *La Peste* d'Albert Camus (pages 74 à 88), et plus spécialement ce qui concerne le personnage du père Paneloux.

Il y a donc un lien étroit entre ces alinéas et une progression ascendante dans l'ordre de présentation choisi par Voltaire, afin de frapper plus sûrement et de convaincre.

Il s'agit d'abord du perfectionnement des arts (= des techniques) qui facilitent le travail, puis de la faculté de juger, de la vertu, de la religion, et pour finir, de la vie même.
On interdit d'abord l'imprimerie et les livres, puis l'enseignement de la lecture aux enfants, enfin la pensée et les idées. Dans le passage supprimé, Joussouf-Chéribi signifie l'ordre *« de faire saisir toute idée qui se présenterait par écrit ou de bouche aux portes de la ville, et de nous amener ladite idée, pieds et poings liés, pour lui être infligé par nous tel châtiment qu'il nous plaira. »*
D'un bout à l'autre donc, ce *« mouphti du Saint-Empire ottoman »*, qui se qualifie lui-même de *« lumière des lumières »*, mérite bien la précision finale, *« dans notre palais de la stupidité »*, sorte de métonymie attribuant audit palais, la qualité de celui qui y réside.

• Sujet 2

→ **Il ne faut pas avoir en vue un seul aspect de la question**, mais, comme l'a démontré l'analyse de chaque alinéa (voir le sujet précédent), commencer par une proposition raisonnable pour en tirer une conclusion, inadmissible, choquante, mais justifiable d'un certain point de vue, qui n'est évidemment pas celui de l'auteur, ni celui du lecteur.

Thème proposé : **De l'horrible danger de la démocratie**

Nous, par la grâce de Dieu, pour ceux qui croient encore en lui, et par la volonté du peuple, de tous ceux qui approuvent et soutiennent notre action, les autres ayant été réduits au silence, nous, **Napoléon-César-Alexandre DUPONT**, élu par nous-même, pour le bien public, guide de la nation et président à vie, votre grand timonier, vous adressons ce message éclairé.

Comme il est venu à notre connaissance que certains nostalgiques d'un passé, que chacun espérait définitivement révolu, souhaiteraient renverser notre régime et s'en prendre à notre auguste personne, pour restaurer une DÉMOCRATIE, dont nul n'a oublié les méfaits désastreux,
ayant pris conseil de nos ministres, juristes et technocrates tous choisis par nous-même, et membres éminents de notre parti unique,
avons jugé bon de mettre en garde nos fidèles sujets contre les *« graves et horribles dangers »* d'un retour à de telles erreurs.

1. La DÉMOCRATIE étant un système de gouvernement où la souveraineté appartiendrait à l'ensemble des citoyens, il faudrait que ceux-ci fussent en mesure de l'exercer, de prendre les décisions nécessaires ou d'en comprendre la nécessité. Or, combien d'entre vous savent réfléchir et décider ? Vous viendrait-il à l'esprit de confier le soin de piloter un navire ou un avion à n'importe lequel des passagers, ou de vouloir le faire vous-même ?

2. LIBERTÉ – ÉGALITÉ – FRATERNITÉ sont des mots qui sonnent bien, des mots qui font rêver et qu'on voyait gravés au fronton des bâtiments publics, où on les saluait comme des drapeaux. Mais vous savez qu'ils sonnent faux, que la LIBERTÉ n'est pas donnée, qu'il faut la conquérir, qu'une fois qu'on l'a, on ne sait pas quoi en faire ; que les hommes ne sont pas ÉGAUX, ni ici, ni ailleurs ; et que nous ne nous sentons pas les FRÈRES de tous ceux qui vivent, près ou loin de nous.

3. Si tous les hommes étaient ÉGAUX et s'ils étaient nos FRÈRES, il n'y aurait plus de riches ni de pauvres, de frontières ni de différences. Accepteriez-vous donc qu'un étranger aux yeux bridés, un Peau-Rouge ou un Noir, vienne s'asseoir à votre table et vous dise : « On est mieux chez toi que chez moi. Merci, mon frère » ?

4. Bien sûr, il y a le SUFFRAGE UNIVERSEL ; ils vous disent que voter, c'est être libre, c'est exercer cette fameuse, « souveraineté ». La belle affaire ! Comme s'il suffisait de glisser un morceau de papier dans une boîte pour changer le cours du destin ! Vous savez très bien qu'on vous ment, qu'il y aura toujours des démagogues pour vous séduire et vous conduire, comme des chevaux obéissant au maître de l'attelage. Et que signifie cette loi du nombre ? Le choix de douze ignorants vaut-il mieux que celui d'un homme sensé ?

5. Les philosophes, tous ces méchants bavards, vous font l'éloge de cette DÉMOCRATIE, de ceux qui ont inventé le mot et la chose. Vous disent-ils comment ces Grecs du siècle de Périclès, si bons et si intelligents, traitaient leurs esclaves, les peuples étrangers qu'ils appelaient « barbares », les cités soumises, ou même les citoyens qui ne se pliaient pas aux lois et aux usages ? Qui donc a fait mourir Socrate ?

6. Ils agitent devant vous les épouvantails du totalitarisme, du collectivisme, du despotisme et autres mots en -ISME, de la dictature du parti et de l'anéantissement de l'individu. Ils vous parlent des excès de tous ces régimes, de leurs déviations regrettables mais nécessaires, des goulags, des procès, des exclusions et des « purifications », des « nomenklaturas » et des dissidents, de l'oppression des peuples endormis sous l'effet d'une religion nouvelle, plus forte que les précédentes. Ils vous disent que tous les pays, les uns après les autres, ont voulu en finir avec ces régimes, qu'ils ont brisé des murs, renversé des statues, rebaptisé des villes et des avenues...
Mais nous, qui avons connu, souvenez-vous, la DÉMOCRATIE, toutes ces républiques, de la première à la cinquième, ce libéralisme, la si grande fierté de l'Occident, nous n'avons pas oublié ses fruits véreux qu'étaient le droit de grève, celui de manifester, la solidarité, la tolérance, le goût du bonheur, dont nous vous avons heureusement tirés, pour sauver le pays du désordre et de l'anarchie.

À ces causes et autres, nous sommes décidé à lutter par tous les moyens, et vous enjoignons d'en faire autant, contre les philosophes, ces maudits intellectuels et dangereux rêveurs, pour le bien public et pour soutenir votre dictateur qui s'est donné pour mission de faire votre bonheur, malgré vous s'il le faut, en dénonçant et faisant arrêter toute idée subversive qui aurait l'impudence de passer par hasard.

Fait le 31 décembre 1999, en un lieu que nous tenons secret, où nous nous sommes installé, en attendant que notre palais présidentiel soit transformé en camp retranché et qu'on y dispose barbelés, mitrailleuses et miradors, afin que soit défendue la liberté contre ces *« horribles et dangereux »* DÉMOCRATES.

• Sujet 3

Il faut lire, il faut lire, il faut lire... C'est ce qu'on répète à l'enfant, à l'adolescent, à l'adulte, en déplorant que ce conseil ne soit pas, ou pas assez suivi. Voltaire, lui, s'y prenait autrement : *« Défense de lire ! »* écrivait-il, dans un de ses libelles.
Mais cette interdiction venant d'un imbécile patenté, qui prône l'ignorance et la stupidité, chacun comprend bien, au contraire, qu'il trouvera dans les livres la source de nombreux bienfaits. ||

Cela n'empêche pas que la lecture, dans certains cas, puisse présenter de réels dangers, et tout d'abord du point de vue de ce Joussouf-Chéribi. Dans un État vivant sous un régime despotique, le livre et les idées qu'il véhicule sont des menaces, qu'il faut supprimer pour maintenir le pouvoir et l'ordre établis. Voltaire et Diderot en savaient quelque chose. *Les Châtiments* ou *Les Misérables* de Victor Hugo, comme les romans ou le *« J'accuse »* de Zola, étaient des brûlots lancés contre le gouvernement et la société du Second Empire et de la Troisième République.
Plus près de nous, en Grèce, le « régime des colonels » (de 1967 à 1974) interdisait les œuvres de Platon et d'Aristote, les tragédies d'Eschyle, de Sophocle et d'Euripide[1], de même que les œuvres occidentales, en Chine, étaient mises à l'index pendant la « Révolution culturelle » (de 1966 jusqu'à la mort de Mao Tsé-Toung, en 1976). Soljénitsyne, comme beaucoup d'autres écrivains, a quitté sa patrie, après avoir connu le goulag et l'oppression de la pensée, dans l'ancienne U.R.S.S., tandis qu'aujourd'hui, Salman Rushdi et Taslima Nasreen sont condamnés à mort par les islamistes.

1. On se rappelle la liste des œuvres interdites, à la fin du film de Costa Gavras, *Z*, (1968).

Quand on se souvient des autodafés de l'Inquisition, dans les siècles passés, et des bûchers rallumés dans l'Allemagne hitlérienne, on doit se demander si le roman de Ray Bradbury, *Farenheit 451* (1953), où les pompiers ont pour mission de brûler tous les livres, est bien encore, partout et pour combien de temps, une œuvre de fiction. ||

Mais le danger peut exister aussi – sans être « *horrible* » – pour le lecteur lui-même. La lecture, s'il en abuse, risque de le détourner du réel, de l'attirer dans le passé ou dans le rêve, par une sorte de sorcellerie, sans qu'il en ait conscience. *« Le livre est l'opium de l'Occident »*, écrivait Anatole France (*Préface* de *La vie littéraire*, 1888).
Propos certes excessif, qui fait même sourire. Toutefois, l'influence d'un livre peut être très néfaste sur un lecteur fragile, vulnérable, qui n'en comprend pas bien le sens, ou qui croit n'y trouver que ce qu'il veut chercher. C'est peut-être pour cela que Rousseau déclarait : *« La lecture est le fléau de l'enfance. À peine, à douze ans, Émile saura-t-il ce que c'est qu'un livre… Je hais les livres ! ».*
Il exagérait aussi. Il n'empêche que si Don Quichotte n'avait pas lu les quatre volumes d'Amadis de Gaule et une douzaine d'autres romans de chevalerie, il ne se serait sans doute pas lancé dans ses folles aventures, qui lui furent fatales. Et le destin d'Emma Bovary eût peut-être été moins tragique si elle n'avait nourri, aux mêmes sources romanesques, ses rêves de grande passion, toutes ses aspirations à l'idéal. ||

Beaucoup d'auteurs se sont d'ailleurs inquiétés de l'influence que leurs livres pouvaient avoir, ou avoir eue.
« Si René *n'existait pas, je ne l'écrirais plus ; s'il m'était possible de le détruire, je le détruirais ; il a infesté une partie de la jeunesse ».* C'est ainsi que Chateaubriand, dans ses *Mémoires d'outre-tombe*, reniant son adolescence rêveuse et tourmentée, regrettait, plus de quarante ans après, d'avoir transmis son mal de vivre à cette jeunesse.
« Nathanaël, à présent jette ce livre. Émancipe-t'en », dit Ménalque à son disciple, à la fin des *Nourritures terrestres* d'André Gide, dont l'anticonformisme et l'immoralisme firent scandale à son époque (1897). Et Paul Bourget, dans *Le Disciple* (1889), imagine un philosophe qui, se sentant responsable d'un crime commis par un de ses élèves, parvient à le faire acquitter. ||

Il est certain que tous ces cas sont exceptionnels. En revanche, les nombreux bienfaits que peut apporter la lecture sont si évidents qu'il n'est pas nécessaire de trop s'étendre sur cet aspect du sujet.
Pourquoi lit-on, et pourquoi faut-il lire ? Avant tout, peut-être, pour le plaisir. *« Aimer à lire,* écrivait Montesquieu*, c'est faire échange d'heures d'ennui que l'on doit avoir dans sa vie, contre des heures délicieuses. »* Ce plaisir est la condition de tout le reste, de tout le profit qu'on peut tirer d'un livre[1]. Retenons

1. Voir le sujet traité dans *Tout le français au lycée*, pages 159 à 162 (même collection).

seulement, de cette rencontre avec un auteur et avec un héros, en même temps que l'évasion offerte et la possibilité de s'arracher à la réalité, parfois bien terre à terre, l'occasion de réfléchir et de mieux comprendre. De mieux comprendre le monde, et de mieux se connaître soi-même. C'est ce que rappelait fréquemment Montaigne au lecteur des *Essais*[1]. C'est aussi ce que Proust affirmait : *« Chaque lecteur est, quand il lit, le propre lecteur de soi-même. »* ||

Plaisir et sagesse, ouverture sur le monde et regard sur soi, voilà donc ce qui est offert à ce lecteur, dont l'esprit critique, la faculté de saisir ce qui peut être caché, le sens du relatif sont ainsi éveillés ou aiguisés par cette confrontation, ce va-et-vient de l'autre à soi. C'est ce qui, on le conçoit aisément, ne devait pas plaire à Joussouf-Chéribi. Il est d'ailleurs remarquable que le même mot latin ***liber*** (en réalité, deux homonymes parfaits) signifie à la fois **un livre** et **libre**. Car **un livre**, dans une certaine mesure, **délivre**. ||

TEXTE N° 8, page 28

L'état de nature et la société civilisée

TRAVAUX PROPOSÉS

1. Donnez, du premier texte de 36-37 lignes, **un résumé de 9 ou 10 lignes au maximum**, qui fasse bien apparaître l'enchaînement des arguments, et **l'idée centrale** autour de laquelle ils s'ordonnent tous.

2. Analyse et discussion des arguments
La réponse de Voltaire vous semble-t-elle correspondre exactement à l'argumentation de Rousseau ?
Montrez néanmoins en quoi ces deux textes s'opposent nettement, et donnez les raisons pour lesquelles vous seriez tenté de donner raison à l'un ou à l'autre.

3. Élargissement de la discussion
Choisissez et développez librement l'un de ces thèmes, en appuyant, aussi souvent que possible, votre réflexion sur des exemples empruntés à l'histoire, à l'actualité, à la littérature ou au cinéma :
– ***« le bon sauvage »* et l'homme civilisé ;**
– **Les progrès des sciences et des arts** (dans tous les sens du mot) sont ***« autant de pas... vers la décrépitude de l'espèce »*** (fin du premier texte) ;
– ***« Il faut aimer* […] *les lettres* […] ; *la société* […] ; *sa patrie* […] ; *l'Être suprême* […] »** (fin du deuxième texte, lignes 27 à 33).

1. Voir les sujets traités dans ce livre-ci, pages 112 à 117.

POUR L'EXAMEN

On donnera le choix entre :

– Sujet 1 + sujet 2 = 3 + 7 points. Les deux sujets étant réunis, il convient que le second soit traité de façon concise, sans que les arguments présentés avec le plus grand souci de clarté, et soumis à l'examen critique, soient trop longuement développés.

– Sujet 3 seul = 10 points. Quel que soit le choix, on pourra évidemment « côtoyer » les deux autres thèmes, mais on veillera à s'en tenir aux limites de ce choix.

• Sujet 1

Posons d'abord des jalons dans le texte.

« En dépouillant cet être,... la nourriture, une femelle et le repos ; I *les seuls maux qu'il craigne... jusqu'à la fin de la journée.* II *Je sais qu'on nous répète sans cesse... d'un être libre dont le cœur est en paix et le corps en santé.* I *Je demande laquelle, de la vie civile ou naturelle... de quel côté est la véritable misère.* I *Plus on y réfléchit, plus on trouve... et en effet vers la décrépitude de l'espèce. »* II

(5 divisions)

Chaque division peut être resserrée en une phrase :

À l'origine, l'homme, comme l'animal, vivait au sein de la nature, qui pourvoyait à ses besoins, et cela lui suffisait. I Il ne craignait que la douleur et la faim ; son âme, ignorant la pensée de la mort et l'inquiétude du futur, connaissait la tranquillité. II On prétend qu'il était malheureux, mais de quel manque pouvait souffrir un être libre, tranquille et sain ? I A-t-on jamais vu un *« sauvage »* se plaindre de son existence ou se donner la mort, comme l'homme civilisé ? II **L'état de nature était donc bien l'âge heureux du genre humain, qui n'aurait jamais dû le quitter ; la civilisation n'a fait que le corrompre.** II

(8-9 lignes)

→ L'idée centrale est celle de la phrase écrite en gras.

C'est la dernière, mais, rétrospectivement, elle éclaire et justifie tout ce qui est avancé dans les phrases précédentes. L'homme, à l'état de nature, était libre et heureux, CAR il se contentait de ce que lui donnait la nature, le présent, DONC il ne connaissait ni l'inquiétude ni l'angoisse de la mort ; PAR CONSÉQUENT, il ne se plaignait pas de sa condition, ni ne cherchait une issue dans le suicide, conduite que prônent parfois ou que choisissent les philosophes (comme

Sénèque), les poètes ou les héros de romans (les Romantiques, dont Rousseau est considéré comme un précurseur).
Tout ce qui l'a privé de cette liberté et de ce bonheur lui a été apporté par la société et la civilisation.

• Sujet 2

Dans les deux *Discours* de Jean-Jacques Rousseau, sur *les sciences et les arts* (1750), puis sur *l'origine et les fondements de l'inégalité parmi les hommes* (1755), on trouve déjà l'idée directrice de toutes ses œuvres futures. La vie en société, la civilisation ont corrompu l'homme, qui était à l'origine, comme l'animal ou le sauvage, libre, bon et heureux. Seul un retour à cet état naturel – mais ce retour n'est pas possible – pourrait lui rendre cette liberté et ce bonheur perdus, qui ne se conçoivent pas sans la vertu.
Recevant, en 1755, le deuxième de ces *Discours*, Voltaire répond à la fois aux deux, et plutôt, c'est l'impression qu'il donne, au premier qu'au second, même si les deux sujets sont assez proches. ||

Le début de la lettre, amusant certes, est bien consacré à ce *« nouveau livre »*, que le maître des Délices vient de lire. Mais au lieu d'opposer à la thèse de l'auteur des arguments sérieux et solides, il ne fait que se moquer de lui. Il caricature sa pensée, déforme ses intentions, lui prêtant la volonté de *« rendre* [les hommes] *bêtes »*, de les faire *« marcher à quatre pattes »*, et de leur donner envie *« d'aller trouver les sauvages du Canada »* ou vivre *« chez les Missouris »*. Il préfère, quant à lui, *« être un sauvage paisible dans la solitude »* de la campagne et du lac de Genève.
Mais si l'ironie est souvent une arme redoutable, qui permet de *« mettre les rieurs de son côté* [1] *»*, ou si l'on peut concevoir qu'il préfère jouir du confort et des soins du *« plus grand médecin de l'Europe »*, on attendrait de la part de Voltaire d'autres arguments[2], plus dignes de lui comme de Rousseau. ||

En fait, la plus longue partie de cette lettre, à partir de la ligne 18 (une centaine de lignes, en ajoutant les deux passages supprimés, après les lignes 18 et 26), est une réfutation du premier *Discours*. Rousseau, sur des preuves historiques et rationnelles, y soutenait l'idée que le progrès des sciences et des arts ainsi que le goût du luxe, nés de nos vices et de notre orgueil, étaient des agents de corruption et de décadence. N'avaient-ils d'ailleurs pas provoqué la ruine de l'Égypte, de la Grèce et de Rome, alors que les peuples *« ignorants et primitifs »*,

1. Voir, dans ce chapitre, les pages 145 à 147.
2. Voir le sujet suivant.

tels les Germains, les vieux Romains du temps de Fabricius[1] ou les sauvages de l'Amérique avaient, eux, conservé toute leur force, leur vertu et leur bonheur ?
Mais, là encore, la réplique de Voltaire est partielle et partiale. Au lieu d'aborder exactement le problème soulevé, il parle surtout des *« inconvénients du métier d'homme de lettres »* (titre d'une autre lettre de 1732), de ceux qu'il a connus lui-même – car il ramène toujours tout à soi. Ils ne constituent pas une raison suffisante pour condamner la littérature, les sciences et les arts, ni pour détester la société, Dieu et sa patrie.
Cela est vrai, d'autant que *« les plus grands crimes n'ont guère été commis que par de célèbres ignorants »* (dans le deuxième passage coupé, après la ligne 26), mais cela ne se rapporte pas du tout au *Discours sur l'inégalité*.
Un examinateur trouverait que Voltaire n'a pas traité le sujet ! ||

La fin, pourtant, nous y ramène, mais il s'agit encore d'une raillerie méchante (lignes 34 à 36)**, dirigée contre un homme que Voltaire poursuivra plus tard de sa haine et de ses sarcasmes[2] .** On aimerait sans doute mieux que l'auteur de cette lettre se comportât plus en philosophe et moins en polémiste, les traits de l'ironie cachant quelquefois l'insuffisance d'arguments, le peu d'intérêt pour le sujet ou de considération pour l'interlocuteur comme pour le lecteur.
Tel n'est quand même pas le cas, et la réponse à la question posée par l'Académie de Dijon, « une vraie question », comme on dit, doit être cherchée dans d'autres œuvres de Voltaire. dont le sentiment, d'ailleurs, a évolué au cours d'une longue vie, pleine d'expériences diverses. ||

On aura finalement tendance à se ranger de son côté, car, sans ignorer toutes les tares de la société et de la civilisation, qui font les inégalités, les injustices et les malheurs dont souffrent les hommes, l'auteur des *Contes* a pris le parti de cette société et de cette civilisation, c'est-à-dire de l'esprit humain, source de progrès et de lumières.

---

1. Voir, à la fin de la première partie de ce *Discours*, la *« prosopopée* (discours imaginaire d'un personnage allégorique ou d'un mort) *de Fabricius »* : ce consul du IIIe siècle av. J.-C., le type même de l'antique vertu romaine, s'indigne en voyant ce qu'est devenue Rome *« à la face pompeuse »*, où *« la splendeur funeste a succédé à la simplicité »* des premiers temps.
Cette idée est aussi celle de Montesquieu, dans les *Considérations sur les causes de la grandeur des Romains et de leur décadence* (1734). Mais cette thèse est très discutable.
2. Voltaire contribuera notamment à faire chasser Rousseau de Suisse et d'Angleterre. Tout séparait les deux hommes, leur caractère, leurs idées et leur vie : alors que le premier était riche et célèbre, menacé, certes, mais sachant toujours se mettre à l'abri, l'autre, la plupart du temps sans le sou, vivait de la générosité de ses protecteurs ou protectrices (Mme de Warens, Mme d'Épinay). Mentionnons la pièce de J.-F. Prévand, *Voltaire-Rousseau* : l'auteur imagine un face à face, qui n'eut pas lieu, à Ferney, en 1765. Rousseau vient d'être chassé à coups de pierres de Motiers-Travers, et le *Dictionnaire philosophique* de Voltaire a été condamné et brûlé à Abbeville, en même temps que le corps du chevalier de La Barre. Les deux hommes, qui se détestent, « vident leur sac ». Un spectacle agréable, drôle et constitué essentiellement des principaux passages d'œuvres ou de lettres de l'un et de l'autre (*L'Avant-Scène* théâtre, numéro 888, 15 avril 1991).

Attitude certainement plus positive que celle de Rousseau, même si celui-ci, il faut le dire et il l'a dit, n'a pas voulu faire l'éloge de la *« bêtise »*, ni souhaité le retour à l'âge de pierre, et s'il a reconnu que les arts et les lettres, dont il ne saurait se passer, nés *« d'un vice intérieur »*, sont à l'origine du mal, mais sont aussi nécessaires *« pour l'empêcher d'augmenter »* (réponse du 10 septembre 1755 à la lettre de Voltaire). ||

• Sujet 3

Dans le langage courant, « mythe », comme « rêve » ou « légende », s'oppose à « réalité ». Dans celui du philosophe ou du psychanalyste, au contraire, ce mot désigne ce qu'il y a de plus profond dans l'âme individuelle aussi bien que collective et archaïque, donc ce qui est l'image même de la condition humaine.
C'est pourquoi, il est toujours intéressant d'étudier les mythes, leur origine, leur signification et leurs représentations.
Celui du *« bon sauvage »*, dont la paternité est généralement attribuée à Rousseau, a des racines plus anciennes et plus complexes. ||

Il se fonde d'abord sur le sentiment d'une chute de l'homme, d'une déchéance entraînant le regret d'un « paradis perdu », dont chacun garderait le souvenir et qu'il aspirerait à retrouver[1]. Le *« bon sauvage »* est une image de cet homme, avant qu'il ne soit frappé de la disgrâce divine.
Après la découverte du Nouveau Monde, commence à se répandre, au XVIe siècle, l'idée que, loin de notre civilisation, des peuples vivaient heureux et tranquilles. Ces hommes, qu'on appelait « sauvages », avaient d'ailleurs une âme et des qualités physiques, morales, artistiques, qui faisaient d'eux, pour le moins, les égaux de leurs dominateurs. C'est le discours que tenait Montaigne[2], et déjà l'on était en train de passer de la reconnaissance du « sauvage » en tant qu'homme, à la naissance de ce mythe du *« bon sauvage »* : dès lors, il ne s'agissait plus d'une simple représentation de l'esprit, mais bel et bien d'êtres réels.
L'aboutissement de cette évolution est, au XVIIIe siècle, la conséquence d'une étude critique de la société, des gouvernements, des usages et des lois. La plupart des philosophes qui s'y livrent font la même constatation : l'homme, dans ce monde civilisé, résultant du progrès des arts et des sciences, n'est ni libre ni heureux. Cela montre bien, selon Rousseau, qu'il n'a pas été créé pour cet *« état*

---

1. C'est la théorie de la « réminiscence », dans le *Phèdre* de Platon ; *« l'âge d'or »* dont parlent les poètes latins, comme Ovide ; et, bien sûr, le thème du « péché originel », dans la pensée judéo-chrétienne.
2. Dans les chapitres intitulés *« Des cannibales »* (I, 31) et *« Des coches »* (III, 6), cités par ailleurs (voir page 145).

social » ou « *civil* », source d'inégalité, de discorde et de malheur, auquel on peut opposer l'« *état de nature* » : on passe ainsi de l'idée du « *bon sauvage* », notre égal, à l'affirmation de sa supériorité sur l'homme civilisé. ||

Les exemples de ces « *bons sauvages* » sont donc assez nombreux dans la littérature du siècle des Lumières, chez les Romantiques, et dans les romans ou dans les films de notre époque. Rousseau décrit, dans son *Discours* de 1755, l'existence de ces êtres libres, bons et heureux, qu'il imagine « *se rassasiant sous un chêne, se désaltérant au premier ruisseau,, trouvant* [leur] *lit au pied du même arbre qui* [leur] *a fourni* [leur] *repas* », tels Adam et Ève au Paradis, avant qu'ils n'en soient chassés. Tableau idyllique, plutôt naïf, et qui fait sourire ! Voltaire lui-même, son ennemi juré, met, dans certains épisodes ou au centre de ses *Contes*, des personnages que la civilisation n'a pas, ou pas encore, touchés. Ce sont, au chapitre 16 de *Candide*, les Oreillons, qui ne veulent de mal qu'à leurs ennemis – les jésuites – et qui jouissent, dans une liberté totale – y compris sexuelle – de tout ce que leur offre la nature. Ce sont les habitants de cet Eldorado, pays de nulle part, inaccessible – Candide et Cacambo n'y arrivent que par hasard –, qui ignorent la valeur de l'or ou des diamants, les classes sociales, les prêtres et les querelles religieuses (chapitres 16 et 17). C'est surtout ce Huron, venu du Canada, qui, dans *L'Ingénu*, possède déjà, naturellement, toutes les qualités qui feront de lui un gentilhomme exemplaire. ||

De même encore, dans beaucoup d'autres histoires, les héros, par nécessité ou par choix, vivent, loin de la civilisation, des aventures pleines d'enseignements.
Robinson, naufragé dans son île, au large du Vénézuéla, Paul et Virginie, heureux – avant d'être séparés – dans leur paradis exotique, au cœur de l'océan Indien, ou René, parmi les Natchez, sur les rives du Meschacebé, découvrent la vérité sur le monde et sur eux-mêmes, en regardant la nature, ou en voyant vivre des êtres simples, en harmonie avec elle[1]. Ces hommes, dits « sauvages » – mais ce mot a perdu toute signification péjorative –, donnent souvent des leçons de courage ou de vertus civiques et morales à ceux qui étaient censés les leur inculquer, comme ce *Dernier des Mohicans* de Fenimore Cooper (1826), ou ces tribus indiennes spoliées, traquées et massacrées. On voit de plus en plus dans les films l'image de l'Apache ou du Chéyenne, loyal et digne, se substituer à celle du Peau-Rouge barbare et cruel, brûlant les fermes, attaquant les convois et collectionnant les scalps des « visages pâles ». ||

Tout cela, évidemment, est excessif ou inexact, et d'une naiveté un peu puérile, qui ferait sourire si l'on ne pouvait trouver une explication sérieuse à cette représentation idéalisée de l'« *état de nature* » ou du « *bon sauvage* ».

1. Personnages des romans : *Robinson Crusoé* de Daniel De Foé (1719) – *Paul et Virginie* de Bernardin de Saint-Pierre (1788) – *Atala*, *René* et *Les Natchez* de Chateaubriand (1801 - 1802 - 1826).

D'abord, ces personnages ne sont ni tout à fait « bons », ni tout à fait « sauvages ». Les Oreillons pratiquent la zoophilie et le cannibalisme, que Voltaire, non sans humour, justifie[1], mais qu'on ne saurait tenir pour des mœurs acceptables. Et ce Huron, même s'il en a les manières, au début de l'histoire, n'est pas un vrai « sauvage » : un Indien ne s'adapterait pas si vite et si bien à la civilisation, au point de réussir à ébranler les convictions d'un janséniste (chap. 10).
Il est vrai qu'il est le fils de parents français disparus au Canada, où il a été recueilli et élevé par une nourrice huronne ! Ces Natchez, transformés, de chasseurs qu'ils étaient, en gentils laboureurs – ce qui est déjà un commencement de vie sociale et de civilisation –, Atala et Chactas, Outougamiz et sa sœur Céluta, l'ami et l'épouse de René, qui l'accueillent parmi eux, ont été déjà touchés par le message évangélique des missionnaires.
Et cette Nature, si belle et si hospitalière, la solitude, où l'âme, comme dit La Fontaine, *« trouve une douceur secrète »* (XI, 4, *« Songe d'un habitant du Mogol »*), n'ont pas grand-chose à voir avec les dangers et les pièges d'un milieu hostile, où rien n'est fait pour rendre facile la vie de l'homme. Robinson d'ailleurs s'en aperçoit, avant de s'y adapter à force de souffrances et d'obstination, comme il a du mal à supporter cette solitude, avant la venue de Vendredi, lequel, au début n'est pas un *« bon sauvage »*. ||

La raison d'être et le sens d'un mythe, qui parait donc bien éloigné de la réalité, ne doivent pas nous échapper pour autant. La volonté de ceux qui ont contribué à le faire naître et à le répandre est claire. Il s'agissait avant tout de montrer de façon aussi forte que possible, tous les inconvénients de la vie en société, pour laquelle l'homme n'était pas fait, et les méfaits de la civilisation, en prêtant à des êtres qui leur sont étrangers, toutes les vertus dont nous nous sommes peu à peu privés, la bonté, l'esprit d'égalité et le goût du bonheur.
Or ces êtres sont aussi éloignés de nous qu'Adam et Ève au Paradis, donc fort peu vraisemblables. Rousseau n'a jamais vu un Indien de sa vie ; Voltaire a pu en approcher quelques-uns, qu'on montrait comme des curiosités, à Versailles, en 1737. Et si Chateaubriand en a certainement rencontré plusieurs, et plus d'une fois, en Amérique, où il a été réellement émerveillé par la grandeur magnifique des paysages naturels, il s'agissait, pour lui comme pour René, d'oublier son *« mal de vivre »*, ce *« mal du siècle »*. On sait d'ailleurs qu'il reniera plus tard ces œuvres où la génération romantique a reconnu l'expression de ses tourments comme de ses aspirations. Et l'on sait bien que le désir de dépaysement, ce besoin d'un ailleurs, est un sentiment largement partagé, qui pousse à idéaliser cet ailleurs et à noircir le milieu où l'on vit. ||

1. Dans l'*Essai sur les mœurs* (1756) et dans le *Dictionnaire philosophique* (1764), à l'article *« anthropophages »*, où Voltaire dit qu'ils tuent pour se nourrir alors que nous le faisons pour le plaisir, et que nous mangeons bien la chair du Christ (l'hostie). Et Cacambo, dans le chapitre 16 de *Candide* explique que ces femmes ont pour amants des singes, qui sont des *« quarts d'hommes, comme* [il est] *un quart d'Espagnol »* ; les exemples de tels *« mélanges »* sont d'ailleurs nombreux dans la mythologie et les fables de l'Antiquité.

Mais la contestation de la société et de la civilisation est le produit de cette civilisation elle-même, qui a rendu l'homme plus capable de faire leur critique comme son autocritique, dans un monde malgré tout plus humain. Rousseau lui-même le reconnaît dans ses écrits postérieurs, où il affirme que cet *« état de nature »* n'existe pas réellement, qu'il ne faut pas le confondre avec un *« état primitif »* auquel il ne serait ni possible ni souhaitable de retourner, et qu'il n'a jamais été question pour lui de vouloir faire marcher les hommes à quatre pattes. Voltaire était trop intelligent pour ne pas l'avoir compris, mais la mauvaise foi était un moyen auquel il n'hésitait pas à recourir pour venir à bout d'un adversaire.

Il ne pouvait pas ne pas avoir saisi la véritable intention de Rousseau : inviter les hommes à rêver et à réfléchir, les amener à se dire que l'ordre établi et les valeurs reconnues sont peut-être critiquables et susceptibles d'être corrigés. Lui qui terminait ainsi une de ses lettres : *« Je suis toujours le monstre qui soutient que l'homme est naturellement bon »* (« *Lettre à Philopolis, citoyen de Genève »,* octobre 1756) et qui croyait à la possibilité de lutter contre le mal, précisément par les arts et les lettres (« *Lettre à Voltaire* », du 10 septembre 1755 – voir la fin du sujet précédent). ||

TEXTE N° 9, page 31

Paroles du père Souël

TRAVAUX PROPOSÉS

1. Amplification du texte

Écrivez, à la suite des paroles du Sachem et du père Souël une **réponse de René** aux reproches qui lui sont adressés par ces deux personnages, de façon que votre texte s'adapte le mieux possible à l'extrait présenté (tout près de la fin du récit de Chateaubriand).

2. Élargissement de la discussion

Que signifient pour vous le nom **« romantisme »**, ou l'adjectif **« romantique »** ?

Efforcez-vous de distinguer ce que l'on entend par ces mots dans l'histoire de la littérature et dans le langage courant. Utilisez le plus d'exemples possibles afin de les définir et surtout, donnez, à propos de l'attitude qu'ils expriment votre propre point de vue.

POUR L'EXAMEN

On offrira le choix entre ces deux sujets.

Le premier repose sur une observation attentive du texte, qui peut être suffisante : elle permet de reconnaître les trois ou quatre critiques, contre lesquelles René doit se défendre.

Notons que s'il peut admettre, dans une certains mesure, leur bien-fondé, il n'est pas très vraisemblable qu'il les accepte toutes. Mais évidemment, la connaissance d'autres passages d'*Atala* et des *Natchez*, romans constituant un tout, peut être utile, pour savoir comment finira l'histoire de René, et comment l'auteur introduit des éléments descriptifs dans le récit.

Le second demande un effort de réflexion, portant sur des œuvres ou des textes étudiés. Quelques axes à suggérer : le théâtre et le héros « romantiques », le poète et la poésie « romantiques », les personnages « romantiques » dans les romans ou dans les films... Et tout cela, bien sûr, est à comparer avec ce que nous pensons, aujourd'hui, du « romantisme », mot dont l'emploi s'est singulièrement banalisé.

• Sujet 1

> *« Chactas cessa de parler, et l'on entendit la voix du flammant qui, retiré dans les roseaux du Meschacebé* (= le Mississipi)*, annonçait un orage pour le milieu du jour*[1]*... »*
>
> **Le soleil était haut dans le ciel.** Assis sur le gazon, au pied du sassafras, les deux vieillards semblaient perdus dans leurs pensées. Le Sachem souriait ; qui sait quelles images passaient dans son esprit, derrière ses prunelles éteintes, tandis que le missionnaire, serrant son chapelet entre ses mains, avait commencé une prière muette. Son visage, un moment inflexible et austère, reprenait peu à peu sa sérénité et son air de douceur. **René dut surmonter son trouble pour répondre :** ||

"**Mon père, je ne sais qui de vous est plus digne de ce nom**, vous qui m'avez, dès le premier jour, accueilli et traité comme un fils, ou bien vous, qui savez si justement comprendre et diriger nos âmes ; laissez-moi tout d'abord vous dire ma reconnaissance.

Vos propos étaient ceux qu'il me fallait entendre. Il est des occasions où le cœur a besoin de paroles réconfortantes, d'indulgence et de compassion. Il en est d'autres où l'affection et l'amitié sincère se mesurent à la sévérité des reproches. Quand on ose blâmer, sans le ménager, celui qui s'égare, sans craindre de le blesser ou de lui déplaire, on lui montre qu'on l'estime et qu'on l'aime. ||

---

1. Citation de *René*, à la suite du passage donné.
« flammant » au lieu de *« flamant »* (orthographe actuelle).

J'ai mérité que vous me repreniez comme vous l'avez fait, vous surtout, vénéré Sachem, qui avez pleuré votre chère Atala, autant que l'absence et la mort de ma sœur tant aimée m'ont fait verser de larmes. Cette souffrance s'ajoutant aux désordres de mon âme, j'avoue que je me suis cru le plus malheureux du monde. Je reconnais aussi que je me suis enfermé dans ce sentiment qui me séparait des hommes, avec une certaine complaisance. Cette tristesse qui ne me quittait pas faisait mon tourment et ma félicité. J'éprouvais une secrète douceur à m'apitoyer sur moi-même, une sorte de fierté à me dire que je devais être quelqu'un d'exceptionnel puisque je ne pouvais me satisfaire de ce qui suffisait à la plupart des gens.
Je me rends compte qu'il y avait beaucoup d'orgueil dans une telle attitude, et vous, plus que tout autre, avez le droit de me juger, vous qui avez choisi de consacrer, humblement, votre vie au service de Dieu autant qu'à celui de votre prochain." ||

Chactas fixait sur le jeune homme ses yeux condamnés à une nuit éternelle, et qui pourtant semblaient ouverts sur des réalités invisibles, tandis qu'un sourire éclairait le visage attentif du prêtre. René poursuivit :
" **Depuis que je suis ici, dans ce monde que là-bas nous appelions « Nouveau », je réalise à quel point mes idées étaient fausses.** L'homme, quoi qu'on puisse dire, n'est pas naturellement bon. Le « *sauvage* », que j'imaginais libre et heureux, dans une sorte de Paradis biblique, n'était que le produit de mes rêveries et de mes chimères. Il y a dans ce pays, comme partout ailleurs, j'en suis convaincu, des êtres vertueux ou de grandes âmes, et des esprits égarés, capables de se tourner vers le mal par ignorance ou par méchanceté. ||

Vous m'avez montré, par votre exemple, quels bienfaits la civilisation et le christianisme, loin d'entraîner leur ruine et leur dépravation, ont, apportés à ces gens simples.
Vous leur avez enseigné l'agriculture ; vous avez fait de ces chasseurs des laboureurs[1]. Grâce à vous, ils ont découvert que la terre, l'*alma mater* (= la mère nourricière) des Anciens, pouvait être généreuse envers ceux qui ne ménageaient pas leur peine et qui ne se contentaient pas de cueillir les fruits aux branches des arbres. Ils ont appris que le travail rendait la vie moins dure et l'homme meilleur.
Et cet homme n'était pas forcément un « *loup pour l'homme* » mais, comme eux, une créature de Dieu, leur semblable, leur frère.
À ceux qui avaient l'habitude de se regarder en ennemis et de s'entretuer, vous avez fait comprendre qu'il faut s'aimer les uns les autres, doucement, sans violer leurs âmes, sans vouloir en chasser par la force les croyances ancestrales. ||

1. Référence à différents chapitres d'*Atala*.

Non, mon père, je ne hais pas les homme ! Seulement, je ne me sens pas toujours chez moi, à ma place, parmi eux. Ou bien je ne sais pas quoi faire pour eux. Ils m'ont accueilli, ils m'ont donné leur amitié et leur amour, quand j'étais seul, désespéré, loin du pays que j'avais fui pour tenter d'effacer ce que vous appelez « *chimères* » ou « *rêveries* ». Mais je n'ai pas votre talent, ni votre force ou votre foi. **Je sais que « *la solitude est mauvaise* »**, et d'ailleurs je ne cherche pas toujours à cacher mes chagrins « *au fond des forêts* ». Je vis parmi ces gens ; ils sont devenus ma seule famille ; je partage leurs souffrances et leurs joies ; je m'associe à leurs chasses et à leurs fêtes. De toutes mes forces, j'essaie d'empêcher leurs luttes fratricides, et je voudrais aider les autres Blancs à les mieux comprendre, afin qu'ils les traitent avec plus de respect, ou d'humanité. Je sais que je n'y suis pas encore parvenu, mais cela ne me fera pas renoncer. ||

Voyez-vous, mon père, je crains de n'être pas né pour le bonheur, ni pour le mien, ni, hélas, pour celui des autres ! J'ai peur d'être voué à faire, malgré moi, le malheur de tous ceux que j'aime. Vous savez que « *j'ai coûté la vie à ma mère en venant au monde*[1] ». Je porte la responsabilité des tourments et de la mort de la seule femme dont la pensée ne me quittera plus jusqu'à mon dernier jour[1]. J'ai accepté sans pouvoir le lui rendre l'amour de mon épouse, la tendre Céluta[2], qui m'a donné ce qui devrait être, pour moi comme pour tout homme, la joie d'être père. Mais je sens que je ne serai pas, pour cette petite Amélie dont je n'ai pas désiré la naissance, le guide capable de la conduire des jours tranquilles de l'enfance jusqu'à « *l'âge des passions*[2] ». Je vous le dis encore, en toute humilité, le mal dont je souffre n'est pas, comme vous le croyez, père Souël, « [un] *pur néant* ». Il est aussi réel que les couronnes d'épines ou les supplices des saints dont vous parlez. C'est cet ennui funeste, cet ennui de la vie qui « *m'a toujours dévoré* », et dont je ne pourrai jamais me délivrer, quoi que je fasse. « *Ce qui intéresse les autres hommes ne me touche point* », je n'y peux rien, c'est ainsi : « *je voudrais n'être pas né*[2]. »" ||

1. Références à *René*.
2. Renvois à des épisodes des *Natchez*, notamment à la lettre-testament de René à Céluta.
Atala (où Chactas raconte ses aventures, son amour pour Atala et son ambassade à Versailles) et *René* (où le héros raconte sa jeunesse, ses voyages, et surtout son amour impossible pour sa sœur Amélie, qui prit le voile et mourut dans un couvent, pour ne pas céder à cette même « *passion criminelle* »), font partie des *Natchez*, grande épopée indienne, dont ils constituent deux épisodes (1826) : on y apprend notamment la fin de ces histoires, la mort de Chactas, de René, de Céluta, et le destin malheureux de la petite Amélie. Quant aux Natchez, ils périrent tous, massacrés lors d'une guerre contre les Iroquois.
Notons par ailleurs qu'*Atala* fut publié séparément (1801) et que *René* fut incorporé dans *Le Génie du christianisme* (1802), dont il formait le livre IV de la 2e partie, intitulé « *Du vague des passions* ».

Le Meschacebé roulait toujours ses ondes dans le décor grandiose. Au loin, *« vers l'orient... les Apalaches se dessinaient comme des caractères d'azur dans les hauteurs dorées du ciel »*.[1]
Les trois amis se levèrent et reprirent le chemin du village. *« René marchait en silence entre le Missionnaire qui priait Dieu, et le Sachem aveugle qui cherchait sa route »*[1]. Personne ne rompit ce silence jusqu'à l'entrée de la Mission.
Assise sur une natte, devant la porte de sa cabane, Céluta balançait le berceau de la petite Amélie, en lui chantant une vieille complainte indienne. ||

• Sujet 2

L'histoire des mots est souvent intéressante : elle traduit l'histoire des idées, donc celle des hommes.
« Romantisme » (on a dit aussi « romanticisme ») et « romantique » (longtemps confondu avec « romanesque ») sont des emprunts à la langue anglaise. Dérivés de « roman », ils servaient à caractériser, vers le milieu du XVIIe siècle, des récits ou des héros de la littérature médiévale, propres à satisfaire un public amateur d'aventures et d'exploits fabuleux, de chevaliers au grand cœur et de beaux sentiments, le tout dans un climat de merveilleux, empreint de religiosité. ||

Mais c'est dans la première moitié du XIXe siècle que l'emploi de ces mots s'est répandu et que leur sens s'est fixé, s'éloignant et se séparant tout à fait de ces références aux « romans » du Moyen Âge.
Certes Rousseau, déjà, qualifiait de *« romantiques »* les rives du lac de Bienne[2] : mais cet adjectif, appliqué à un paysage signifiait surtout « pittoresques » et rien de plus. On ne le retrouve nulle part ailleurs, pas plus que chez Chateaubriand qui, lui aussi, représente l'esprit nouveau, les premières manifestations du courant « romantique », sans employer le mot.
En revanche, il est intéressant de noter que, presque en même temps, Mme de Staël l'utilise, en l'opposant à « classique », à propos de la littérature allemande, détachée de l'influence des Anciens, enracinée dans l'âme du peuple et le « folklore », tournée vers la vie même et vers le rêve[3]. ||

Et de fait, ce que l'histoire montre surtout, c'est la grande volonté des « romantiques » de tout changer, les genres littéraires, artistiques, mais aussi la sensibilité, l'homme et la société.

---

1. Citations de *René*.
2. Dans les *Rêveries du promeneur solitaire* (publication en 1782) : *« Les rives du lac de Bienne sont plus sauvages et **romantiques** que celles du lac de Genève. »* (5e promenade).
3. Dans *De l'Allemagne* (1810), dont le retentissement fut très grand.

Ils libèrent le théâtre des règles contraignantes de la tragédie du XVIIe siècle[1]. Les héros ne s'appellent plus, Agamemnon, Phèdre ou Oreste, mais Hernani et Ruy Blas, Lorenzaccio ou Antony, Fantasio et Chatterton... Ce ne sont plus des mythes ou des symboles, censés représenter la *« nature humaine »*, ou *« l'humaine condition »*, comme dit Montaigne, universelle et éternelle, mais des hommes de leur temps, des êtres plus complexes et plus humains, donnant de ce qu'ils sont une image plus vraie et moins abstraite, dans des situations plus proches de la vie.

De même, ils donnent au roman – sans guillemets – ses lettres de noblesse. Ils rompent également avec les modèles du passé, ceux du « cycle breton » et de la littérature « précieuse », mais aussi ceux qui faisaient de lui – la formule est de Voltaire – *« un genre esclave »* de la philosophie. À des héros souvent artificiels, abstraits ou « programmés », succèdent des personnages *« en situation »*, comme dirait Sartre, notamment des jeunes gens, dont la destinée dépend à la fois de leur être profond et des obstacles que la vie dresse devant eux.

En même temps que René, ce sont Oberman et Adolphe, dans les romans de Senancour (1804) et Benjamin Constant (1816), qui éprouvent, eux aussi, comme le jeune *Werther* de Goethe (1774), cette mélancolie suicidaire, cet ennui de vivre, dus au *« vague des passions »*.

Ce sont surtout Julien Sorel ou bien Fabrice, Rastignac ou Rubempré, Jean Valjean, Fantine et Cosette, ou Emma Bovary, tous ceux dont l'idéalisme, les ambitions ou les aspirations se heurtent à une société, par définition ennemie du changement et du rêve. Une société matérialiste que représente si bien le pharmacien Homais, parfait exemple d'une bourgeoisie provinciale et voltairienne, qui triomphe dans le roman de Flaubert. ||

Mais plus encore que le théâtre et le roman, c'est la poésie « romantique » qui illustre le mieux peut-être cette volonté de se détacher du passé.

Le « romantisme », pour nous, est avant tout le grand élan du cœur de toute une génération, en vue de **rendre au sentiment la place qu'il n'avait pas au siècle précédent**, siècle de philosophes, rationaliste et cartésien, sans grand poète. C'est aussi une réaction contre cette idée, « classique », que l'art, visant à l'immortalité universelle, doit être impersonnel, et que *« le moi »*, comme dit Pascal, *« est haïssable »*.

C'est donc, en premier lieu, **le triomphe de ce moi**[1], la légitimité de l'individualisme, le droit pour le poète d'exprimer ce qu'il est et ce qu'il ressent, que la poésie « romantique » revendique et consacre, dans ses recueils ou dans leurs morceaux les plus connus : *Les Contemplations, Le lac*, *La Maison du berger* ou *Les Nuits*, *El Desdichado* ou *Les Fleurs du Mal*...

---

1. Voir les travaux proposés sur les textes n° 5 et n° 1.

Les thèmes ne sont pas tous nouveaux, mais jamais on ne les avait traités avec une telle profondeur : c'est « la difficulté d'être », le mal de vivre, ce *« mal du siècle »*, de ces *« enfants du siècle »* dont parle Musset (1836). C'est la fragilité des sentiments, la fuite du temps, le regret des *« paradis perdus »* et la recherche des moyens de satisfaire son besoin d'absolu : l'aventure exotique ou la foi, l'héroïsme ou la sainteté, l'engagement social ou la solitude au sein de la Nature. C'est aussi, bien souvent, la pensée de la mort, le sentiment d'une malédiction ou l'ombre de la folie. ||

Beaucoup de ces œuvres et de ces héros, aujourd'hui, sont délaissés comme des toiles ou des statues dans des musées qu'on ne visite plus. On a tendance à railler les grands mouvements d'enthousiasme, les effusions lyriques, les soupirs et les plaintes des amants « romantiques ».
Chateaubriand lui-même, comme le père Souël, réprouvait le désespoir de René, sa souffrance égoïste[1], et Flaubert ne ménageait pas *« sa »* Bovary, pour qui, cependant, il éprouvait tendresse et compassion[1]. Rimbaud, de son côté, fustigeait les représentants de *« la vieillerie poétique »*, Musset en premier lieu, *« quatorze fois exécrable »*, tous coupables à ses yeux de n'être pas assez *« voyants »* ni *« voleurs de feu »*.[1] ||

Pourtant, presque tous les poètes ont été, à un moment de leur vie et dans une partie de leur œuvre, des « romantiques » même s'ils n'ont pas été que cela, comme Baudelaire, Hugo… et Rimbaud, dans ses premiers poèmes surtout, sans parler des Symbolistes et des Surréalistes, après eux.
Le « romantisme » vit toujours, particulièrement dans la jeunesse du XXe siècle. Certes, ses modèles sont différents, ses préoccupations le sont aussi. Mais il y a toujours en elle la même « fureur de vivre », la même fièvre révolutionnaire, le même rejet de l'ordre établi, des valeurs reconnues, de la société et de la civilisation. « Changer la vie », « Sous les pavés la plage », « Interdit d'interdire », etc. auraient pu être des slogans nés sur les barricades de 1830 ou de 1848. Le rock et le rap, le pop art ou le funk, procèdent de cette volonté de rompre avec les formes d'art traditionnelles, qui animait aussi les partisans d'un théâtre nouveau, lors de la fameuse « bataille d'*Hernani* » (1830).
Et le mal-être de ceux qui cherchent aujourd'hui la fuite dans des « paradis artificiels », ou bien un sens à leur vie dans un retour à la nature, dans le combat écologique, dans une communauté, plus ou moins en marge de la société, ce mélange d'illusion et de désespoir, n'est-il pas une conduite proprement « romantique » ?

---

1. Voir dans les *Mémoires d'outre-tombe* (publication en 1848 et 1853) : *« Si* René *n'existait pas, je ne l'écrirais plus ; s'il m'était possible de le détruire, je le détruirais. »* (IIe partie, livre1).
Flaubert ridiculise le « romantisme » simpliste et « bon marché » d'Emma et de Léon Dupuis (IIe partie, chapitre 2) et dénonce les dangers du « bovarysme », qui en est la conséquence (tendance à substituer à une réalité déplaisante une existence imaginaire).
Dans *Une saison en enfer* (Délires, II, « Alchimie du verbe ») et la lettre à Paul Démeny, ou *« Lettre du voyant »* (1873 et mai 1871).

Est « romantique », au fond, la façon d'être et d'agir d'un homme qui ne trouve pas sa place dans le monde tel qu'il est. ||

Mais le sens des mots s'affaiblit, un peu comme une batterie qui se décharge, quands ils « passent » dans le langage courant où leur emploi se banalise.
On parle de couples d'amoureux, de paysages, de promenades au clair de lune, de musiques ou de chansons « romantiques ».
« Romantisme » est devenu synonyme de sentimentalité facile, goût pour la rêverie et les émotions qui charment, sans bouleverser l'être tout entier.
On est loin du « mal de vivre » de René, ou des épreuves endurées par les héros des « romans » bretons du Moyen Âge.
Tout s'est passé dans l'histoire de ces mots comme dans celle de ces jeunes gens, qui croyaient changer le monde, avant de s'apercevoir que c'est plutôt le monde qui nous change. ||

TEXTE N° 10, page 32

Il a volé un pain !

TRAVAUX PROPOSÉS

1. Un scénario pour le cinéma ou la télévision
Faites le découpage de la scène racontée (*« chose vue »*), en distinguant bien les différents plans, les mouvements de la caméra, en précisant certains détails visuels, et en ajoutant quelques brefs éléments de dialogue.

2. Amplification d'un passage
Ajoutez à la phrase « ***Je demeurai pensif*** » (ligne 21) une suite qui puisse s'intégrer dans le texte, à cet endroit.
→ Vous utiliserez **je**, comme si vous étiez Victor Hugo lui-même.

3. Élargissement de la discussion
Quelles réflexions la fin de la dernière phrase, ***« … la catastrophe est inévitable »*** vous inspire-t-elle ?
→ Vous appuierez, autant que possible, ces réflexions sur des références à l'histoire et à l'actualité.

POUR L'EXAMEN

On pourra offrir le choix entre les sujets 2 et 3.
Le sujet 1 conviendrait plutôt à des travaux faits en classe, par exemple à des activités modulaires (voir *Tout le français au lycée*, pages 64 à 67, dans la même collection).

Des références à la biographie et à des œuvres de Victor Hugo, sans être absolument indispensables, seront les bienvenues, pourvu qu'elles entrent utilement dans le cadre de la réflexion entreprise.

• Sujet 1

On pourra distinguer **6 plans**, constituant une suite, ou une **séquence**.
Dans chacun d'eux, il s'agira de remplacer par **des images**, fixes ou en mouvement, et par des éléments de **dialogue direct,** les faits, les sentiments ou les pensées rapportés dans le récit.

Plan 1

La rue de Tournon, près de l'Odéon et du Luxembourg, dans un des beaux quartiers de Paris : immeubles bourgeois, riches hôtels particuliers, équipages devant les portes cochères... Il est midi ; il fait froid, malgré le soleil.
Sur le trottoir, quelques passants vont et viennent. Deux femmes, enveloppées dans leur longue cape, les mains cachées sous un manchon de fourrure, sont en conversation, près de la vitrine du fleuriste.
À l'entrée du poste de garde, devant la caserne des gendarmes, la sentinelle, l'arme sur l'épaule, fait les cent pas.
Un peu plus loin, une berline attelée de deux chevaux gris et portant des armoiries ducales, vient de s'arrêter. Le cocher descend de son siège et traverse la rue, tandis que les deux laquais, en livrée chamarrée et guêtres blanches, restent debout, derrière.

Plan 2

Au bout de la rue, un homme s'avance.
La caméra le suit : il a 45 ans environ, et marche d'un pas tranquille. Sa mise élégante indique que ce n'est pas n'importe qui : redingote soigneusement coupée, bottes et gants assortis, en cuir de Russie, canne à pommeau d'argent ciselé. C'est Victor Hugo, l'académicien riche et célèbre, que le roi Louis-Philippe vient de nommer à la Chambre des Pairs.
Gros plan sur son visage : il semble plongé dans une tristesse profonde ; des images reviennent à sa mémoire, des cris...
Image et voix intérieures : une barque qui chavire, des vers qui résonnent dans sa tête[1].

« Nous ne voyons jamais qu'un seul côté des choses
L'autre plonge en la nuit d'un mystère effrayant.

1. **Plan 2 :** sa fille aînée Léopoldine s'est noyée avec son mari, à Villequier, près de l'embouchure de la Seine, le 4 septembre 1843. Le poète ne cessera de penser à elle, toute sa vie.
Ces vers, ajoutés en 1846 (l'année de la scène rapportée) au poème écrit en 1844, seront datés du 4 septembre 1847 (quatrième anniversaire du drame), et ne seront publiés qu'en 1856, dans le recueil des *Contemplations* (volume II, livre 1, intitulé *« Pauca meae »* = quelques vers pour ma chérie).

L'homme subit le joug sans connaître les causes,
Tout ce qu'il voit est court, inutile et fuyant.» [...]

Plan 3

Retour de la caméra sur la rue : à l'angle de la rue Saint-Sulpice, débouche un trio, qui marche en direction de Victor Hugo.
La caméra l'accompagne : deux gendarmes, coiffés du bicorne, le sabre au côté, encadrent un prisonnier, les poignets et les chevilles attachés à une chaîne dont ils tiennent les deux bouts.
Plan fixe sur l'homme : pas très vieux, 35 ans peut-être, vêtu de la blouse grise de l'ouvrier, sale et déchirée, les pieds entourés de chiffons ensanglantés dans des sabots de paysan. Le visage hagard d'une bête traquée, une barbe hirsute, les joues creuses, le regard fixe, où se lisent l'épuisement et la colère.
Il porte sous le bras gauche un gros pain de 6 livres : il avance péniblement, en faisant du bruit. Les gendarmes le poussent, presque à chaque pas : « Allez, avance ! »

Plan 4

Sur le trottoir d'en face : quelques passants s'arrêtent. Les deux femmes s'approchent :
« Qu'est-ce qui se passe ?
– Il paraît qu'il a volé un pain...
– Vous croyez ? C'est pour ça qu'on va le mettre en prison ?
– On commence par voler, on finit par tuer... »
La caméra suit le trio, qui arrive, en même temps que Victor Hugo, à la hauteur de la berline.
Gros plan sur l'intérieur de la voiture, tapissé de damas bouton d'or, capitonné.
La duchesse : en robe de velours noir sur laquelle ressort une parure de diamants. Retirant son chapeau rose, elle découvre de longues boucles blondes, encadrant son frais visage et ses yeux clairs. Elle tient sur ses genoux un petit garçon d'un an et demi environ.
L'enfant, rose et joufflu, emmitouflé dans ses vêtements ornés de rubans et de dentelles, sourit à sa mère, qui lui chante : *« Ainsi font, font, font, les petites marionnettes »*, en faisant tourner ses menottes, au rythme de la chanson. Apparemment, elle n'a rien vu de la scène qui se déroule.

Plan 5

L'un des gendarmes se dirige vers l'entrée de la caserne, tandis que l'autre et le prisonnier attendent à deux pas de la berline. Victor Hugo s'arrête juste devant eux.
Gros plan sur le visage de l'homme, dont le regard, un court instant, pénètre dans la voiture, à travers la glace levée et croise celui de la duchesse.

Une sorte de sourire fugitif, pareil à une grimace, éclaire ce visage endurci. **La duchesse**, en le voyant soudain, jette un cri, détourne la tête et tire précipitamment le rideau.
Le gendarme éloigne brutalement le prisonnier : « Pousse-toi de là, animal ! Tu vois pas que tu fais peur à la dame ? »

Plan 6

Le gendarme ressort de la caserne ; il rejoint les deux autres et les trois, ensemble, se dirigent vers l'entrée.
Le cocher revient : il remonte sur son siège, fouette les chevaux et la berline s'éloigne.
Victor Hugo reste immobile, à l'endroit où s'est passée la scène. **Image intérieure :** il revoit le visage de l'homme qui regarde la duchesse, à travers la glace levée, et le geste de recul de celle-ci.
Sur le trottoir d'en face, les deux femmes (plan 1) l'aperçoivent soudain : « Vous avez vu... C'est Victor Hugo ! ».

• Sujet 2

« *Je demeurai pensif.* »

Immobile un instant, comme si une force inconnue me retenait, je sentais une tempête sous mon crâne. Mes idées se bousculaient. J'entendais la voix terrible de l'avocat du peuple, debout, devant les magistrats impassibles, dans leur robe rouge comme le sang. ||

“ ***Il a volé un pain ! c'est vrai, c'est mal.*** Si nous tolérions de tels actes, ce n'est pas seulement la propriété, c'est la sécurité, c'est la liberté de chacun qui seraient menacées. Il faut que les lois soient respectées par tous, il faut que la justice passe, ou alors c'est l'état tout entier qui chancelle et s'effondre. ||

Mais quoi ? Voler n'est pas tuer ! un délit n'est pas un crime. Fallait-il enchaîner l'accusé, le promener dans les rues, le montrer comme une bête curieuse, un monstre dangereux, l'exposer à la vindicte, aux moqueries et aux insultes ? Allez-vous le jeter en prison, l'envoyer au bagne à Brest ou à Toulon, l'y laisser des mois ou des années ? Le châtiment ne serait-il pas démesuré par rapport à la faute ? Pourquoi pas l'échafaud, pour un pain de quelques centimes ? ||

Il a volé, c'est vrai. Il ne l'aurait pas dû... Mais quoi ! un peu de charité, un peu de compassion ! Cet homme est sans travail, il a faim, il a froid, il a une famille à nourrir... Il n'a plus rien, plus rien à perdre, plus rien à espérer... Alors, il brise une vitrine, il prend. Il sait que c'est mal, il sait ce qu'il risque mais il n'a plus le choix. ||

Une société *« marâtre*[1] » qui réduit ainsi certains de ses enfants au désespoir, ne doit-elle pas être réformée ? Quelle sorte d'hommes sommes-nous devenus nous-mêmes, qui nous disons chrétiens et qui avons oublié la charité, l'indulgence et le pardon ? Nous ne manquons de rien, nous aimons nos enfants, nous voulons pour eux un avenir lumineux, une vie agréable et facile. Nous ne voyons pas les ténèbres, la misère et l'ignorance, tout près de nous. Une duchesse qui se trouvait là, par hasard, n'a rien vu, ou n'a rien voulu voir. Sans doute avait-elle peur de croiser le regard chargé de reproches de celui qu'on emmenait comme un criminel. ||

« Il y a une espèce de ***honte*** *d'être heureux, à la vue de certaines misères »*, disait La Bruyère[2]. **C'est un sentiment que nous ne semblons pas éprouver, pas plus que nous ne nous sentons responsables du malheur de tous ces déshérités.** Dieu a voulu qu'il y eût des pauvres, il y en a toujours eu, c'est une fatalité. Mais prenons garde ! la misère conduit au désespoir, le désespoir à la colère et la colère à la révolte. Il se pourrait qu'un jour nos avantages, nos biens et notre sécurité soient gravement menacés. Nous regretterons alors, mais trop tard, de ne pas avoir su faire, à temps, ce qu'il fallait pour éviter la catastrophe. » ||

Sur ces paroles, la voix se tut. La berline s'était éloignée ; les deux gendarmes et le malheureux étaient entrés dans la caserne.
Je me remis en marche, en direction de la Chambre.
La même voix me dit encore : « Tu reproches à cette duchesse de n'avoir rien vu, ou rien voulu voir. Mais toi, tu as tout vu et tu n'as rien fait. Ce n'est pas mieux… » ||

• Sujet 3

Les faits rapportés par Victor Hugo dans *Choses vues*, à la date du 22 février 1846, ont de quoi nous troubler.
La scène est dramatique ; elle nous fait naturellement penser au début d'un roman bien connu[3], dont le héros est Jean Valjean. Mais surtout, elle est présentée comme prémonitoire, annonçant des événements graves, *« une catastrophe inévitable »*, dit l'auteur. ||

Deux ans plus tard, en effet, jour pour jour (22, 23 et 24 février 1848), le roi Louis-Philippe sera renversé par un soulèvement populaire, et la monarchie dite « de Juillet » remplacée par la république. Étrange coïncidence !

1. Dans la *Préface* du *Dernier Jour d'un condamné* (édition de 1832).
2. Dans les *Caractères*, chapitre XI, *« De l'homme »*, fragment 82.
3. Hugo a commencé à y penser dès 1828, et à l'écrire entre 1845 et 1847. Le roman ne sera achevé et publié qu'en 1861-1862.

Victor Hugo avait-il des dons de voyance ? Ce qui est plus sérieux, c'est de penser qu'un régime établi sur l'oppression et l'inégalité, où la richesse et la puissance étaient réunies entre les mains d'un petit nombre de privilégiés, toujours les mêmes, devait se transformer ou bien disparaître. C'est ce que l'histoire avait montré déjà. C'est ce que n'avaient pas voulu admettre les « conservateurs » et Guizot, hostiles aux idées nouvelles et à toute réforme voulue par les « libéraux ». ||

Victor Hugo, lui, l'avait compris, bien qu'il fût, à 44 ans, ce qu'on peut appeler un homme « arrivé », écrivain riche et célèbre, élu à l'Académie (en 1841), et nommé à la Chambre des Pairs par le roi (en 1845). Des œuvres comme *Le Dernier Jour d'un condamné* (1829) et *Claude Gueux* (1834), moins connues que beaucoup d'autres, bien sûr, avaient déjà posé ouvertement « *le grand problème du peuple au dix-neuvième siècle*[1] ». Comment accepter longtemps qu'une société « marâtre » offre à certains de ses enfants *« la maison de force à 12 ans, le bagne à 18 ans, l'échafaud à 40*[1] » et que l'ouvrier sans travail soit conduit, malgré lui, à voler pour survivre ? ||

Ce problème n'était pas seulement posé à la conscience morale de chacun ; il l'était aussi à la réflexion des hommes politiques, chargés des affaires de l'État, responsables de l'ordre public et de la paix civile.
Mais soulever des questions ne suffisait pas ; il fallait proposer des solutions. *« Ouvrir une école ou un atelier*[1] » pouvait sauver du bagne ou de l'échafaud. Saint-Simon[2] et ses disciples Enfantin et Bazard, théoriciens du collectivisme, La Mennais et Lacordaire, partisans d'un catholicisme libéral, Fourier et ses « phalanstères », en attendant Proudhon, Marx et les socialistes de la fin du siècle, énonçaient des idées nouvelles, qui allaient faire leur chemin. On considérait même tous ces gens-là comme des utopistes, des illuminés – on dirait aujourd'hui, « des allumés » – ou des fous dangereux. ||

Il y a trop d'injustices ; il faut partager ; il est normal que ceux qui ont tout donnent un peu à ceux qui n'ont rien.
« La propriété privée, c'est le vol » (Proudhon, 1840), même si on l'a honnêtement acquise – *« Enrichissez-vous par le travail et par l'épargne »*, disait Guizot. L'association communautaire permet d'éviter l'excès d'individualisme et l'exclusion sociale. La justice ne doit pas s'acharner sur les « misérables » ; elle doit aussi bien s'en prendre aux puissants, et savoir pardonner quelquefois...

---

1. Dans la *Préface* du *Dernier Jour d'un condamné* (1832), texte déjà cité.
2. Le philosophe (1760 - 1825), le maître à penser des « saint-simoniens », le créateur de la doctrine politique et sociale du « saint-simonisme » dont parle notamment Stendhal, théorie considérée comme utopique, anarchisante et dangereuse, sous la Restauration. À ne pas confondre avec le mémorialiste de la fin du XVIIe siècle (1675 - 1755), qui a longuement décrit, de façon satirique, la cour de France, à la fin du règne de Louis XIV et sous la Régence précédant celui de Louis XV, un peu comme La Bruyère.

Toutes ces idées, venues du XIXe siècle, ou d'un passé plus ancien, paraissent bien actuelles de nos jours. Notre société connaît des problèmes comparables, aggravés encore par les écarts toujours considérables entre les pays « riches » et les autres, qui constituent ce qu'on appelle « le tiers, voire le quart monde ». Les mouvements migratoires de ceux-ci vers ceux-là, en devenant de plus en plus fréquents, ne manquent pas de créer des désordres ou des crises, une rupture de l'équilibre, dans les sociétés où l'on ignorait jusqu'alors la misère, le sous-développement et l'oppression. ||

On ne peut pas rester heureux tout seul, ou du moins cela ne peut durer éternellement : « *Les poils du zébu se mouillent ensemble, et sèchent ensemble* », dit un vieux proverbe africain. Sous le même soleil, sur la même « *terre des hommes* », et ceux qui refusent de l'admettre, risquent de l'apprendre un jour à leurs dépens.
C'est *« la catastrophe inévitable »* dont parle Hugo, qui considère, comme après lui Zola, par exemple, que le rôle de l'écrivain n'est pas seulement de raconter une histoire, mais aussi d'éveiller les consciences. C'est ce que montrent bien son engagement politique, sa vie d'exilé et son œuvre « *au service de la vérité et de la justice* », comme dira Camus. ||

TEXTE N° 11, page 33

« Ils ont voté ! »

TRAVAUX PROPOSÉS

1. Analyse de l'argumentation
Montrez que l'ensemble du poème, chaque détail, toutes les oppositions, toutes les références qu'il contient, et sa structure même, tout cela s'ordonne autour d'une idée centrale, sur laquelle vous pourrez donner votre point de vue.

2. Élargissement de la discussion
Développez librement votre réflexion personnelle sur ce qui vous semble être l'idée centrale de cet extrait des *Châtiments*, en appuyant autant que possible vos observations sur des exemples empruntés à d'autres périodes, à d'autres événements de l'histoire, ou à la littérature.

POUR L'EXAMEN

On proposera, au choix, l'un ou l'autre des sujets.
Le premier invite à scruter attentivement le texte, afin de montrer comment chaque détail qui mérite d'être observé sert à renforcer cette « idée centrale ».

Comme on aurait à le faire mais de façon plus systématique et approfondie, pour un commentaire littéraire, on sera ainsi amené à établir **un lien entre la forme, productrice de sens, et le fond**, c'est-à-dire le but de l'argumentation, pour lesquels il est permis de réagir diversement.

Le second invite à dépasser ce texte, sans le perdre de vue pour autant. La « liberté » et la « personnalité » consisteront dans le choix des exemples et des références, ainsi que dans l'aptitude à **poser des questions**, ces « vraies questions », comme on dit, qui comptent peut-être plus que les réponses proposées.

• Sujet 1

Lorsqu'au début de 1852, Victor Hugo quitte Paris, après le plébiscite du 20 décembre 1851, il est rempli d'amertume et de colère. Il en veut au Prince-Président, qui *« vient de briser la Constitution,* [...] [qui] *garrotte la France* [et] *trahit la République »* (*Souvenirs personnels*). Mais il en veut tout autant à ceux qui l'ont plébiscité massivement, à ces 7 millions et demi d'électeurs (contre 650 000 opposants) qui ont ainsi légitimé le coup d'État du 2 décembre 1851 et ouvert à « Napoléon-le-Petit » la route vers l'empire. Les efforts du poète en vue de sauver la liberté ayant été vains, il ne lui reste plus qu'à prendre le chemin d'un long exil. ||

Dans cet extrait du livre III des *Châtiments*, la première œuvre de cet exil, sont opposés en une forte antithèse, le peuple, qui a voté pour le tyran (vers 1 à 22), et la Liberté, qui *« trouve une citadelle »* dans chaque citoyen, mais surtout dans *« l'honnête homme »*, prêt à résister, même seul contre tous, pour la défendre (vers 23 à 36 et 37 à 50).

La première partie est une série d'invectives lancées contre ceux qui *« ont voté »*. Le poète les apostrophe, les injurie et les fustige :

« Troupeau que la peur mène paître » (v. 1) ;

« Braves gens, qui […] *mettez* | *De la religion dans vos propriétés »* (v. 7 et 8) – l'ironie est évidente ;

« lions transformés en toutous » (v. 15) ;

« bestiaux de Panurge » (v. 17) ;

« tas de brutes » (v. 22).

Il y a, bien sûr, une cohérence frappante entre toutes ces **images**, assimilant les électeurs à des animaux domestiques ou de compagnie, qui se caractérisent par leur instinct grégaire et leur disposition à se soumettre.

Il faut aussi remarquer que ces propos véhéments ne s'adressent pas au peuple, le vrai, les humbles et les « misérables », dont Victor Hugo a toujours pris le parti. Ils visent les possédants, attachés à leurs biens, les bourgeois, les commerçants *« dont la balance incorrecte trébuche »* (v. 14) :

***« vos maisons, vos bois, votre verger, / Vos meules…, vos pommes…, vos foins…, vos propriétés »* (v. 4 à 8), tout cela vaut-il que la Liberté soit *« pendue au clou »* (v. 27) et bradée ?**
On a fait croire à ces gens-là que l'*« hydre »* républicaine (v. 6) allait tout dévorer, que seul un homme providentiel, le *« sauveur »* (v. 16) – épithète habituelle du Messie – était capable d'éloigner la menace de l'anarchie et du socialisme. Et ils l'ont cru, ajoutant la niaiserie (v. 16) à l'égoïsme avide et mesquin.
Mais, plus encore, les responsables sont les représentants de l'Autorité civile et religieuse, les maires, les curés, hommes de loi, fonctionnaires, qui se sont servis de leur pouvoir ou de leur influence pour tromper les autres, et qui se sont laissés tromper eux-mêmes.
Enfin et surtout, le grand coupable, le vrai criminel, est *« cet homme »* (v. 16), assimilé à un bandit, à un *« Cartouche »* (v. 18) ou à Mandrin (dans un passage précédant cet extrait), qui a su abuser son monde, à commencer par Victor Hugo lui-même, et se faire passer pour un *« thaumaturge »* (v. 18), capable de réaliser des *« miracles »* (v. 18).
Mais, encore une fois, ces gens-là ne sont pas la France ; ils ne sont pas *« le peuple »* (v. 21). ||

La deuxième partie s'adresse plus particulièrement aux *« chiens du berger Maupas »* (v. 23) – encore une métaphore animale –, c'est-à-dire le préfet de Police et ses sbires, tous ces Javert à qui Hugo n'a pu échapper qu'en prenant la fuite. **Mais évidemment, à travers eux, elle vise celui qu'ils servent.**
Le poète, certes, a voulu préserver sa propre liberté :

> « […] *Nul n'a droit de me prendre*
> « *Ma liberté, mon bien, mon ciel bleu, mon amour.* » (v. 38 et 39)

Mais surtout, il est devenu le gardien, le dépositaire en quelque sorte, de la Liberté, avec une majuscule, de la Vérité (v. 25 et 26), *« une citadelle »* (v. 30) où se sont réfugiées :

> « *La vertu, la fierté, la justice, l'histoire,*
> « *Toute une nation avec toute sa gloire* » (v. 45 et 46)

L'invective, comme dans la première partie, est encore employée

> « *Donc, trouvez du bonheur, ô plates créatures,*
> « *À vivre dans la fange et dans les pourritures* » (v. 33 et 34)

Les métaphores, chargées de mépris et de colère, soulignent toujours la bassesse de ce peuple, ou plutôt de ce *« tas »*, qui s'est laissé *« au piège estropier »* (v. 28). Mais c'est l'antithèse qui exprime le plus fortement la conviction profonde du poète, son droit d'être ANTI-, de ne pas adhérer à la THÈSE, **son refus de se plier à la sanction du vote populaire, à cette loi du nombre, qui favorise le crime :**
*« Fût-**on** cent millions d'**esclaves**, je suis **libre**. »* (v. 41).

Il est SEUL contre TOUS, LIBRE face à tous ces ESCLAVES, LES YEUX OUVERTS sur le jour, alors que *« tout l'univers* [est] *AVEUGLE »* (v. 40), et il tient à rester DEBOUT. *« Dans la CHUTE d'autrui* [ne voulant] *pas DESCENDRE »* (v. 37).
Cette décision de se mettre *« à l'écart »* (v. 36), **en dissidence, pour manifester le désaccord de sa conscience et pour résister, est non seulement le droit, mais aussi le devoir d'un homme d'honneur**. C'est l'exemple que donnent quelques hautes figures de l'antiquité, Caton d'Utique, adversaire de César (v. 42), ou encore Sertorius, qui souleva sa province d'Espagne contre Rome, pour s'opposer à la dictature de Sylla. Tous deux – entre autres – voulaient sauver la République, et le vers 49 est manifestement inspiré de celui de Corneille : *« Rome n'est plus dans Rome, elle est toute où je suis »* (*Sertorius*, 1662, III, 1, v. 936).
D'autres exemples, plus près de nous, rejoignent cette prise de position. ||

Que pouvons-nous en penser, objectivement ? Certes l'attitude ne manque pas de grandeur ni de panache. Elle est en grande partie fondée : le Président élu a bien trahi la République ; une fois de plus, la Liberté conquise par le peuple a été « confisquée » par un homme au pouvoir ; le nouveau souverain, ayant réussi son coup d'État, comme celui du 18 Brumaire 1799, s'est ouvert la route de l'Empire, avec l'approbation du peuple. Tout cela n'a été possible que par le complot, le mensonge, les fausses promesses, l'exploitation de la peur et des espérances. Témoins les titres donnés à chacun des six livres du recueil[1], qui rappellent, ironiquement, les déclarations du futur Napoléon III, ou la formule rassurante, *« L'Empire, c'est la paix »*, que démentiront les événements ultérieurs. On ne peut donc pas dire que Victor Hugo n'ait pas vu juste. On peut toutefois remarquer, et certains l'ont fait, qu'il avait d'abord soutenu la candidature à la présidence de Louis-Napoléon Bonaparte, dont il appréciait les programmes humanitaires et les écrits socialistes[2], durant sa détention au fort de Ham. Peut-être attendait-il de lui, en retour, d'être duc ou ministre, et sa déception personnelle expliquerait en partie la violence de sa haine à l'égard de cet *« Augustule »*, de ce *« Napoléon-le-Petit »*, indigne de porter le nom de son glorieux prédécesseur.
Mais surtout, et cela aussi a été souligné par certains, il n'est pas interdit de voir, dans cette attitude de l'exilé volontaire, qui se déclare seul dépositaire de la grandeur nationale et de la Liberté du peuple, une manifestation d'orgueil, une com-

1. « La société est sauvée – L'ordre est rétabli – La famille est restaurée – La religion est glorifiée – L'autorité est sacrée – La stabilité est sauvée. »
Ce sont les affirmations par lesquelles le Prince-Président essayait de justifie son coup d'État.
Un septième livre : *« Les* ***sauveurs****... se sauveront »*, annonce, dans un jeu de mots, la chute de la tyrannie. À ces 7 livres s'ajoutent un poème d'introduction, *« NOX »* (= la Nuit) et un poème de conclusion, *« LUX »* (= la lumière).
2. *L'Extinction du paupérisme* (1844), où l'on peut lire, par exemple : *« La classe populaire ne possède rien, il faut la rendre propriétaire. »*

plaisance évidente à cultiver son image[1], une nette tendance, comme l'écrira Edmond About, dans un article paru en 1871 (dans *Le Soir* de Bruxelles), à pratiquer « l'autolâtrie », ou l'hugolâtrie. ||

Cela ne diminue en rien la sincérité de l'homme et du citoyen, qui dit non, ni l'admiration due au poète, même s'il est permis de regretter certains excès inutiles. Mais ce sont eux précisément qui font le sublime et la force de cette poésie, où l'on a vu la violence des satires de Juvénal, ou des *Philippiques* de Démosthène, associée au souffle épique de Virgile ou Homère. Et l'on ne peut nier ce qu'il y a de digne et d'élevé dans le fait de déclarer tout haut qu'au nom de sa conscience, on a le droit, plus encore, le devoir, de résister à ce qui est injuste, pour défendre ce qui fait la grandeur de l'homme même, surtout si l'on est seul à le faire. On cite souvent ce dernier vers d'*Ultima verba* :

« Et s'il n'en reste qu'un, je serai celui-là »

(*Châtiments*, livre VII, poème 17.)

Au demeurant, dans quelle mesure a-t-on raison, seul contre tous, quand il s'agit du destin de tous ?

• Sujet 2

→ Ce travail pourra être rapproché de l'argumentation *a contrario* présentée pages 150 et 152.

Dans une démocratie, le peuple est souverain. Les citoyens, qui ne sont plus des sujets, exercent cette souveraineté en votant, librement, et le résultat de leur vote a un caractère presque sacré : *Vox populi, vox dei* (= « la voix du peuple [est] la voix de Dieu »). La majorité, aux yeux de la loi, a raison, et sa décision doit être acceptée par tous, y compris par ceux qui ne se sont pas prononcés comme elle. La Constitution, néanmoins, leur donne le droit d'avoir des opinions différentes, et de continuer à les soutenir dans le(s) parti(s) de l'opposition. ||

Mais, précisément, cette majorité a-t-elle nécessairement raison ? Rien n'est moins sûr. Les électeurs ne votent pas toujours, loin s'en faut, en pleine connaissance de cause. Leur choix, déterminé par des circonstances actuelles et par des préoccupations particulières, voire égoïstes, engage la nation entière, pour un avenir dont ils n'imaginent pas les surprises ou les désillusions qu'il leur réserve peut-être. Beaucoup, qui ne possèdent ni l'esprit critique, ni la maturité politique souhaitables, ont pu se laisser berner par les fausses promesses, les pro-

1. L'une des plus célèbres le représente, assis ou debout, à Jersey, seul sur le Rocher des Proscrits, face à la mer, et l'on sait qu'il rejettera avec dédain *« la chose appelée amnistie »*, déclarant : *« Quand la liberté rentrera, je rentrerai »* (1859). Ce sera après la chute de l'Empire, en septembre 1870.

pos rassurants ou inquiétants des candidats. Les démagogues ont toujours su comment séduire le peuple, utiliser ses craintes ou ses espérances pour gagner sa confiance et lui faire croire qu'il doit s'en remettre à eux, puisque la conjoncture l'exige. C'est ainsi qu'un homme ambitieux peut se voir proposer par les électeurs mêmes, persuadés d'agir librement, le pouvoir qu'il veut conquérir, et dont il se servira ensuite pour les priver d'une partie de leur liberté. ||

Dans ce cas, celui qui n'est pas dupe a le droit et même le devoir moral de résister, en espérant que son exemple aidera les autres à ouvrir les yeux. Il y a plusieurs moyens de dire NON à l'injustice ou à l'oppression légitimée, de s'opposer, en obéissant à sa conscience, au pouvoir et à l'ordre établi. Le nombre, d'ailleurs, n'a que peu d'importance. Celui ou celle qui dit NON peut être SEUL(E), comme Antigone, bravant la loi – écrite, humaine, par conséquent caduque – et l'autorité de Créon, roi de Thèbes, pour donner, symboliquement, une sépulture à son frère, Polynice, le rebelle, ou comme Socrate, le marginal, le contestataire des institutions et des mœurs d'Athènes. Tous deux acceptent la sanction inique, la mort, pour témoigner contre l'iniquité : Antigone ne veut pas invoquer l'excuse de l'ignorance ou de la jeunesse, et Socrate, s'il faut en croire Xénophon dans ses *Mémorables*, refuse de s'enfuir de sa prison. ||

Plus près de nous, les exemples ne sont pas moins nombreux ni moins significatifs. C'est d'abord celui de Victor Hugo, préférant l'exil, pendant près de vingt ans, plutôt que la soumission à un pouvoir usurpé, malgré le plébiscite, et à un tyran détesté. Mais Voltaire avant lui avait choisi la fuite, « l'hégire », comme Mahomet, pour lutter contre l'injustice et l'oppression.
L'écrivain, par ses écrits, dira Camus, a pour mission de témoigner, de déposer ou d'accuser, comme Zola, et ces armes peuvent contribuer au triomphe d'une cause juste. C'est ainsi que Soljénitsyne, Salman Rushdi, Taslima Nasreen et beaucoup d'autres ont quitté leur patrie, eux aussi, pour sauver leur vie ou leur liberté, et pour dénoncer afin de les combattre les atteintes aux droits de l'homme, ou de la femme. ||

Mais le cas qui se rapproche peut-être le plus de celui de Victor Hugo, bien qu'il ne s'agisse pas d'un écrivain, n'est-il pas le choix de Charles de Gaulle, en juin 1940 ?
Comme l'auteur des *Châtiments*, il dit NON à l'armistice, il refuse d'obéir au gouvernement, pourtant légal, et à la politique de Vichy. De Londres où il s'est installé, il lance l'appel bien connu, pour inviter les Français à le rejoindre. Désormais, la France n'est plus en France, *« Un Français, c'est la France »*, et ce Français, c'est lui. Plus tard, quand il sera au pouvoir, après 1958, il ne cessera de répéter qu'il est l'incarnation d'*« une certaine idée de la France »*, le dépositaire de l'honneur national et de l'histoire, la *« citadelle »* des valeurs républicaines. Hugo ne s'exprimait pas autrement. ||

On peut se demander s'il n'y a pas beaucoup d'orgueil dans ces affirmations, si un homme seul a le droit et peut avoir raison de se dresser contre la volonté de tous – ou du plus grand nombre –, quand il s'agit précisément du sort de tous ?
Certes, chacun peut être en désaccord avec les autres, même s'ils sont la majorité, et refuser de se soumettre. Encore doit-il respecter, dans une certaine mesure, cette volonté majoritaire, même s'il la désapprouve et s'il veut la combattre. Qui peut affirmer que le regard de la postérité sur Victor Hugo et sur Charles de Gaulle eût été tout à fait ce qu'il est, si la suite des événements ne leur eût donné raison ? Et reconnaître que le suffrage universel peut conduire à des aberrations ou à des monstruosités doit-il nous amener à rejeter, comme Socrate et Platon, dans la *République*, ou à condamner, comme Montesquieu et Voltaire, le régime dont il est la base ? ||

La démocratie, comme tous les autres systèmes de gouvernement, a aussi ses imperfections et ses dangers. Elle peut donner à ceux qui voudraient la corrompre ou la renverser les meilleures armes, pour qu'ils s'en servent contre elle. Elle est cependant, de tous les régimes, celui qui satisfait le plus les exigences de justice et de liberté, dans le monde moderne, où elle a remplacé presque partout les dictatures et les monarchies. Limiter ou supprimer le suffrage universel serait faire un grand pas en arrière. On connaît la boutade pleine d'humour et de vérité de Sir Winston Churchill : ***« La démocratie est le pire des gouvernements, à l'exception de tous les autres. »***

TEXTE N° 12, page 34

« Cette tête doit tomber ! »

TRAVAUX PROPOSÉS

1. Donnez, d'une partie du texte, comprise entre les lignes 12 et 43 (*« Je n'ai pourtant gardé de cette journée... Le lendemain, quand il revint, j'étais parti »*) un **résumé de 8 lignes au maximum**, qui fasse bien apparaître l'enchaînement des faits, et leur répercussion sur le témoin qui les rapporte.

2. Amplification du texte
Développez, à partir de la phrase ***« Mais j'avais le cœur malade »*** (ligne 41) le récit et les impressions du témoin, qui seront aussi les vôtres, de façon que votre texte puisse s'insérer, à cet endroit, dans ce passage du roman, et déboucher, si possible sur la phrase qui suit :
« Un soir, mon père demanda son réveil... » (ligne 42)
→ Vous continuerez donc à utiliser **la 1re personne**, en prenant la place du narrateur.

3. Élargissement de la discussion

La peine de mort a été supprimée en France, le 9 octobre 1981. Aujourd'hui, certains voudraient qu'elle soit rétablie.

Exposez librement vos réflexions sur ce thème, en accompagnant vos observations de références, aussi précises que possible, à l'histoire, à l'actualité, à la littérature ou au cinéma.

POUR L'EXAMEN

On pourra offrir le choix entre :

– Sujet 1 + sujet 2 ou bien sujet 1 + sujet 3, en attribuant par exemple 3 points au résumé et 7 points à l'amplification du texte ou à la discussion ;

– ou bien le sujet 2 ou le sujet 3 seulement, en attribuant à l'amplification ou à la discussion la totalité des 10 points.

Le sujet 1 pourra alors constituer une préparation (ne faisant pas partie de l'épreuve) en vue de traiter le sujet ou (et) un élément du corrigé.

• Sujet 1

Posons d'abord des jalons dans le texte :

« Je n'ai pourtant gardé... il était vivant. | *Mais moi, je m'en apercevais brusquement... une sorte d'aveuglement entêté.* || *Je ne me réveillai vraiment qu'avec le réquisitoire de mon père... il obtint cette tête... le plus abject des assassinats.* || *Vous attendez sans doute... le cœur malade.* | *Un soir, mon père... j'étais parti.*
(5 / 6 divisions)

Chaque division pourra être resserrée en une phrase :

L'accusé avouait qu'il était coupable ; je ne pouvais détacher mon regard de cet individu pitoyable, terrorisé comme un oiseau de nuit en plein jour, mais qui était vivant. | Une seule idée m'obsédait et me liait à lui : on voulait le tuer. || Mon père, au nom de la société, requit et obtint la tête de ce pauvre homme ; l'exécution à laquelle il assisterait, selon l'usage, me semblait un odieux assassinat. || Pendant des mois, j'en fus malade. | Un an plus tard, mon père se leva, à l'aube ; ce même jour, je quittai la maison. || (7 lignes)

→ Voir les autres résumés, pages 113 , 135, 155.

• Sujet 2

« ... Mais j'avais le cœur malade. »

Sans cesse, je pensais à l'homme seul, dans sa cellule du quartier des condamnés à mort.

Je pensais à lui au lycée quelquefois, quand le cours m'ennuyait, en marchant dans les rues, sur la Place d'Armes[1] ou sur le boulevard du Front-de-Mer, d'où je voyais le *Ville d'Oran* s'éloigner vers Marseille. ||

J'étais libre, j'allais au cinéma, ou au stade, le dimanche. Avec les copains et les filles de mon âge, nous passions nos après-midi sur la plage d'Aïn-el-Turk, et la nuit, tout l'été, nous dansions dans les jardins aux fêtes de village. Ma liberté, c'était tout cela, et je n'en mesurais pas vraiment le prix jusqu'à cette rencontre avec ce petit homme roux, enfermé dans sa prison. Je n'imaginais pas qu'on pût m'en priver du jour au lendemain, me prendre, comme dit le poète[2],

« Ma liberté, mon bien, mon ciel bleu, mon amour. » ||

Je trouvais insupportable, inhumaine, cette attente imposée au malheureux, les demandes rejetées, les unes après les autres, la recherche d'éléments nouveaux, qui auraient permis la cassation du jugement, les échecs, et finalement l'ultime recours à la grâce présidentielle.
Entre toutes ces démarches, une année s'était écoulée, des mois et des semaines, des jours et des nuits, des nuits surtout, pendant lesquelles le condamné avait dû s'endormir avec l'idée affreuse de l'aube où l'on viendrait, à pas de loup, le tirer de son sommeil. ||

Je me représentais la scène, le directeur et les gardiens faisant irruption dans la cellule, le procureur, l'avocat et le prêtre attendant dehors, dans le couloir. L'homme à demi réveillé, traîné, presque porté, jusqu'à la pièce froide ; l'escabeau, le col de chemise arraché, la tondeuse sur la nuque. Le verre de rhum, la dernière cigarette. Enfin, la porte ouverte sur l'horrible machine…
Toutes ces images se pressaient dans ma tête et remplissaient mes nuits jusqu'au réveil. Lui aussi devait faire le même rêve et se trouver tout étonné de rouvrir les yeux. Pour un jour encore, ou pour combien de temps ? C'était comme si, chaque matin, son exécution recommençait, et je pensais au titre d'un film américain, avec James Cagney, que mon père m'avait amené voir au Rex : *« À chaque aube, je meurs »*. ||

Me revenaient alors les moments forts du procès. Je revoyais la salle d'audience, pleine comme le Théâtre Municipal, un soir de représentation des tournées Karsenty. Les élégantes, les bourgeois, les journalistes. Au fond, le public du « poulailler », *« les enfants du paradis »*, prêts à manifester à la pre-

1. Devant l'Hôtel de Ville et le Théâtre Municipal, lieu de rencontres et de flâneries, au centre d'Oran, un peu comme le Forum romain, ou l'Agora d'Athènes. Toutes les autres indications concernant les lieux ou les occupations dans cette ville d'Algérie sont exactes.
2. Victor Hugo, *Les Châtiments*, voir page 34, vers 39.

mière occasion. Et dans son box, tout seul entre les deux gendarmes, l'accusé. Comme il paraissait petit et pitoyable dans son costume étriqué, face à ces magistrats en robe rouge, relevée du bandeau d'hermine, assis sous la balance et l'inscription latine, dont il ne comprenait sûrement pas le sens ! ||

J'entendais la voix puissante et grave de mon père, ses paroles qui tombaient déjà comme des couperets : « Cet homme est coupable. La bombe qu'il a déposée dans le hall de l'*Écho d'Oran* aurait dû tuer. Par bonheur, quelques passants sur le trottoir n'ont été que légèrement blessés par les éclats, à l'exception d'un seul, qui a perdu un œil.
Mais surtout, il faut voir dans ce geste criminel un acte de révolte contre la République et contre nos institutions. L'accusé est un militant trotskiste : il a rejoint le parti autonomiste du tristement célèbre Messali Hadj, déjà plusieurs fois condamné, ce P.P.A. (Parti Populaire Algérien), dont le but proclamé est, à long ou moyen terme, l'indépendance de l'Algérie, et, dans l'immédiat, la perte, pour nous, Français, de nos droits et avantages légitimement acquis. Voilà pourquoi, Messieurs les jurés, vous devez sans hésiter, vous prononcer pour condamner le projet criminel de cet homme, pour décourager ceux qui voudraient l'imiter, afin que votre sentence serve d'exemple. C'est donc en mon âme et conscience que je requiers contre lui la peine capitale. *« Cette tête doit tomber »*, et nous devons faire en sorte, comme disaient les Anciens, qu'elle ne repousse pas, pour que vive notre République. » ||

Sur ces fortes paroles, mon père s'était rassis, visiblement satisfait. Après un tel réquisitoire, qui avait impressionné les jurés et une grande partie du public, l'avocat commis d'office avait peu de chance de les retourner en faveur de l'accusé. Ni le rappel de son enfance déchirée par le divorce de ses parents, ni ses déboires conjugaux, ni la personnalité insignifiante de ce petit employé de la Compagnie du Gaz ne les avaient émus. Les dernières paroles de la plaidoirie avaient même franchement déplu et provoqué des manifestations de colère dans la salle : « Mon client a voulu attirer votre attention sur l'injustice faite aux 6 millions de musulmans, à qui on a refusé la nationalité française[1], accordée aux juifs, ici, dans ces départements français. Au fond, son plus grand tort est d'avoir eu raison. Un jour ou l'autre, vous serez bien obligés d'en convenir... » ... Le verdict ne s'était pas fait attendre. ||

1. Les faits peuvent être datés autour de 1930. Tarrou avait alors 17 ans.
À cette époque déjà, les premiers mouvements nationalistes existaient en Algérie, dont le P.P.A. et le M.T.L.D. (Mouvement pour le Triomphe des Libertés Démocratiques) de Messali Hadj, de Ben Badis ou de l'émir Khaled, mais on ne pensait pas alors que tout cela aboutirait à la Révolution en 1954, et à l'Indépendance en 1962.
On a reproché à Camus de ne pas en avoir parlé dans *La Peste* : les Arabes sont, comme on l'a dit, *« les grands absents du roman »*.
Les « juifs indigènes » d'Algérie avaient été naturalisés Français par le décret Crémieux, en 1870.

Au fil du temps, je revivais tous ces moments. Et tandis qu'à la maison la vie continuait, *« comme un long fleuve tranquille »*, je commençais à croire qu'on allait oublier le petit homme dans sa cellule, ou qu'un miracle le sauverait. Mais, *« un soir, mon père demanda son réveil... »* ||

• Sujet 3

L'un des premiers actes du gouvernement formé en 1981 fut, on le sait, de faire voter par l'Assemblée nationale le projet de loi du ministre de la Justice de l'époque, l'ancien avocat Maître Roger Badinter : par 369 voix contre 113 et 5 abstentions (plus 4 absents), les députés se prononcèrent, le 9 octobre 1981, pour **l'abolition de la peine de mort**. Aujourd'hui, presque 15 ans après, nombreux sont ceux qui regrettent qu'une telle mesure ait été prise, et souhaiteraient qu'elle soit annulée. Mais nombreux aussi sont ceux qui demeurent opposés au rétablissement de la peine capitale. ||

Ce serait, disent-ils, un retour à la barbarie des temps anciens, où il était d'usage de mettre à mort les accusés reconnus coupables de certains crimes, jugés particulièrement graves. C'est ainsi que les nobles étaient décapités, les bandits de grand chemin roués en place publique, les régicides écartelés, les faux-monnayeurs bouillis dans un chaudron, les hérétiques et les sorcières brûlés vifs. Ces cruautés d'un autre âge étaient précédées, en règle générale, par la torture, « la question », dont le but était d'obtenir des aveux du criminel, et de lui faire déjà expier son forfait, ou d'établir l'innocence du suspect, s'il était capable d'y résister. Mais surtout, les exécutions se déroulaient sous les yeux d'un nombreux public. Organisées et mises en scène comme de grands spectacles populaires, elles attiraient les foules. On y venait en famille, poussé par une curiosité malsaine et par le goût de la mort, comme jadis pour les jeux du cirque, ou aujourd'hui pour les corridas. Il faudra attendre jusqu'au milieu du XXe siècle – les lois de 1939 et de 1951 – pour que de telles pratiques cessent, et que la presse n'ait plus le droit d'assister aux exécutions comme à la première d'une pièce d'Anouilh ou de Giraudoux. ||

Actuellement, la plupart des nations du monde occidental, et plus particulièrement les démocraties européennes, qui ont souscrit à la Déclaration Universelle des Droits de l'Homme, ont aboli la peine de mort. Elle subsiste néanmoins dans une partie des États-Unis d'Amérique, comme dans plusieurs pays d'Asie et d'Afrique. Certes, la chaise électrique, la chambre à gaz ou l'injection intraveineuse ont remplacé la roue, le bûcher ou la potence, la guillotine ou le garrot, mais on éprouve la même horreur quand on se représente les derniers jours ou les derniers moments d'un condamné, exécuté devant un petit nombre de témoins et des médecins en blouse blanche. On peut trouver monstrueux les « meurtres en série », les attentats ou les prises d'otages ayant entraîné la mort de victimes innocentes, ou de représentants de l'ordre, on peut juger criminels les trafics de drogue entre la Thaïlande ou la Malaisie et l'Occident, mais, au moment de mourir, les coupables deviennent eux-mêmes des victimes. ||

« **Pensons plutôt aux vraies victimes » : la peine capitale, pour ses partisans, constitue le meilleur moyen de défense de la société contre le crime.** En éliminant les criminels les plus dangereux, les « irrécupérables », qui risqueraient de récidiver si on les laissait vivre, on dissuade du même coup ceux qui pourraient commettre les mêmes forfaits, en leur faisant savoir qu'ils auraient à les payer de leur vie. C'est un discours qui se fait entendre de plus en plus aujourd'hui, surtout quand l'opinion, à juste titre, s'émeut de meurtres particulièrement odieux, commis sur des personnes âgées ou sur des enfants, ou bien quand un terrorisme aveugle frappe des innocents. On trouve que la justice est trop indulgente, que les criminels profitent de cette faiblesse, qui est l'une des causes principales de la violence et de l'insécurité. Ne devrait-on pas, au moins, rétablir la peine de mort, comme certains pays et certains états d'Amérique l'ont fait, pour les actes les plus intolérables ? ||

À ces arguments, les adversaires d'un retour à l'usage de la guillotine, qui constituent encore la majorité – même si cette majorité est courte et variable –, répondent que ce serait une mesure inadéquate et déshonorante.
Inadéquate, parce que sans effet. Les statistiques produites montrent que la criminalité n'a pas évolué de façon significative dans les pays qui ont conservé, supprimé ou rétabli, totalement ou partiellement, la peine capitale. Les *« serial murders »* (meurtres en série) et les attentats contre des cliniques où l'on pratique l'avortement seraient même plus nombreux et plus violents aux États-Unis, là où l'on exécute les condamnés à mort. La peine n'aurait donc pas l'exemplarité escomptée. En outre, il ne faut exclure ni la possibilité d'une erreur judiciaire qui se manifesterait après l'exécution du jugement, ni celle d'une réhabilitation et d'une réinsertion sociale du criminel. On sait par exemple que la justice s'est très probablement trompée en envoyant Jean Calas à la roue, à l'échafaud Joseph Lesurques, et plus près de nous, Christian Ranucci[1]. Mais comment réparer une erreur quand on a fait mourir le présumé coupable ? ||

1. Le premier est le héros de l'affaire Calas, exécuté à Toulouse (1762) après avoir été jugé coupable de l'assassinat d'un de ses fils, qui voulait se convertir au catholicisme. Voltaire réussit à prouver son innocence et à obtenir la réhabilitation posthume de ce protestant, victime de l'intolérance.
Lesurques est un des protagonistes de l'affaire du Courrier de Lyon, victime d'un concours de circonstances et de simples présomptions, condamné et exécuté avec les vrais coupables (1796). Dans un spectacle de ces dernières années, Robert Hossein a reconstitué le procès et consulté le public : les spectateurs, chaque soir, ont voté, à l'unanimité ou presque, se prononçant pour l'innocence, ou pour le doute plus que raisonnable, qui aurait dû profiter à l'accusé.
Christian Ranucci, exécuté en 1976 pour avoir d'abord reconnu être le meurtrier d'une fillette, avant de le nier, jusqu'au dernier moment, aurait dû lui aussi bénéficier au moins de ce doute raisonnable, résultant de certains faits incompatibles avec sa culpabilité : c'est ce qu'a montré le romancier- journaliste Gilles Perrault, dans *Le Pull-Over rouge* (1978).

Déshonorante aussi, parce que rétablir la peine de mort serait revenir en arrière et s'éloigner de ce qui est le véritable esprit de la justice, dans un État de droit. Ce serait confondre cette justice, dont la fonction est de maintenir entre les citoyens un équilibre symbolisé par les plateaux d'une balance, avec le désir de vengeance, qui inspirait l'antique loi du talion, dont nul ne saurait se satisfaire. Après tout, prendre un œil ou prendre une vie ne rend pas l'œil ou la vie enlevés. C'est pourquoi, le nouveau Code pénal prévoit, pour les crimes les plus graves, de lourdes peines de substitution pouvant aller jusqu'à l'emprisonnement à perpétuité, afin que soient protégée la société, et sauvegardé le droit à la vie de tout être humain. D'ailleurs certains grands criminels, comme l'ancien ennemi public numéro 1, Jacques Mesrine, dans *L'Instinct de mort*, ont dit très clairement qu'ils redoutaient bien plus une longue détention que cette peine capitale, dont l'effet de dissuasion, décidément, n'est pas aussi grand qu'on pourrait le penser. ||

Et d'ailleurs, l'article inscrit depuis 1791 dans l'ancien Code pénal est devenu le thème d'une scène comique.
Dans un film de Marcel Pagnol, *Le Schpountz*, Fernandel déclame de toutes les façons possibles, comme Cyrano dans sa tirade des « nez », la phrase terrible,

« Tout condamné à mort aura la tête tranchée »,

sur un ton successivement pathétique, hilare, dubitatif, convaincu, et solennel. ||

TEXTE N° 13, page 36

« La cigale »

TRAVAUX PROPOSÉS

1. Analyse de l'argumentation et mise en parallèle
Examinez le discours, la personnalité et les arguments de chacun des personnages, sortis des fables de La Fontaine, et montrez que l'on retrouve, dans ce nouveau récit, tout ce qui faisait l'intérêt des modèles que vous avez reconnus, avec l'inattendu en plus.

2. Élargissement de la discussion
La publicité, tous les jours et par tous les moyens, pousse les gens à placer leur argent, à s'assurer, à rechercher à la fois le profit et la sécurité. Que pensez-vous d'une société qui propose à l'homme de telles fins, de telles valeurs ? Quelles représentations la littérature, la philosophie, la religion nous donnent-elles de l'argent, de l'homme d'affaires et du financier ? Donnez sur toutes ces questions votre sentiment personnel, appuyé sur des exemples.

POUR L'EXAMEN

On offrira le choix entre ces deux sujets.
Le premier demande que le texte soit scruté méthodiquement et mis en parallèle avec des modèles que nul n'est censé ignorer, cette comparaison amenant à définir un genre qui, pour être assez rarement rencontré, n'en est pas moins digne d'intérêt, celui de **la parodie**.
Le second est une invitation à réfléchir sur un thème tout à fait classique, mais en évitant les banalités ou les généralités qui sont le signe d'une pauvreté de pensée regrettable, grâce aux références littéraires et aux exemples choisis pour illustrer les affirmations énoncées.

• Sujet 1

> **On peut employer, pour caractériser cette fable de Jean Anouilh, le vocabulaire et des notions de la stylistique moderne,** parler d' « écart » par rapport à une « norme » ou à un « code », de « surprise » ou d'« attente déçue. »
> Et le plaisir consiste précisément dans cette attente, comme dans la surprise de s'apercevoir qu'elle est déçue. ||

Le lecteur, dès le début, reconnaît les personnages des fables de La Fontaine, sans doute les plus connues du grand public et des enfants. C'est ce qui constitue la norme, le code, ou, si l'on veut, le modèle de référence. Les deux premiers vers sont exactement ceux de « *La Cigale et la Fourmi* ». Le troisième surprend un peu, car il est étranger à cette fable, mais ne constitue pas un écart significatif : après tout, cette Cigale aurait très bien pu, comme l'autre, dilapider le montant de tous ses cachets et se retrouver sans le sou. Le quatrième et le cinquième vers rappellent, à une syllabe près, mais qui change tout, ceux que chaque écolier a dû apprendre par cœur et réciter :

« *Se trouva fort bien pourvue* »,
au lieu de : « *Se trouva fort dépourvue*
« *Quand la bise fut venue.* »

La ressemblance avec le modèle, quoique moins évidente, se remarque encore dans le vers 9 :

« ***Elle alla** trouver un renard* »
et « ***Elle alla** crier famine* »

La moralité, ou plutôt la boutade finale, tient aussi, comme dans « *Le Corbeau et le Renard* », dans un distique, détaché du récit. ||

On est un peu surpris de trouver réunis les personnages de deux fables différentes, qui ont perdu, l'un et l'autre, leur partenaire, la fourmi et le corbeau. On est surtout étonné de voir la cigale, non pas affamée et mendiante,

mais « *bien pourvue* » et la mine florissante. Néanmoins, elle passe tout son temps à chanter, comme celle de La Fontaine, et elle paraît aussi insouciante qu'elle (vers 11 et 12), apparence qui trompe le renard (vers 13).
Celui-ci est tout à fait conforme à son modèle. Son discours est semblable au langage qu'il tient au corbeau. Il utilise la flatterie, la fausse humilité, croyant ainsi « endormir » la méfiance du client, ou de la cliente, dont il pense bien faire sa dupe (vers 14 à 31) : les affaires d'argent sont des activités bien terre à terre, un souci « *bien trivial* » et « *bien triste* » (vers 17), indigne d'occuper l'esprit des « *artistes* » (vers 15), ou des poètes (vers 22), dont l'« *art* », le « *génie* » (vers 25 et 26) est fait pour « *planer* » (vers 23) bien au-dessus de tous ces « *bas calculs* » (vers 25). Et le « *sourire bonhomme* » (vers 29), qui accompagne la fin du discours, exprime à la fois la satisfaction du trompeur, qui croit « le poisson ferré », et le mépris du spécialiste pour le profane, qui n'y connaît rien (vers 27 et 28). On imagine donc le renard, qui tend à la cigale un stylo pour qu'elle signe, au bas de la feuille blanche. ||

Jusque-là (vers 31) – on a dépassé le milieu de la fable (57 vers) –, **la « norme » est respectée, et le lecteur reconnaît les personnages qui lui sont familiers.**
La surprise est brusque, et l'attente déçue à partir du vers 32. La cigale, qui n'avait rien dit auparavant, interrompt brutalement le renard. Celui-ci ne trouve rien à répondre, tant il est stupéfait, mais aussi parce que les remarques sèches et précises de sa cliente prouvent qu'elle est parfaitement au fait des questions financières, des taux pratiqués en général, et par lui en particulier. Elle a un avocat-conseil, capable d'examiner et de discuter un contrat, au lieu de signer un « *blanc-seing* » (vers 27), les yeux fermés. ||

Il importe toutefois, pour le plaisir de ce lecteur, qu'une certaine ambiguïté demeure encore, qu'il existe toujours un lien entre le modèle de La Fontaine et le personnage « revu et corrigé » de la cigale. Celle-ci se révèle une femme d'affaires avertie, mais elle ne s'éloigne pas tout à fait de l'image initiale, de la coquette un peu frivole, qu'on pourrait croire écervelée. Telle qu'elle apparaît au début, « *l'œil noyé sous le fard* » (vers 11), détail rappelé au vers 35, « *le regard d'acier* » brillant « *sous le rimmel* », elle se retire, en soignant sa sortie, « *l'œil perdu, ayant vérifié son fard* » (vers 45), comme une vraie professionnelle, habituée à sourire aux photographes, mais aussi comme n'importe quelle jeune femme soucieuse de plaire. Cela donne un relief particulier à la dernière réplique (vers 53 à 55), surprenante de cynisme et de cruauté, alors qu'on aurait pu croire inspirée par un mouvement de charité la demande précédente (vers 50),

« *Je veux que vous prêtiez aux pauvres seulement* »,

contre-pied d'un adage bien connu. ||

Et, de même qu'une fable se termine par une moralité, qui n'est ici qu'une simple boutade, les deux derniers vers rappellent la fin de la plupart des récits de La Fontaine.

Malgré le « clin d'œil » des vers 47 et 48 (la cape de renard), la morale à tirer de tout cela est très sérieuse et chacun, comme on dit, « en prend pour son grade » : l'affairiste malhonnête, le trompeur trompé, qui juge sur des apparences et des idées préconçues ; l'artiste, hypocrite, qui ne s'intéresse pas qu'à l'art ; et le lecteur, naïf et cupide, à la recherche de gains faciles, qui a bien mérité de recevoir la leçon.

Ainsi, ce lecteur aura rejoué le jeu proposé par la parodie, aller-retour entre un modèle connu et une imitation qui, tout en le rappelant, s'en éloigne, sans le faire oublier. ||

• Sujet 2

« Intéressez-vous à votre argent... car votre argent nous intéresse... ». C'est le message sans cesse diffusé par la Bourse, par La Poste, les caisses d'épargne, les compagnies d'assurance et les établissements financiers, officiels ou privés, à la télévision, dans la presse ou par des affiches et des prospectus. Toute cette publicité, qu'on peut trouver envahissante, tendrait à faire croire qu'il n'est pas de préoccupation plus importante, ni pour la bonne santé de l'économie, ni pour le bonheur de chacun. ||

Et de fait, l'argent attire, l'argent fascine, ou du moins, il représente, pour la plupart des gens, le but de tous les efforts, ce qui permet d'obtenir tout ce que l'on désire et de réaliser tous ses rêves, enfin presque tous.

On travaille pour en gagner ; on souhaite en posséder le plus possible ; on veut éviter qu'il ne perde de sa valeur, à cause de l'inflation ou d'une crise éventuelles. On blâme ceux qui « le jettent par les fenêtres », sous prétexte qu' « il est fait pour être dépensé » et qu'« il faut profiter de la vie ».

C'est pourquoi des produits d'épargne, des placements avantageux, des emprunts intéressants, des assurances sur la vie et après la vie, sont proposés au client. Celui-ci, séduit par la perspective de gains substantiels, et rassuré par les garanties qui lui sont données, s'informe, se passionne, « boursicote », toujours à la recherche de l'investissement idéal, qui rapportera gros sans comporter de risque. Cela peut le rendre égoïste, cupide, et faire de lui une bonne proie pour des renards peu scrupuleux, habiles à exploiter la convoitise de corbeaux trop crédules, ou de cigales, différentes de celle de Jean Anouilh. ||

Pourtant, l'image de l'argent, dans le discours philosophique, moral ou religieux, dans la littérature, et même dans l'opinion commune, est nettement péjorative.

Le riche, l'avare, l'usurier, l'homme d'affaires ou le banquier, dans le roman comme au théâtre, ne sont jamais des personnages qui inspirent la sympathie. Que ce soient Shylock ou Harpagon, le père Grandet, Nucingen ou Du Tillay, chez Balzac, Aristide Rougon, dit Saccard, dans *La Curée* et *L'Argent* de Zola, Isidore Lechat, dans *Les Affaires sont les affaires*, ou encore le puissant Noël Schoudler, dans *Les Grandes Familles*[1], tous sont des êtres durs, corrompus, qui font le malheur des autres, et bien souvent le leur.
Car l'argent salit tout, dégrade tout, et dénature tous ceux qu'il touche. Rastignac, dans *le Père Goriot*, est un jeune homme sensible avant de rechercher la réussite, grâce à lui et par les femmes[2]. Topaze, dans la pièce de Pagnol (1928), décide d'en gagner beaucoup, mais s'il prend ainsi sa revanche sur ceux qui méprisaient le « petit prof' », honnête et sans le sou, en est-il vraiment plus heureux ? Le Financier de la *Fable* de La Fontaine (VIII, 2) est insatiable et inquiet, tourmenté par des soucis qui l'empêchent de dormir, de chanter comme le Savetier, son voisin, et de jouir de sa fortune.
Les philosophes et les poètes, comme Rousseau et Victor Hugo, entre beaucoup d'autres, voient en lui la cause de tous les maux de la société, *« l'origine de l'inégalité parmi les hommes*[3] *»* (titre du discours de Rousseau, en 1755), l'explication de la misère et de l'oppression dont souffre le peuple.
L'Église enfin, comme Bossuet dans son sermon, prône *L'Éminente dignité des pauvres* (1659), fait d'eux les préférés de Dieu, et leur promet une place de choix au Paradis... Ce qui devrait les inciter à supporter patiemment leurs souffrances ici-bas. ||

Ainsi, les financiers comme les publicitaires, ceux qui encouragent les gens à épargner, à faire des placements ou à s'assurer, ont, qu'ils le veuillent ou non, une influence plutôt mauvaise sur les esprits.
Tout d'abord, ils ont en vue leur propre intérêt, et non celui du client, bien des fois déçu de constater que les résultats réels ne correspondent pas aux promesses alléchantes. Ensuite, ils développent chez lui, en même temps que l'appât du gain, une certaine tentation de la paresse, qui consiste à laisser son argent travailler pour soi, sans se donner trop de mal et sans prendre trop de risques.
Mais surtout, ils sont en grande partie responsables de ce culte de l'argent, qui peut être considéré comme une véritable tare ou un poison, tant du point de

---

1. Shylock, l'usurier, dans *Le Marchand de Venise* de Shakespeare (1596) – Harpagon, dans *L'Avare* de Molière (1668) – Grandet, Nucingen, Du Tillay, comme Rastignac, dans plusieurs romans de *La Comédie humaine* de Balzac (1829 à 1848) – *La Curée* (1872) et *L'Argent*, numéro 2 et numéro 18 dans les vingt romans de la série des *Rougon-Macquart*, de Zola (1872 à 1891) – *Les Affaires sont les affaires*, la pièce à succès d'Octave Mirbeau (1903) – *Les Grandes Familles*, le roman de Maurice Druon, prix Goncourt en 1948, et le film de Denys de La Patellière, avec Jean Gabin.
2. Voir, dans *Tout le français au lycée* (même collection), les pages 37 et 38.
3. Voir, dans cet ouvrage, un passage de ce discours, pages 28 et 29.

vue de la société que de celui de l'individu. S'enrichir, amasser des biens, par tous les moyens, réussir, « être quelqu'un », devient l'objet de tous les désirs. L'AVOIR compte plus que l'ÊTRE, celui-ci se mesure et s'apprécie par celui-là. Les « modèles » qui sont mis en avant sont les vedettes, les champions, les hommes d'affaires, dont la fortune suscite plus d'envie que d'estime ou d'admiration. Et le public hésite, partagé entre ce qu'on lui montre, ce qu'on lui dit ou qu'on veut lui faire croire, et ce qu'il pense, au fond, mais qu'il oublie souvent, parce qu'on le lui fait oublier. ||

Ce n'est tout de même pas une raison pour rendre l'argent responsable de tous les maux, et pour dire, un peu trop facilement qu'il *« ne fait pas le bonheur »*. Il y a des financiers heureux et des savetiers qui ne le sont pas. Combien de belles et bonnes choses, sans lui, ne seraient pas possibles ? Les rapports que nous entretenons avec lui, finalement, dépendent surtout de ce que nous sommes, au fond de nous, et non de ce qu'on dit de lui ou de ce qu'il peut être. Et que peut-il être, sinon ce que nous voulons faire de lui ?
Il est, pour reprendre un proverbe cité dans un recueil de 1789, *« le meilleur des serviteurs, mais le plus mauvais des maîtres.* » ||

Imprimé en France par Jean-Lamour, 54320 Maxéville
Dépôt légal : 9275-09/95 - Collection : 07 - Édition : 01
16/6903/5